Die Deutsche Bibliothek – CIP-Einheitsaufnahme
Ein Titelsatz für diese Publikation ist bei
Der Deutschen Bibliothek erhältlich.

Die von Charles Eade gesammelten Reden Churchills erschienen
erstmals in sieben Bänden auf deutsch im Europa Verlag Zürich
zwischen 1946 und 1950.

Deutsche Erstausgabe dieser Auswahl

Lektorat: Aenne Glienke
Umschlaggestaltung: Kathrin Steigerwald, Hamburg
Innengestaltung: H & G Herstellung, Hamburg
Druck und Bindung: Wiener Verlag, Himberg bei Wien
ISBN 3-203-76021-5

Informationen über unser Programm erhalten Sie beim
Europa Verlag, Neuer Wall 10, 20354 Hamburg
oder unter www.europaverlag.de

WINSTON S.

CHURCHILL

Reden in Zeiten des Kriegs

Ausgewählt, eingeleitet und erläutert
von Klaus Körner

Europa Verlag
Hamburg · Wien

Aus dem Englischen von Walther Weibel

Winston S. Churchill

Reden in Zeiten des Kriegs

EUROPA
VERLAG

Inhalt

Einleitung

Churchill – Leutnant und Journalist

Am 30. November 1954 fand in der Londoner Westminster Hall, einem Teil des britischen Parlamentsgebäudes, eine denkwürdige Feier zum 80. Geburtstag des britischen Premierministers Winston S. Churchill statt. Kein anderer Premier vor ihm hatte seit den Tagen von William Gladstone Ende des 19. Jahrhunderts in so hohem Alter noch amtiert. Churchill, der legendäre britische Kriegspremier der Jahre 1940–1945 und Träger des Literaturnobelpreises von 1953, wurde als größter britischer Staatsmann seiner Zeit gefeiert. Westminster Hall war für die Ehrung bestimmt worden, weil der Jubilar seit über 50 Jahren (mit zwei Jahren Unterbrechung) dem Unterhaus angehörte (er sollte ihm noch zehn weitere Jahre angehören). Auch das war einmalig in der europäischen Parlamentsgeschichte. Zur Ehrung gehörten ein Churchill-Porträt des Malers Graham Sutherland und eine pergamentene Festschrift mit den Unterschriften aller Mitglieder des Unterhauses.

In seiner kurzen Dankesrede »voller Witz und Feuer«, wie ein Beobachter bemerkte, bekannte Churchill, daß er alle Höhen und Tiefen der bewegten Geschichte dieses Jahrhunderts gesehen habe, aber immer habe er das britische Unterhaus, die »Mutter der Parlamente«, das Vorbild für Parlamente in vielen Ländern der Erde, geliebt und geehrt. Seine Liebeserklärung an das Parlament verband er mit dem Hinweis, daß er stets durch Reden und Schreiben seinen Lebensunterhalt verdient habe, »by my pen and my tongue«.

Winston Spencer Churchill (1874–1965) entstammte dem britischen Hochadel, sein berühmtester Vorfahr war der Herzog von Marlborough (1650–1722). Sein früh verstorbener Vater, Lord Randolph Churchill (1849–1895), hatte es zum Marineminister und Schatzkanzler gebracht. Seine Mutter, Lady Randolph, war die Tochter eines amerikanischen Millionärs. Doch Winston Churchill verdankte seinen politischen

Aufstieg nur zu einem sehr geringen Teil seiner Herkunft, im wesentlichen war er ein Selfmademan.

Von den Eliteschulen Ascot, Brighton und Harrow hat er nicht viel mehr mitgenommen als die Fähigkeit, lange Gedichte zu rezitieren. Mit 18 Jahren – ohne Abitur – schickte ihn sein Vater auf die Militärakademie Sandhurst als Kadett der Kavallerie. Zwei Jahre später, 1893, trat er als Leutnant in das Vierte Husarenregiment ein. Hier lernte er zumindest das Reiten und Grundzüge von Strategie und Taktik der Kriegführung.

Die Langeweile beim Militärdienst weckte das Interesse des Leutnants für historisch-politische Literatur. Seine Mutter schickte ihm regelmäßig Buchpakete an seinen Standort. Besonders die Werke des Aufklärers Edward Gibbon (1737–1794) und des Romantikers Thomas Macaulay (1800–1859) hatten es dem jungen Churchill angetan. Gibbons siebenbändiges monumentales Hauptwerk »Decline and Fall of the Roman Empire« galt damals als Meisterwerk der Geschichtsschreibung, aber auch als Quasi-Lehrbuch der Politik, aus dem man etwas über den Aufstieg und Untergang von Staaten und Völkern erfahren konnte. Macaulays fünfbändige »History of England from the Accession of James the Second« schildert die Geschichte in vielen anschaulichen Bildern und dramatischen Szenen aus der Sicht der Whigs, einer aufklärerischen Adelspartei, aus der später die Liberalen hervorgingen. Neben dem Inhalt faszinierte in erster Linie der anschauliche Stil dieser Autoren den Autodidakten Churchill. Er lernte ganze Passagen seiner Lieblingsautoren auswendig und begann, sie zu imitieren. Schon für die Schülerzeitung »Harrovian« hatte Churchill erste Schreibversuche gemacht – heftige Attacken gegen die Schulleitung.

Jetzt versuchte er sich als Kriegskorrespondent. Kriege – das waren seinerzeit Kolonialkriege, die Niederschlagung von Aufständen der unterdrückten Bevölkerung. Churchills erster Einsatz galt der Berichterstattung über den Aufruhr in der damals noch spanischen Kolonie Kuba im Jahr 1895. Mit der Zeitung »Daily Graphic« vereinbarte er den Abdruck von vier Briefen über das Kampfgeschehen, die als Serie unter dem Titel »Der Aufstand in Kuba« an der Jahreswende 1895/96 erschienen. Ein bleibendes Andenken an Kuba war Churchills bis zu seinem Lebensende anhaltende Vorliebe für schwere Havanna-Zigarren. Eine weiteres Erbe seiner Militärzeit war sein gewaltiger Alkoholkonsum, vorzugsweise Whisky. Später bestanden die Getränke aus Sodawasser mit einem Schuß Whisky; die Batterien von Schnapsflaschen in seinem Arbeitszimmer sollten Gäste beeindrucken.

Auf der Hin- und Rückfahrt seines Kuba-Einsatzes machte Churchill Station in New York City. Er wurde dort von dem irisch-amerikanischen Politiker Bourke Cockran, einem Liebhaber seiner für ihren extravaganten Lebensstil bekannten Mutter, betreut. Cockran galt als berühmter Redner, der sowohl gut zu argumentieren als auch Tausende auf Versammlungen in seinen Bann zu ziehen vermochte. Als Adlai Stevenson, der amerikanische Präsidentschaftskandidat des Jahres 1956, Churchill danach fragte, wer seine Redetechnik beeinflußt habe, erhielt er die spontane Antwort: »Amerika und Bourke Cockran.« Zum Beweis habe Churchill ganze Passagen von Cockran-Reden aus dem Gedächtnis rezitiert.

Im Herbst 1896 wurde Churchills Regiment nach Bangalore/Indien verlegt. Noch vor der Abreise konnte er von General Sir Bindon Blood die Zusage erhalten, daß er bei einem Kampfeinsatz in Indien ein Kommando übernehmen dürfe. Diese Gelegenheit boten Unruhen in der Nordwest-Region. Für den unternehmungslustigen Leutnant war allerdings kein Platz im Stab frei, so daß er »nur« als Kriegskorrespondent teilnehmen konnte. Er verfaßte eine Reihe von Briefen, die seine Mutter gegen ein Honorar von fünf Pfund beim »Daily Telegraph« unterbrachte. Die Serie erschien zwar nur mit der Autorenangabe »von einem jungen Offizier«, doch Lady Randolph wußte in London zu verbreiten, wer dieser Offizier war. 1898 erschienen die Briefe in erweiterter Fassung als erstes Buch des Autors Winston S. Churchill mit dem Titel »The Story of the Malakand Field Force«.

Beim nächsten Einsatz in Omdurman, es ging 1898 um die Niederschlagung des Aufstands des Mahdi im Sudan, war

Churchill wieder dabei. Er scheute nicht davor zurück, in seinen Berichten für die »Morning Post« General Kitchener scharf zu kritisieren – ein eigentlich unmögliches Verhalten für einen angehenden Offizier. Die Buchfassung seiner Kriegsberichte erschien ein Jahr später unter dem Titel »The River War«.

Im September 1899 erhielt Churchill per Telegramm ein Angebot des Herausgebers der »Daily Mail«, als Korrespondent des Blattes nach Südafrika zu gehen. Dort kämpften die Buren, südafrikanische Siedler, von 1899 bis 1902 gegen die Beseitigung ihrer staatlichen Selbständigkeit durch die Briten. Dieser Einsatz in Südafrika wurde für Churchill zum großen Abenteuer und zum Sprungbrett für eine politische Karriere: Aus dem beurlaubten Leutnant wurde ein politisches Wunderkind. Durch einen Zufall geriet der Journalist in die Kampfhandlungen. Er reiste mit einem Militärzug. Als dieser angegriffen wurde, schaffte er es, die Lokomotive von den beschädigten Waggons abzukoppeln und mit zahlreichen Verwundeten zu fliehen. Zwar wurde er nach einiger Zeit von den Buren gefaßt und wegen Begünstigung der britischen Truppen in Kriegsgefangenschaft genommen, doch er konnte fliehen und wurde – vergeblich – durch ein Fahndungsplakat gesucht.

Mit einem Schlage war Churchill ein Kriegsheld und obendrein ein bekannter Autor. Eine von Freunden arrangierte Lesereise durch die USA und Kanada brachte ihm ein kleines Vermögen ein. »Es gibt unter einer Million niemanden, dem es in meinem Alter gelungen ist, ohne jedes Eigenkapital in weniger als zwei Jahren 10 000 Pfund zu verdienen«, schrieb er an seine Mutter. Das war genug Geld, um eine politische Karriere zu beginnen. Denn beim Militär, so seine vorsichtige Schätzung, würde es noch lange Jahre dauern, bis er eine von ihm als angemessen betrachtete Generalsposition erlangt hätte.

Churchill – Parlamentarier und Sachbuchautor

Um Abgeordneter des britischen Unterhauses zu werden, mußte man damals Geld besitzen, denn ein Kandidat hatte zunächst die Wahlkampfkosten an die Parteiorganisation im Wahlkreis zu bezahlen, und Diäten für die gewählten Abgeordneten gab es vor 1911 noch nicht. Churchill trat der Konservativen Partei bei, und 1900 gelang ihm im zweiten Anlauf der Sprung ins Parlament im Wahlkreis Oldham, einem britischen Industrierevier. Der konservative Abgeordnete übernahm das von seinem Vater entwickelte Konzept einer Tory-Demokratie, in der auch die Arbeiterklasse an den Erfolgen der Wirtschaft und den Segnungen des britischen Systems teilhaben sollte.

Als ihm die Konservativen zu reaktionär wurden, wechselte Churchill 1904 zu den Liberalen, um dann 1925 wieder zu den Konservativen zurückzukehren. Er schaffte es – nicht zuletzt durch diese Parteiwechsel –, von 1905 bis 1924 vom Unterstaatssekretär im Kolonialministerium zum Marineminister, Rüstungsminister, Kriegsminister und Schatzkanzler aufzusteigen. Doch als Schatzkanzler »verwitterte« er in seinem Amt, so Sebastian Haffner. Nach verlorener Parlamentswahl 1929 mußte die gesamte Regierung zurücktreten. Für Churchill bedeutete die Demission, daß er für zehn Jahre in kein Staatsamt mehr berufen wurde. Seine Biographie Churchills für die Zeit bis 1939 überschreibt der Historiker Robert Rhodes James daher »A Study in Failure«.

Zu den prägenden Erlebnissen Churchills vor 1939 gehört eine fehlgeschlagene Militäroperation im Frühjahr 1915. Als Marineminister (Erster Lord der Admiralität) war er für eine Landung auf der Halbinsel Gallipoli (heute Gelibolu) in den Dardanellen verantwortlich. Von dort aus wollte er die Hauptstadt des mit Deutschland verbündeten Osmanischen Reichs angreifen. Doch die Türken kesselten die Briten ein, so daß nur ein verlustreicher Rückzug übrig blieb. Churchill mußte zurücktreten und meldete sich zum Einsatz als Bataillonskommandeur an der Flandernfront in Nordfrankreich. Dort erlebte er den Stellungskrieg im Schützengraben, wie er in Remarques Roman »Im Westen nichts Neues« aus dem Jahr 1928 geschildert wird.

Nach einigen Monaten nahm Churchill seinen Abschied vom Militär und kehrte nach London zurück. Diese Erfahrung war einer der Gründe für seine späteren Vorbehalte während des Zweiten Weltkriegs gegen eine Invasion in der Normandie 1944. Die russische Oktoberrevolution von 1917 erfüllte Churchill, inzwischen Kriegsminister, mit Abscheu und Entsetzen. Er setzte sich in vielen kämpferischen Reden dafür ein, die britische Intervention auf seiten der Weißrussen zu einem antibolschewistischen Kreuzzug auszuweiten – vergeblich. Das durch Churchills Rede in Fulton/Missouri 1946 berühmt gewordene Wort vom Eisernen Vorhang, der quer durch Europa niedergegangen sei, findet sich bereits in zwei auf englisch erschienenen antibolschewistischen Büchern von 1920, die Churchill vermutlich kannte. Er befürchtete, die russische Revolution könne sich wie die große Französische Revolution von 1789 über ganz Europa ausbreiten. 1919 sprach er sich deshalb dafür aus, das geschlagene Deutschland als Verbündeten des Westens zu behandeln, wenn es sich als antibolschewistisches Bollwerk erweise – eine Vorstellung, an die er nach 1945 ebenfalls wieder anknüpfte. Ein durchgängiges außenpolitisches Konzept hat er aber weder damals noch später besessen.

Neben seiner jahrzehntelangen politischen Laufbahn war Churchill als gutbezahlter Kolumnist für große Zeitungen und als erfolgreicher Sachbuchautor tätig. In den dreißiger Jahren – ohne Amt – habe er mit Schreiben jährlich 20 000 Pfund verdient, rühmte er sich später gegenüber seinem Leibarzt Lord Moran. Richtig Geld brachten nach 1945 Churchills Memoiren »Der Zweite Weltkrieg«; zur Steuerersparnis wurden die Honorare gleich an eine gemeinnützige Churchill-Stiftung überwiesen. Das erste »große« Werk war 1905 die zweibändige Biographie über seinen Vater, ein hagiographisches Werk. Seine fünfbändigen Erinnerungen an den Ersten Weltkrieg, »The World Crisis 1911–1918«, erschienen von 1923 bis 1931. Die Vorliebe für große Feldherren und Schlachten kennzeichnet auch die zwischen 1933 und 1938 erschienenen vier Bände über einen seiner Ahnen, den Herzog von Marlborough. Allein schon wegen der Fülle des zusammengetragenen Materials hätte es eine historische Habilitationsschrift sein können. Ebenfalls in den dreißiger Jahren entstand das vierbändige Werk über die Geschichte der englischsprachigen Völker. Bei Kriegsausbruch 1939 war es bis auf das Vorwort fertig. Dann einigten sich Verlag und Autor darauf, das Werk erst nach dem Krieg herauszubringen; es erschien zwischen 1956 und 1958.

Weniger leidenschaftlich und glühend als die Geschichte des Ersten Weltkriegs ist die von 1948 bis 1953 veröffentlichte sechsbändige Geschichte des Zweiten Weltkriegs geschrieben. Durch Churchills Technik, möglichst viele von ihm selbst in seiner Amtszeit als Kriegspremier angefertigte Akten in den Text einzubringen, haben diese Kriegserinnerungen etwas von einem Rechenschaftsbericht, aber auch von einer Rechtfertigungsschrift. Mit dem sechsten Band über Kriegsende und Sieg in Europa, »Triumph and Tragedy«, griff Churchill in die aktuelle Diskussion in den USA über den angeblichen Verrat der Westmächte an Osteuropa auf der Konferenz von Jalta 1945 ein. Er betrieb Geschichtspolitik, so der heutige Ausdruck. Churchills zentrale Aussage bestand darin, daß Europa anders ausgesehen hätte, hätten Roosevelt und Truman 1945 auf seine Ratschläge gehört. Die USA fühlten sich bemüßigt, vor Ablauf der üblichen Sperrfrist für die Aktenfreigabe 1955 die Dokumente zur Jalta-Konferenz zu veröffentlichen. Und die Sowjetunion brachte als Antwort 1957 eine zweibändige Dokumentation über Stalins Kriegskorrespondenz mit Churchill, Attlee, Roosevelt und Truman heraus.

Besonders für seine Geschichte des Zweiten Weltkriegs hatte Churchill, der schon früher wissenschaftliche Assistenten beschäftigt hatte, Historiker zur Aufbereitung des Materials herangezogen, für deren Mitarbeit er sich im Vorspann namentlich bedankt.

Churchill hatte seit seinen Tagen als Marineminister 1911–15 seinen ungewöhnlichen Arbeitsstil geradezu kultiviert und empfahl ihn später auch anderen. Den Vormittag verbrachte er regelmäßig im Bett. Hier las er die Tageszeitungen, arbeitete Akten durch und diktierte seinem Sekretär Briefe. Churchills Hauptarbeitszeit waren zum Leidwesen seiner Mitarbeiter der späte Nachmittag und die Nacht bis in die ersten Morgenstunden. Viele Zeitgenossen haben geschildert, wie sie morgens von Churchill, der in seinen legendären Morgenmantel mit dem großen Blumenmuster gehüllt war, empfangen wurden. Selbst beim mittäglichen Bad ließ sich der Premierminister, wenn die Zeit knapp war, aus Akten vorlesen. So erinnert sich Churchills langjähriger Privatsekretär John Colville, daß er am 12. Oktober 1944 in Quebec seinem Chef unmittelbar vor dem Zusammentreffen mit US-Präsident Roosevelt den Text des Abkommens über die Aufteilung Deutschlands in Besatzungszonen mit der von 1945 bis 1990 maßgeblichen innerdeutschen Grenze im Badezimmer vorgelesen habe. Da der Premierminister die Gewohnheit besessen habe, gelegentlich unterzutauchen, sei unsicher, ob Churchill die Tragweite des Abkommens, das er anschließend mit Roosevelt absegnen wollte, voll erfaßt habe.

Zu seiner Freizeitbeschäftigung gehörte das Malen im Freien – und die schriftstellerische Arbeit. Dieser ging Churchill in seinem privaten Landsitz Chartwell nach, einem Herrensitz in der Grafschaft Kent aus dem Elisabethanischen Zeitalter, den er 1923 für 5000 Pfund als Ruine gekauft und für 15 000 Pfund restauriert hatte. Außer der repräsentativen Bibliothek im Erdgeschoß gab es im ersten Stock neben dem Schlafzimmer das ebenfalls mit Bücherregalen vollgestellte Arbeitszimmer. Aus diesem Raum war die eingezogene Zwischendecke entfernt worden, so daß der Blick nach oben auf die Dachbalkenkonstruktion schweifen konnte. An einer Seite stand ein massiver Mahagonitisch mit Löwenfüßen, ein Erbstück seines Vaters. Porzellanbüsten von Napoleon und Wellington auf diesem Sekretär erinnerten an militärische Größe. Darüber hing eine großformatige Weltkarte an der Wand. Die eigentliche Arbeit verrichtete Churchill aber nicht am Schreibtisch, sondern an einem Stehpult. Da er seine Reden im Wortlaut vorbereitete und seine Bücher diktierte, lieferte Churchill »geschriebene Reden und gesprochene Bücher« ab, so der britische Diplomat und Schriftsteller Harold Nicolson.

Am Anfang der Arbeit für ein neues Buchprojekt stand die Diskussion mit den Mitarbeitern über Thesen, Aufbau und Dramatisierung des Stoffs. Über die Anlage eines historischen Werks habe er durch die Zusammenarbeit mit Churchill mehr gelernt als durch die Lehrveranstaltungen der Professoren in Oxford, versicherte ein Mitarbeiter. Churchill bekannte sich zu seiner subjektiven Sicht der Geschichte. Dazu gehörte die Vorliebe für farbige Schilderungen, gewaltige Schlachten und große Männer. So beschäftigte er sich ausführlich mit der Rolle Ludendorffs und Hindenburgs bei der Schlacht von Tannenberg 1914. An Sozial-, Wirtschafts- oder Kulturgeschichte war Churchill im Grunde nicht interessiert.

Am Ende jeder Arbeit stand die Beseitigung stilistischer Unebenheiten. Ein Mitarbeiter der Geschichte des Zweiten Weltkriegs war ausschließlich damit betraut, die sprachliche Korrektheit zu überprüfen. Churchills Aufmerksamkeit für sprachliche Feinheiten hatten zuvor auch Roosevelt und Stalin 1945 auf der Jalta-Konferenz zu spüren bekommen, als es um die von den Amerikanern vorgelegte Schlußfassung des Kommuniqués ging. Churchill beanstandete, daß darin zu viele »joints« vorkämen – die Briten verstünden darunter den sonntäglichen Hammelbraten. Die Korrekturen zu Churchills »The Second World War« entwickelten sich für den Direktor des Londoner Cassel Verlags, Newmann Flower, fast zum Horrortrip. Von dem Werk waren weltweit Vorabdruckrechte verkauft worden. Churchill legte jetzt aber Wert darauf, nicht nur Druckfehler in der Buchausgabe zu beseitigen, sondern in den Korrekturfahnen auf die Kritik von Rezensenten und Lesern einzugehen. Manche Bände wurden geradezu umgeschrieben; die englische und die amerikanische Ausgabe sind nicht textidentisch. Im ersten Band ist am Ende eine Seite mit Errata enthalten, zusätzlich ist noch ein weiteres Korrekturblatt lose beigelegt, auf das eine vorn eingeklebte »author's note« hinweist.

Die Bibliographie der Werke Churchills enthält 160 selbständige Veröffentlichungen in Buch- oder Broschürenform, 60 Beiträge zu Sammelwerken oder Vorworte zu Büchern und über 800 Zeitungsartikel. Von den 34 Bänden der Gesamtausgabe seiner Werke entfallen allein acht Bände mit fast 9000 Seiten auf seine Reden. 1953 wurde Churchill für sein literarisches Werk mit dem Nobelpreis ausgezeichnet. In der Laudatio wird aber zugleich sein rhetorisches Engagement erwähnt, mit dem er für die Menschenrechte gekämpft habe.

Churchill – Staatsmann und Redner

Die journalistische und schriftstellerische Arbeit sorgte für die materielle Basis seiner politischen Karriere. Ohne diese Fähigkeiten hätte Churchill nie ein so prominenter Redner und Staatsmann werden können. Das britische Unterhaus ist ein »Redeparlament«; das Hauptgewicht der Arbeit liegt nicht auf der Ausschußarbeit, sondern auf der öffentlichen freien Rede und Gegenrede. Churchill wurde zu einem der großen Rhetoriker des 20. Jahrhunderts.

Zu Beginn seiner Parlamentstätigkeit wurde der junge Abgeordnete von einem zeitgenössischen Beobachter 1901 als ein unattraktiver junger Mann mit einem unvorteilhaften Lispeln in der Aussprache beschrieben. Doch mit großer Anstrengung konnte Churchill seine Sprechstörung überwinden. Zu Übungszwecken studierte er sorgfältig die Reden seines Vaters und konnte sie schließlich auswendig. Er verfaßte sogar einen Essay »Das Rüstzeug des Rhetors«, in dem er feststellte, daß gelungene Stegreifreden nur in den Köpfen der Zuhörer entstünden. Die großen Blüten der Rhetorik seien Treibhausgewächse. Für seine erste große Unterhausrede nahm er sich sechs Wochen Zeit, er arbeitete sie wörtlich aus und lernte den Text dann auswendig. Vorab gab er das Manuskript an den »Morning Star«, obwohl er nicht sicher sein konnte, ob ihm das Wort erteilt würde. Die Resonanz auf die Rede war außerordentlich. Von einem Parlamentskorrespondenten wurde beobachtet, daß der Redner eine Stunde lang frei gesprochen habe, ohne auch nur ein einziges Mal auf seine Notizen herunterzublicken.

Um nicht den Faden zu verlieren, baute Churchill seine Reden in kurzen Sätzen systematisch auf. Er lernte es auch, seine Stimme zu modulieren und seine Köperbewegungen anzupassen. Von großen rhetorischen Höhenflügen konnte er seinen Redefluß unvermittelt auf die privat-vertrauliche Ebene der Alltagserfahrungen seiner Zuhörer herunterschrauben. Ein früher Analytiker von Churchill-Reden schrieb, am Anfang der Ausführungen stehe ein tragender Gedanke, und der entwickle sich dann gleichsam vom Schneeball zur Lawine, die auf das Auditorium herniedergehe. Churchill redete nie bombastisch, und er war auch nie im wörtlichen Sinn ein Demagoge, sondern er präsentierte seine Vorstellungen von der Welt, ohne sich viel Gedanken über die Ansichten seiner Zuhörer zu machen. Mitarbeiter versuchten häufig, allzu drastische Bilder und gewagte historische Anspielungen aus dem schriftlichen Redeentwurf zu streichen. Churchill hatte sich stets mit Zahlen und Fakten gewappnet, er brachte seine Argumente sorgfältig vor; die größten rhetorischen Effekte erzielte er aber, wenn er mit Vorbedacht zusätzlich Humor und Sarkasmus einsetzte und taktische Konzessionen an die Parteilinie der Konservativen machte. Er handelte große Themen in rhythmischer Sprache ab und hatte Freude an schön klingenden Formulierungen. Die Art des Vortrags wurde schon in der schriftlichen Fassung des Textes festgehalten. Die Mitarbeiter sprachen von einer gelegentlich »psalmischen Form« des mit Schreibmaschine verfaßten Redetextes.

Sein großes Thema hatte er nach 1933 mit seiner Warnung vor Deutschland und der Forderung nach britischer Aufrüstung gefunden. Churchill war der Kritiker der Appeasement-Politik im britischen Unterhaus schlechthin. Er gehörte zu den wenigen Zeitgenossen, die Hitlers »Mein Kampf« gelesen hatten. Churchills Rede vom 5. Oktober 1938 gegen das Münchner Abkommen (vgl. S. 31), das die Abtretung des Sudetenlands an Deutschland vorsah, zeigt, wie durchdacht er seine Argumentation aufgebaut hatte. Am Anfang steht eine Entschuldigung, in der er anführt, es sei nicht der Mangel an persönlicher Hochachtung vor dem Premierminister Chamberlain, der ihn daran hindere, seine Anerkennung für die Verhandlungsführung auszusprechen. Es folgt die Versicherung, daß es ihm nicht darum gehe, politische Popularität zu erzielen. Dann kommt wie ein Hammerschlag die Feststellung, daß England nicht »Frieden für unsere Zeit« erreicht, sondern eine vollständige und unbedingte Niederlage erlitten habe. Diese These wird im Lauf der Ausführungen variiert mit Sätzen wie: »Alles ist vorbei«, »Alles ist über Bord gegangen«, »Schweigend, traurig, aufgegeben und gebrochen versinkt die Tschechoslowakei in der Dunkelkeit«.

Im folgenden kennzeichnet er die Verhandlungsführung sarkastisch mit zwei Metaphern: Statt, daß der deutsche Diktator das Gericht vom Tisch auf einmal verschlungen habe, sei es ihm häppchenweise serviert worden. Anfangs habe der Erpresser mit vorgehaltener Pistole ein Pfund verlangt, das ihm gezahlt wurde. Später verlangte er zwei Pfund. Schließlich habe sich der Diktator damit zufrieden gegeben, ein Pfund, 17 Schilling, sechs Pence und den Rest in Versprechungen des guten Willens für die Zukunft zu erhalten. Churchill nimmt die Verhandlungsführung aufs Korn und argumentiert, das blamable Ergebnis hätte man auch auf diplomatischem Wege erzielen können, ohne die dramatischen Konferenzen von Godesberg, Berchtesgaden und München, wahrscheinlich hätten die Tschechen bei Direktverhandlungen mit Hitler sogar besser abgeschnitten. Ein Ergebnis von München, die englisch-französische Bestandsgarantie für die Rest-Tschechoslowakei, zerpflückt er ganz. Der Reststaat werde in wenigen Monaten im Nazi-Regime versinken. Im nächsten Schritt analysiert der Redner die weiteren Folgen für die europäische Sicherheit. Das kunstvolle System der kleinen Entente von französischen Bündnisstaaten gegen Deutschland werde zusammenbrechen. Der gesamte Balkan entlang der Donau bis zum Schwarzen Meer werde deutsches Einflußgebiet werden. Churchill schließt sein Verdikt gegen die westlichen Demokratien Frankreich und Großbritannien mit einem Zitat aus dem Alten Testament von den Schriftzeichen an der Wand beim Untergang Babylons: »Gewogen, gewogen und zu leicht befunden!« Dies sei aber nur der »erste Schluck aus dem bitteren Kelch, der uns Jahr für Jahr gereicht werden wird« bis zur moralischen Erholung und Wiedergewinnung militärischer Stärke.

Doch hat Churchill sich bei vielen Zeitgenossen um die mögliche Wirkung seiner Reden gebracht, weil er 1936 gegen die Regierung und für König Eduard VI., der »illegitim« heiraten wollte, Stellung bezogen hatte. Auch stand Churchill gegen den Zeitgeist der dreißiger Jahre. Aufrüstung war unpopulär, man glaubte lieber, daß sich mit einer saturierten Großmacht Deutschland alle Streitfragen friedlich regeln ließen. Churchill mußte seine Reden oft vor leeren Bänken halten.

Aber die politischen Verhältnisse entwickelten sich nach 1938 geradezu auf Churchills düstere Vorhersagen zu, als Hitler 1939 alle Verträge zu Zusagen, zuletzt das Münchner Abkommen, gebrochen und Polen überfallen hatte. Jetzt sah sich Premierminister Chamberlain genötigt, den Warner Churchill in sein altes Amt als Marineminister zu berufen. Ein halbes Jahr lang gab es an der Westfront nur den drôle de guerre, einen Krieg ohne Kampfhandlungen. Im April 1940 besetzte die Wehrmacht jedoch Norwegen und überrannte im Mai Nordfrankreich, Holland und Belgien. Jetzt galt Churchill als Mann der Stunde, als der unverbrauchte und nichtdiskreditierte Politiker, der das Land vor einer deutschen Invasion beschützen sollte. Der konservative Appeasementpolitiker Neville Chamberlain war außerdem für die Labour Party, die für die große Koalition gebraucht wurde, kein möglicher Partner. So wurde Churchill am 10. Mai 1940 zum britischen Premierminister berufen.

Befragt, worin denn Churchills Beitrag zur Kriegführung und zum Sieg bestanden habe, antwortete der Labour-Führer und Stellvertreter Churchills, Clement Attlee: »Im Reden. Er redete im Kabinett über kein anderes Thema.« In seiner ersten legendären Erklärung als Premierminister vor dem Unterhaus verhieß Churchill den Briten nichts als »Blut, Schweiß und Tränen« (vgl. S. 49). Wie die Londoner »Times« bald herausfand, war das eine geistige Anleihe beim Helden des italienischen Befreiungskampfes Garibaldi (»Hunger, Durst, Gewaltmärsche, Schlachten und Tod«), zum Teil war es auch ein Selbstzitat aus der Geschichte des Ersten Weltkriegs (»Their tears, their sweat, their blood bedewed the endless plain«). Ein gelungener Fall von rhetorischem Recycling, so ein Churchill-Forscher. Churchill versuchte nicht, die Mißerfolge der nächsten Monate, den Rückzug des britischen Expeditionskorps aus Dünkirchen, den Fall Frankreichs, die Niederlagen in Nordafrika oder den Verlust zahlreicher Kriegsschiffe irgendwie schönzureden. Er verstand es aber, den Briten das Selbstbewußtsein zu vermitteln, daß sie einem so bösartigen und verbrecherischen Gegner wie Hitler durch Entschlossenheit und Tatkraft entgegentreten müßten und könnten. Die Kernsätze der Dünkirchen-Rede (vgl. S. 57) wurden sogar als Plakat mit dem Wappen des Königs veröffentlicht. Am Ende jeder Durchhalterede stand die Verheißung, daß eines Tages der Sieg errungen würde.

Churchill war inzwischen auch ein geübter Rundfunkredner geworden. Seine etwas altertümlich anmutende Redeweise machte ihn gerade zu *der* Vertrauensperson der Briten. Der bullig wirkende Churchill entwickelte sich zum großen PR-Talent, zum Symbol des britischen Widerstands. Churchills Auftreten mit etwas antiquierter Garderobe, Nadelstreifenanzug oder Gehrock, Fliege, Bowler und Spazierstock, Zigarre und dem aus Zeigefinger und Mittelfinger geformten V-Zeichen wurde berühmt. Er schätzte es aber auch, im Overall aufzutreten, so daß er eher wie ein Tankwart als ein Staatsmann aussah. Der mittelgroße korpulente Mann mit dem großen Kopf strahlte auch in Uniform etwas Unmilitärisches und Bourgeoises aus. Keine Wochenschau, in der nicht Churchill mit einer Rede, einem Truppenbesuch oder einer Besichtigung der Folgen eines deutschen Bombenangriffs vorkam. Fast jeder hörte seine Rundfunkreden, und die Zustimmung der Bevölkerung wuchs auf über 80 Prozent. Churchill wurde zum Superstar.

In London residierten damals die meisten Exilregierungen der von Deutschland besetzten europäischen Länder. Eine Aufgabe der psychologischen Kriegführung war es, den Widerstandswillen der unterdrückten Völker zu stärken und Hoffnungen auf den Sieg zu verbreiten. Auch hierfür war Churchill mit Rundfunkansprachen im Einsatz. Die Reden mußten relativ kurz sein, da sie in die Landessprachen übersetzt und als Flugblätter von der Royal Air Force über dem Zielgebiet abgeworfen wurden. Churchill wurde so nicht nur zum Hoffnungsträger der Briten, sondern auch vieler anderer drangsalierter Völker. Acht Churchill-Reden auf deutsch mit Warnungen waren an die Soldaten der Wehrmacht gerichtet. Zuletzt, im Januar 1945, appellierte er: »Falls ihr euch jetzt ergebt, wird nichts, was ihr nach dem Krieg durchzumachen habt, mit dem vergleichbar sein, was ihr sonst im Jahr 1945 erleiden werdet.«

Churchill als Kriegspremier

Churchills erste und meisterhaft gelöste Aufgabe war die Umstellung der britischen Wirtschaft auf Rüstungsproduktion. Er hatte Glück, als es nach dem Zusammenbruch Frankreichs gelang, die eingekesselte britische Armee aus Dünkirchen zu evakuieren. Churchills Weigerung, die britische Luftabwehr voll im Frankreichfeldzug einzusetzen, zahlte sich im Sommer 1940 bei der Luftschlacht über England aus. Die deutsche Luftwaffe erlitt so hohe Verluste, daß Hitler entschied, auf eine Invasion Englands zu verzichten und statt dessen einen Zermürbungskrieg durch Bombardierung britischer Städte zu führen. Als der ehemalige Wehrmachtsgeneral von Rundstedt von sowjetischen Offizieren befragt wurde, wann Deutschland die entscheidende Niederlage im Zweiten Weltkrieg erlitten habe, lautete die Antwort kurz: »1940, über England.« Churchill brachte seinen Dank an die RAF-Piloten für den Sieg im Luftkrieg über England auf die Formel: »Nie in der Geschichte von Menschheitskonflikten hatten so viele so wenigen Dank geschuldet.«

Doch Großbritannien konnte den Krieg allein nicht gewinnen. Churchills Langzeitstrategie bestand darin, mächtige Verbündete gegen Deutschland zu gewinnen, vor allem die USA. Schon als Erster Lord der Admiralität hatte Churchill 1939 einen vertraulichen Dialog mit Präsident Roosevelt aufgenommen. Die Kriegskorrespondenz umfaßt über 2000 Seiten.

Zwar verbot die Neutralitätsgesetzgebung der Vereinigten Staaten ein Engagement auf seiten Großbritanniens. Eine Ausnahme bildete die sogenannte Cash-and-carry-Klausel, nach der ausländische Mächte Waffen und Munition in den USA erwerben konnten, wenn sie bar zahlten und das Gerät mit eigenen Schiffen transportierten. Doch die britischen Reserven waren bald erschöpft. Roosevelt ersann eine zweite Möglichkeit, die britische Kriegführung zu unterstützen: das Lend-lease-Abkommen, den Pacht- und Leihvertrag vom März 1941. Die USA besaßen noch eine Reihe von »eingemotteten« Kriegsschiffen aus dem Ersten Weltkrieg, die sie im Interesse der Verteidigung der Vereinigten Staaten Großbritannien überlassen konnten. Zur Ergänzung »liehen« die USA Rohstoffe, Waffen und Munition. Die Gegenleistung bestand in der Überlassung von Stützpunkten in Kanada. Die Rohstofflieferungen waren allerdings an die Verpflichtung gekoppelt, daß die daraus hergestellten Produkte nicht in Konkurrenz mit US-Produkten auf den Weltmarkt gebracht werden durften. Dieser Vertrag sicherte einerseits das Überleben Großbritanniens im Krieg, führte aber andererseits dazu, daß das Land einen Kriegsbeitrag leistete, den es sich nicht leisten konnte. So wie Großbritannien von 1933 bis 1940 Frankreichs Armee als Festlandsdegen betrachtet hatte, so setzten die USA die britische Armee für ihre Interessen ein.

Mit dem deutschen Angriff auf die Sowjetunion am 22. Juni 1941 und Hitlers Kriegserklärung an die USA am 4. Dezember des Jahres wuchsen Großbritannien zwei mächtige Verbündete zu. Das Hauptinteresse Stalins war jetzt eine Unterstützung durch die Angloamerikaner, und zwar zuallererst durch Errichtung einer zweiten Front in Europa. Churchill plädierte dafür, diese vom Mittelmeer her auf dem Balkan zu eröffnen. Er hoffte darauf, vom Süden her gleichsam einen Keil zwischen die Rote Armee und die Wehrmacht schieben zu können, um die Sowjetunion aus Mittel- und Osteuropa herauszuhalten. Als Antibolschewik aus der Zeit nach der Oktoberrevolution von 1917 fürchtete Churchill, die Sowjetunion könnte beim Einmarsch in Mittel- und Osteuropa diese Staaten, vor allem Polen, gewaltsam bolschewisieren. Doch die Forderung der Sowjetunion ging gerade dahin, die zweite Front in Nordfrankreich zu errichten, so daß Osteuropa Wirkungsfeld der Roten Armee blieb. Die US-Militärs hielten eine Invasion vom Balkan her für nicht realisierbar und Italien oder Nordafrika für Nebenkriegsschauplätze. Für Churchill war der Sieg über das deutsche Afrika-Korps bei El Alamein 1942 der letzte eigene britische Sieg im Zweiten Weltkrieg. Seit der Kriegswende 1943 wurde das Schicksal Europas von den Flügelmächten USA und Sowjetunion bestimmt. Die entschieden sich 1943 für die Invasion in der Normandie.

Der geschwundene Einfluß Großbritanniens zeigte sich auch darin, daß US-General Dwight D. Eisenhower statt des britischen Stabschefs General Allen F. Brooke zum Oberkommandierenden der Invasionsstreitmacht bestimmt wurde. Auf der ersten Gipfelkonferenz der Großen Drei, Roosevelt, Stalin und Churchill, in Teheran im November 1943 sagte der US-Präsident die Invasion in Nordfrankreich (»Overlord«) für den Mai 1944 verbindlich zu. Zwischen der polnischen Exilregierung in London und der Sowjetunion war es zum Streit über die polnische Ostgrenze gekommen, die nach dem Hitler-Stalin-Pakt von 1939 nach Westen verlegt worden war. Um eine Verständigung über die Unabhängigkeit Polens zu erreichen, schlug Churchill in Teheran die Westverschiebung des Landes vor. Polen solle mit deutschem Gebiet entschädigt werden. Er legte drei Streichhölzer auf den Konferenztisch, nahm dann das rechte Hölzchen auf und legte es nach links. So wie Soldaten beim Antreten nach links aufrücken, solle Polen seinen Gebietsstand ändern. Stalin und Roosevelt stimmten zu.

Doch trotz der demonstrativ bekundeten Einigkeit entstand vor den Augen Churchills, der gelegentlich zu depressiven Anfällen neigte, bereits das düstere Bild eines neuen blutigen Kriegs mit Rußland, berichtet Lord Moran. Als sich im Herbst 1944 die Aufteilung Europas in zwei Stationierungsgebiete von sowjetischen Truppen einerseits und angloamerikanischen andererseits abzeichnete, unternahm Churchill den Versuch, durch eine Absprache die Aufteilung Europas in Einflußzonen zu steuern. Er nahm eine Tischkarte und notierte darauf Prozentsätze für die Balkan-Staaten. Stalin sah sich das Dokument kurz an, hakte es als Zeichen seines Einverständnisses mit einem blauen Stift ab und schob es zu Churchill zurück. Stalin charakterisierte im Gespräch mit Djilas Churchill als »einen Mann, der dir in einem unbeobachteten Augenblick eine Kopeke aus der Tasche zieht, bei Gott, eine Kopeke!«

Doch die Frage nach der Zukunft Polens blieb weiter offen. Sie wurde ein zentraler Streitpunkt der zweiten Gipfelkonferenz der Großen Drei in Jalta im Februar 1945. Roosevelt verhielt sich in europäischen Streitfragen zurückhaltend, fast wie ein Vergleichsrichter zwischen Stalin und Churchill. Aber er verstand es, dem mageren Ergebnis – insbesondere in der Polen-Frage – einen leuchtenden internationalistischen Anstrich zu geben. In das Jalta-Abkommen waren gewisse Sollbruchstellen eingebaut, die sich allerdings erst nach dem militärischen Sieg zeigen sollten. Von den Großen Drei, meint der britische Historiker A. J. P. Taylor, wußte nur Roosevelt, was er wollte, nämlich die USA zur größten Weltmacht zu machen, mit geringstmöglichem Einsatz. Churchill litt unter der Machtlosigkeit seines Landes. Seiner Frau schrieb er, sein 16-Stunden-Arbeitstag verlaufe wie in Mark Twains Tagebuch: »Got up, washed, went to bed.« Aber Churchill hoffte immer noch, daß Stalin in Osteuropa nicht mit harter Hand durchgreifen würde – mehr als diese Hoffnung blieb ihm angesichts der militärischen Lage auch nicht.

Die Unterhausrede von Churchill über die Ergebnisse von Jalta unterscheidet sich durch die korrekte Wiedergabe der kritischen Punkte, insbesondere hinsichtlich Polens, von der

Jalta-Präsentation durch die Roosevelt-Administration. Erst nach dem Tode Roosevelts, unmittelbar vor Kriegsende, konnte Churchill in Telegrammen an den Nachfolger Harry S. Truman die antibolschewistischen Alarmglocken läuten. In der Botschaft vom 13. Mai 1945 fällt dann auch erstmals das berühmte Wort vom Eisernen Vorgang, der quer über Europa heruntergegangen sei. Churchill beschwor Truman, den Geländegewinn der Angloamerikaner in Deutschland zwischen Mecklenburg und Thüringen als Faustpfand für Verhandlungen mit den Russen über eine allgemeine Regelung der Nachkriegsordnung in Europa zu behalten.

Die allgemeine Begeisterung über den Sieg der Alliierten am 8. Mai 1945 verstellte den Blick für die langfristigen Folgen für Europa und speziell Großbritannien. Churchill hatte durch seinen Einsatz die europäischen Staaten davor bewahrt, in einem rassistischen großgermanischen Reich aufzugehen. Doch zunächst wollte niemand sehen, welchen Preis das gekostet hatte: den Verlust des britischen Empire und der Weltmachtrolle Großbritanniens. Churchill wurde 1945 zum tragischen Helden wie die Hemingway-Figur des Fischers in »Der alte Mann und das Meer«, der nur noch das Gerippe des großen Fisches an Land ziehen konnte. England war nach dem Zweiten Weltkrieg ein industriell rückständiges Land, das seine Auslandsreserven und seine Exportmärkte verloren hatte, sein Empire nicht mehr halten konnte und weltpolitisch wenig darstellte. Für das Ansehen Churchills als dem legendären britischen Kriegspremier war es daher ein Segen, daß er auf dem Höhepunkt seines Erfolgs bei der Unterhauswahl im Juli 1945, noch während der Potsdamer Konferenz der Großen Drei, abgewählt wurde.

Sein späteres Wirken als Oppositionsführer und dann von 1951 bis 1955 nochmals als britischer Premier hat zu seinem Nachruhm kaum etwas beigetragen. In der Dankesrede auf der Feier zu seinem 80. Geburtstag 1954 blickte er auf seine Amtszeit von 1940 bis 1945 mit einem Kompliment an die britische Nation zurück. Es sei die britische Nation gewesen, die das Herz des Löwen besessen hätte, er habe nur das Glück gehabt, gerufen zu werden »to give the roar«.

Klaus Körner

Churchill und die Deutschen

Entweder habe man die »Hunnen« an der Gurgel oder sie lägen einem zu Füßen, so Churchills vielzitierte Einschätzung der Deutschen. Er verfügte über kein geschlossenes Bild von Deutschland. Vom Straßburger Beigeordneten Dominicus hatte er sich 1910 über die deutsche Arbeitsverwaltung und Berufsberatung unterrichten lassen und sie als Vorbild für eine englische Regelung verwandt. Das Europa von vor 1914 war für Churchill die natürliche Ordnung, die es nach 1918 wiederherzustellen galt: ein von Großbritannien tariertes Gleichgewicht zwischen den großen europäischen Mächten. Die Donaumonarchie diente ihm als Beispiel für eine oder mehrere europäische Föderationen, insbesondere auf dem Balkan. Sein Verhältnis zu Preußen war gespalten. Einerseits bewunderte er militärische Leistungen und zitierte auch gern Friedrich den Großen und Bismarck. Andererseits sah er in Preußen die Quelle für die Weltkriege des 20. Jahrhunderts. Daher wollte er das Reich in seine historischen Bestandteile auflösen und allenfalls Preußen »bestrafen«.

Als britischer Marineminister hatte Churchill 1913 am Kaisermanöver teilgenommen. Ein Foto zeigt ihn bei der Begrüßung durch Wilhelm II. Ein weiteres Foto zeigt ihn 1919 als Kriegsminister bei der militärischen Begrüßung durch die britischen Besatzungssoldaten in Köln. Zu dieser Zeit war er bereits Kritiker des Versailler Vertrags und plädierte für eine Rehabilitierung Deutschlands ohne Diskriminierung. Allerdings lautete die Botschaft auch, mit diesem Krieg hätten die Deutschen genug für die Menschheitsgeschichte getan. Deutschland könne einen würdigen Platz in Europa einnehmen, wenn es dem Militarismus abschwöre, sich mit dem Westen verbünde und ein Bollwerk gegen die Ausbreitung des Bolschewismus in Europa bilde. – Für ein französisches Kriegsdenkmal hatte er auf Wunsch hin seine vier Grundsätze formuliert: »Im Krieg – Entschlossenheit, bei Niederlagen – Trotz, nach dem Sieg – Großmut, im Frieden – Wohlwollen.« Da diese Thesen den Franzosen zu versöhnlerisch klangen, kamen sie nicht auf das Denkmal. Churchill verwandte sie nach 1945 als Motto für seine Erinnerungen »Der Zweite Weltkrieg«.

Anfangs zeigte er sogar Bewunderung für Hitler als den großen Mann, der Deutschland aus der Erniedrigung und Katastrophe herausführe. Fast wäre es 1932 zu einer Begegnung gekommen. Doch nach 1933 war Churchill ein unnachgiebiger Gegner der Appeasement-Politik und Warner vor einer deutschen Aggression. Ein Novum in den internationalen Beziehungen war, daß Churchill ausdrücklich die Entrechtung der Juden, die Unterdrückung der Arbeiterbewegung und die Abschaffung der Pressefreiheit in Deutschland anprangerte. In Meyers Lexikon von 1937 wird zwar sein Redetalent hervorgehoben, mit dem er die Regierenden häufig in große Verlegenheit bringen könne. Dann wird aber angemerkt, daß dieser Außenseiter seine »deutschfeindliche Einstellung« öfter in »unsachlichen Angriffen auf Deutschland« äußere. 1938 empfing Churchill den Danziger Gauleiter Albert Forster, um ihm eine eindringliche Warnung an Hitler vor einem Angriff auf Polen mit auf den Weg zu geben.

Nach 1940 wurde Churchill zur Zielperson Nr. 1 der antibritischen Propaganda. Er wurde in der deutschen Öffentlichkeit als der wahnsinnige Whiskysäufer tituliert oder als »Mr. WC«. Der Graphiker A. Paul Weber attackierte in seinen »Britischen Bildern« von 1941 das von Churchill so geschätzte viktorianische England. In dem aufwendigen NS-Propagandafilm »Ohm Krüger« spielt Otto Wernicke eine Churchill-Karikatur, den Kommandanten eines britischen KZ, als feigen, hochnäsigen Schweinekerl. Nach dem deutschen Angriff auf die Sowjetunion erschien 1942 ein mit »Mein Bundesgenosse« betiteltes Buch mit antibolschewistischen Churchill-Zitaten.

In der NS-Kriegspropaganda wurde Churchill zunächst als Kriegstreiber und später als der Hauptverantwortliche für den Bombenkrieg gegen die deutsche Zivilbevölkerung angeprangert. Ein berühmtes Poster der deutschen Propaganda, das auch als Flugblatt über England abgeworfen wurde, zeigt ein Foto Churchills in der Positur eines Chicago-Gangsters: Nadelstreifenanzug, Zigarre im Mundwinkel, Bowler auf dem Kopf und unter dem Arm eine Maschinenpistole.

Als Brecht im Herbst 1948 nach Berlin zurückkehrte, notierte er in sein »Arbeitsjournal«: »berlin, eine radierung churchills nach einer idee hitlers«. Tatsächlich hatte die Royal Air Force das Modell des Luftkriegs 1941 von den Deutschen übernommen.

Nach 1945 war der neue britische Oppositionsführer Churchill einer der ersten, der für eine Rehabilitierung der Deutschen eintrat. In seiner legendären Rede in Fulton am 6. März 1946 beklagte er den Eisernen Vorhang, der von Stettin an der Ostsee bis Triest an der Adria Europa teile. Das sei nicht das Europa, für das man gekämpft habe. Bei seinem zweiten bedeutenden Auftritt am 19. September 1946 in Zürich rief er dazu auf, die Vereinigten Staaten von Europa zu bilden. Eine Verständigung zwischen Frankreich und Deutschland sollte dafür die Grundlage bilden. Im Kern war das schon nach 1919 Churchills Rezept gewesen. Vereinfacht ausgedrückt, hatte er Hitler gegen Stalin ausgetauscht, der nunmehr die Verkörperung des Bösen darstellte. Gewicht erhielten die Ausführungen Churchills durch die 1947 proklamierte Eindämmungspolitik der Truman-Administration, zu deren Ergebnissen der Marshall-Plan für den europäischen Wiederaufbau, die Bildung der Nato und Gründung der Bundesrepublik gehören.

Churchills Reden und Schriften wurden in der Öffentlichkeit viel beachtet. Nach seiner Wiederwahl zum britischen Premier 1951 wurde Churchill bald zur überdimensionalen Kultfigur. Von ihm erwartete man keine wegweisenden Reden mehr. Er blieb vielmehr der gefeierte Kriegsheld. Der Tod Georgs VI. 1952, die Krönung Elisabeths II., die Verleihung des Literatur-Nobelpreises und schließlich die Festivitäten zu seinem 80. Geburtstag lieferten Anlaß zu repräsentativen Auftritten. Durch seinen spektakulären Vorstoß auf einer Gipfelkonferenz vom Mai 1953 für den Versuch einer Verständigung mit der Sowjetunion nach Stalins Tod wurde er sogar noch zu einem Vorläufer der Entspannungspolitik.

Mit der im letzten Band seiner Kriegserinnerungen, »Triumph and Tragedy«, suggerierten These, Europa hätte nach 1945 anders ausgesehen, wenn man nur auf ihn gehört hätte, sorgte er für eine weltweite Debatte. Churchill-Schriften erlebten geradezu eine Hochkonjunktur. Sein Sohn Randolph begann mit der Abfassung der ersten Bände einer später von dem Historiker Martin Gilbert fortgesetzten Monumentalbiographie, die aus acht Haupt- und zehn Ergänzungsbänden besteht. Auch in der Bundesrepublik war Churchill gefragt. Sein sechsbändiger »Zweiter Weltkrieg« erschien neben der Originalausgabe in einer mehrfach nachgedruckten einbändigen Hardcover- und Paperbackausgabe. Der Schöningh-Verlag veröffentlichte 1954 sogar einen Lesebogen mit Churchill-Reden für Schüler. Neben das verblassende Zerrbild aus der NS-Kriegspropaganda trat jetzt das Image des weisen Staatsmanns, Förderers des deutschen Wiederaufstiegs und der europäischen Einigung. 1956 wurde Churchill für seine Verdienste um die europäische Einigung mit dem Karlspreis der Stadt Aachen ausgezeichnet. Churchill wurde in den Kanon der Klassiker aufgenommen, mit deren Zitaten Ansprachen und Vorträge dekoriert werden. Der Dramatiker Rolf Hochhuth versuchte 1967, Churchill in dem Drama »Soldaten« zu attakkieren. Doch die Debatte über das Stück änderte in Deutschland nichts an der allgemeinen Wertschätzung des Premiers. Im Bundestagswahlkampf 1972 schaltete die CDU sogar eine Anzeige mit einem antisozialistischen Zitat Churchills aus einer Wahlkampfrede von 1945.

Tatsächlich hat Churchill mit seinen Reden in den Anfangsjahren des Zweiten Weltkriegs Geschichte gemacht. Deshalb lohnt ihre Lektüre auch nach Jahrzehnten.

Diese Auswahl beruht auf der von Randolph Churchill und Charles Eade im Londoner Cassell Verlag herausgegebenen Ausgabe, die beim Züricher Europa Verlag zwischen 1946 und 1950 auf deutsch herauskam. Gegenüber der von Walther Weibel besorgten Übersetzung sind lediglich heute etwas altertümlich wirkende schweizerische Ausdrücke abgeändert.

25 Reden wurden nach sieben Gesichtspunkten ausgewählt. Am Anfang steht die »apokalyptische« Rede des Unterhausabgeordneten Churchill, des Einzelkämpfers, des Predigers in der Wüste. Die wichtigsten Reden, die zu denen gehören, die die Welt verändert haben, sind die Durchhaltereden in den Jahren 1940/41, als Churchill mit Entschlossenheit und viel Pathos für den unbedingten Kampf gegen Deutschland bis zum Sieg wirbt und die Briten hinter sich schart. Eine dritte Art von Reden zielt besonders ab 1941 auf die öffentliche Meinung in den USA ab. Viele Churchill-Reden wurden in der Rundfunkzeitschrift »Listener« nachgedruckt; die höchsten Auflagen erreichten die kurzen Reden oder Redeausschnitte, die für die psychologische Kriegführung eingesetzt wurden, als Rundfunktexte und als Nachdrucke in Form von Flugblättern, die über dem besetzten Europa abgeworfen wurden. Eine vierte Rubrik von Reden bilden die warmherzigen ehrenden Nachrufe, die Churchill seinem langjährigen liberalen Förderer Lloyd George, seinem konservativen Gegenspieler Chamberlain oder seinem etwas ungewissen Partner Roosevelt gewidmet hat. In der Schlußphase des Kriegs konnte Churchill sich darauf verlassen, daß sich die Siege an allen Fronten von selbst »verkauften«, er konnte also sachlich-unverbindlicher sprechen. Am Ende steht dann eine Bilanzrede, in der der abgewählte Premier ein Fazit seiner Amtszeit zieht und sein Wirken in die britische Geschichte einordnet, bis zum Vorfahren Lord Marlborough.

Wer »den ganzen Churchill« im Original lesen möchte, der sei auf die 34bändige Gesamtausgabe seiner Werke verwiesen.

Reden in Zeiten des Kriegs

München 1938 – eine vollständige Niederlage

5. Oktober 1938, Unterhaus

Am 29. September 1938 trafen sich Chamberlain, Daladier, Mussolini und Hitler in München. Sie vereinbarten, daß die Tschechoslowakei die vorwiegend von Sudetendeutschen bewohnten Gebiete an Deutschland abtreten solle. Chamberlain wurde in London als Friedensheld gefeiert. Churchill gehörte zu den wenigen konservativen Unterhausabgeordneten, die das Abkommen ablehnten. Diese Rede ist die entschiedenste Abrechnung mit der britischen Appeasement-Politik. Am Ende der Philippika steht ein apokalyptischer Vergleich mit dem Untergang Babylons.

Wenn ich heute nicht damit beginne, dem Premierminister die üblichen, ja fast einander gleichbleibenden Worte der Anerkennung für sein Vorgehen in dieser Krisensituation zu zollen, so geschieht dies keineswegs aus Mangel an persönlicher Hochschätzung. Unsere Beziehungen waren stets, viele Jahre hindurch, sehr erfreulich, und ich habe, auf Grund eigener Erfahrung in einer ähnlichen Krise, das tiefste Verständnis für den Druck und die Spannung, unter denen er stand; ich bin aber dessen gewiß, daß es besser ist, genau zu sagen, was wir über öffentliche Angelegenheiten denken, und jetzt ist sicherlich nicht eine Zeit, in der es irgend jemandem anstünde, um politische Popularität zu werben. Uns wurde vor zwei Tagen durch den früheren Ersten Lord der Admiralität ein leuchtendes Beispiel von Charakterstärke gegeben. Er zeigte jene Charakterstärke, die von den Strömungen des Tages völlig unberührt ist, so reißend und ungestüm sie auch sein mögen. Mein ehrenwerter Freund, der Abgeordnete für Südwest-Hulle (Law), dessen zwingender Rede dieses Haus am Montag gelauscht hat, erinnerte uns mit Recht, daß der Premierminister während seines ganzen Verhaltens in dieser Angelegenheit eine robuste Gleichgültigkeit gegen Beifalls- und Mißfallensäußerungen und einander abwechselnde Kritik und Zustimmung zur Schau getragen hat.

Wenn dem so ist, dann sollten solche Eigenschaften, solche geistige Höhe es möglich machen, in diesem Hause ehrliche Überzeugungen in unnachsichtiger Form gegenseitig auszutauschen und allen Anschauungen den vollständigsten Ausdruck zu geben, ohne daß dadurch persönliche Beziehungen zerstört würden. Nachdem ich mich so durch das Beispiel anderer ermutigt habe, will ich darangehen, ihnen nachzueifern. Ich möchte daher damit beginnen, daß ich etwas höchst Unpopuläres und Unwillkommenes sage. Ich will zuerst etwas aussprechen, was jedermann nicht zur Kenntnis zu nehmen oder zu vergessen wünscht, was aber dennoch festgestellt werden muß: nämlich, daß wir eine völlige, durch nichts gemilderte Niederlage erlitten haben und daß dabei Frankreich noch mehr gelitten hat als wir. Das Äußerste, was mein sehr ehrenwerter Freund, der Premierminister, durch all seine ungeheuren Anstrengungen, durch all die großen Bemühungen und Mobilisierungen, die in unserem Lande stattfanden, und durch all die Angst und Spannung, die wir hier durchgemacht haben, zu sichern imstande war, das Äußerste, was er in den zur Diskussion stehenden Angelegenheiten für die Tschechoslowakei herausschlagen konnte, ist, daß der deutsche Diktator, anstatt die Speisen vom Tisch zu rauben, sich damit zufrieden gibt, sie sich nun Gang für Gang servieren zu lassen.

Der Schatzkanzler (Sir John Simon) sagte, dies sei das erstemal gewesen, daß Hitler überhaupt in gewissem Ausmaße zu einem Rückzug gebracht wurde – das, glaube ich, waren seine Worte. Wir sollten wirklich keine Zeit mehr vergeuden, nach all diesen langen Diskussionen über den Unterschied zwischen den Positionen, die in Berchtesgaden, in Godesberg und in München erreicht wurden. Man kann es – wenn Sie mir die Variierung des Gleichnisses gestatten – in wenigen Worten zusammenfassen: 1 Pfund wurde mit vorgehaltenem Revolver gefordert. Als man es hergab, wurden zwei Pfund mit vorgehaltenem Revolver gefordert. Schließlich fand sich der Diktator bereit, 1 Pfund, 17 Schilling und 6 Pence zu nehmen und den Rest in Zusicherungen von guten Absichten für die Zukunft.

Nun komme ich zur Sache, an die ich eben von einem Punkt des Hauses aus gemahnt wurde: zur Rettung des Friedens. Niemand ist ein entschlossenerer, kompromißloserer Vorkämpfer des Friedens gewesen als der Premierminister. Das wissen alle. Niemals hat es solch eine leidenschaftliche und kühne Entschlossenheit gegeben, den Frieden zu erhalten und zu sichern. Das ist völlig richtig. Nichtsdestoweniger bin ich mir nicht darüber im klaren, wieso in diesem kritischen Augenblick die Gefahr, daß England und Frankreich in einen Krieg mit Deutschland verwickelt werden könnten, so groß gewesen ist, wenn diese Länder doch tatsächlich während der ganzen Zeit bereit waren, die Tschechoslowakei zu opfern. Die Bedingungen, die der Premierminister heimbrachte, hätten, so glaube ich, mit Leichtigkeit jederzeit während des vergangenen Sommers auf den gewöhnlichen diplomatischen Wegen vereinbart werden können. Und ich will nur das eine sagen: Ich glaube, wenn man die Tschechen sich selbst überlassen und ihnen gesagt hätte, daß sie von den Westmächten keine Hilfe zu erwarten haben, so wären sie imstande gewesen, bessere Bedingungen zu erzielen, als sie sie nun nach all der schrecklichen Unruhe erhalten haben; schlimmer hätten sie schwerlich sein können.

Es kann niemals völlige Gewißheit geben, daß es zu einem Kampfe kommen wird, wenn eine Seite entschlossen ist, auf der ganzen Linie nachzugeben. Wenn man die Münchner Vereinbarungen liest, wenn man sieht, was in der Tschechoslowakei von Stunde zu Stunde geschieht, wenn man sicher ist, das Parlament werde, ich will nicht sagen, seine Billigung aussprechen, aber zumindest sich dareinfügen, wenn der Schatzkanzler eine Rede hält, die jedenfalls versucht, in sehr kräftiger und überzeugender Art nachzuweisen, daß schließlich und endlich alles unvermeidlich und geradezu berechtigt gewesen sei: Wenn wir all das gesehen haben, und jedermann auf dieser Seite des Hauses, einschließlich vieler Abgeordneten der Konservativen Partei, wachsamer und vorsichtiger Hüter der nationalen Interessen, sich darin einig ist, daß nichts auf dem Spiele stand, das uns wesentlich beträfe – dann, so scheint es mir, muß man fragen: Wozu war all die Unruhe, all der Lärm nötig?

Die englische und die französische Regierung haben den Beschluß gefaßt. Ich möchte feststellen, daß es sehr wichtig ist, sich dessen bewußt zu sein, daß es sich keineswegs um eine Frage handelte, die die britische Regierung allein zu entscheiden hatte. Ich bewundere in höchstem Maße die Art und Weise, in der im Parlament alle Bemerkungen, die eine Beschuldigung hätten enthalten können, unterdrückt worden sind. Aber man muß sich darüber klar sein, daß dieser Entschluß nicht von der einen oder der anderen dieser Regierungen herrührt, sondern daß es ein Entschluß war, für den beide gemeinsam die Verantwortung tragen müssen. Dieser Entschluß wurde nun einmal gefaßt und dieses Verfahren eingeschlagen – mögen Sie es klug oder unklug, vorsichtig oder kurzsichtig nennen. Sobald man sich einmal dazu entschlossen hatte, die Verteidigung der Tschechoslowakei nicht zum Casus belli werden zu lassen, bestand wirklich kein Grund, wenn man die Angelegenheit während des Sommers auf dem gewöhnlichen Wege erledigt hätte, diesen ganzen schreckeneinflößenden Krisenapparat in Erscheinung treten zu lassen. Das, glaube ich, sollte man bedenken.

Man fordert uns auf, für den Antrag* zu stimmen, der auf der Tagesordnung steht, und dieser Antrag ist sicherlich in einer nicht zum Streit herausfordernden Form gehalten, ebenso wie der Gegenantrag, der von der Opposition gestellt wird. Ich selbst kann mich mit den Schritten, die unternommen wurden, nicht einverstanden erklären, und da der Schatzkanzler mit solch großem Geschick den Fall so dargestellt hat, wie er ihn sieht, so möchte ich, wenn es mir gestattet ist, versuchen, ihn unter einem anderen Blickwinkel darzulegen. Ich hatte stets die Ansicht verfochten, die Erhaltung des Friedens beruhe auf der Anhäufung von Abschreckungsmitteln gegen den Angreifer, zugleich mit dem redlichen Bemühen, Beschwerdegründen abzuhelfen. Hitlers Sieg ist, gleich so manchen berühmten Kämpfen, die das Geschick der Welt bestimmten, mit knappstem Spielraum gewonnen worden. Nach der Okkupation Österreichs im März dieses Jahres standen wir in unseren

* »Daß dieses Haus der Politik der Regierung Seiner Majestät, durch die in der gegenwärtigen Krise der Krieg vermieden wurde, seine Billigung ausspreche und ihre Bemühungen zur Sicherung eines dauernden Friedens unterstütze.«

Debatten diesem Problem gegenüber. Ich wagte es, an die Regierung zu appellieren, sie möge etwas weiter gehen als der Premierminister und eine Garantie geben, derzufolge wir uns, gemeinsam mit Frankreich und anderen Mächten, für die Sicherheit der Tschechoslowakei verbürgten, während gleichzeitig die sudetendeutsche Frage von einer Völkerbundskommission oder einer anderen unparteiischen Körperschaft untersucht werden sollte, und ich glaube noch immer, hätten wir diesen Weg eingeschlagen, so wäre es nicht zu dieser katastrophalen Situation gekommen. Ich befinde mich in vollster Übereinstimmung mit meinem sehr ehrenwerten Freunde, dem Abgeordneten für Sparkbrook (Amery), der bei dieser Gelegenheit sagte: »Entschließt euch zu dem einen oder dem andern, sagt entweder, ihr hättet euch an der Angelegenheit völlig desinteressiert, oder entschließt euch zu dem Schritt, eine Garantie zu geben, die die größte Aussicht haben wird, jenem Lande Schutz zu sichern.«

Frankreich und England gemeinsam – besonders dann, wenn sie (was sicherlich nicht geschehen ist) mit Rußland engen Kontakt gepflogen hätten – wären in jenen Sommertagen, als sie über das nötige Prestige verfügten, imstande gewesen, viele der kleinen Staaten Europas zu beeinflussen, und ich glaube, sie hätten auch Polens Haltung entscheidend bestimmen können. Ein solcher Zusammenschluß, vorbereitet zu einer Zeit, als der deutsche Diktator sich noch nicht tief und unwiderruflich auf dieses neue Abenteuer eingelassen hatte, würde, wie ich glaube, all den Kräften in Deutschland, die sich dieser neuen Richtung, diesem neuen Vorhaben widersetzen, Kraft und Stärke verliehen haben. Diese Kräfte waren von verschiedener Natur: Es waren solche beim Militär, die erklärten, Deutschland sei für einen Weltkrieg nicht vorbereitet, und die Masse der Anhänger gemäßigter und populärer Ansichten, die den Krieg verabscheuen, von denen einige noch immer einen gewissen Einfluß auf die Regierung ausüben. Solch ein Vorgehen hätte dem ganzen intensiven Friedensbedürfnis Stärke verliehen – ein Gefühl, das die hilflosen Massen des deutschen Volkes mit ihren englischen und französischen Mitmenschen teilen und das, wie wir erinnert wurden, einen leidenschaftlichen und selten gestatteten Ausdruck in den begeisterten Kundgebungen fand, mit denen der Premierminister in München begrüßt wurde.

All diese Kräfte, und dazu noch die anderen Abschrekkungsmittel in Gestalt von Gruppierungen großer und kleiner Staaten, welche bereit gewesen wären, für das Recht und für die geregelte Beilegung von Streitigkeiten mit Festigkeit einzutreten, hätten sehr wohl wirksam sein können. Neben Unterwerfung und sofortigem Krieg gab es eine dritte Alternative, die nicht nur die Hoffnung auf Frieden, sondern auch die auf Gerechtigkeit ermöglichte. Allerdings hätte solch eine Politik, sollte sie erfolgreich sein, erfordert, daß England geradeheraus und rechtzeitig erklärte, es werde, gemeinsam mit anderen, die Tschechoslowakei gegen einen unprovozierten Angriff verteidigen. Die Regierung Seiner Majestät verweigerte eine solche Garantie zur Zeit, als sie die Situation gerettet haben würde, gab sie aber dann schließlich, als es bereits zu spät war, und erneuert sie nun für die Zukunft, wo sie doch nicht die geringste Möglichkeit hat, sie zu erfüllen.

All das ist nun vorbei. Schweigend, trauernd, verlassen und gebrochen versinkt die Tschechoslowakei in der Dunkelheit. Sie hat in jeder Weise dafür büßen müssen, daß sie sich den Demokratien des Westens und dem Völkerbund anschloß, dem sie stets treu gedient hat. Besonders hatte sie durch ihre Verbindung mit Frankreich zu leiden, von dessen Führung und Politik sie so lange beeinflußt war. Ja selbst die Maßnahmen, die von der Regierung Seiner Majestät im englisch-französischen Abkommen bestimmt wurden, um ihr die bestmögliche Chance zu geben, nämlich die scharfe 50-Prozent-Grenze in gewissen Bezirken, anstatt einer Volksabstimmung, gereichen ihr nun zum Nachteil, denn in großen Gebieten wird außerdem noch eine Volksabstimmung durchgeführt werden, und die anderen Mächte, die Ansprüche erhoben hatten, sind nun auch über das hilflose Opfer hergefallen. Die Gemeindewahlen, deren Ergebnisse als Grundlage für den 50-Prozent-Schnitt genommen werden, waren über Fragen abgehalten worden, die nichts mit der Frage des Anschlusses an Deutschland zu tun hatten. Als ich mit Henlein hier in England zusammentraf, versicherte er mir, daß der Anschluß nicht dem Wunsche seines Volkes entspräche. Es wurden positive Erklärungen abgegeben, daß es sich bloß um die Frage der Selbstverwaltung handle, um eine selbständige Stellung innerhalb des tschechoslowakischen Staates. Niemand kann mit Fug behaupten, daß die Volksabstimmung, die in manchen Gegenden unter Saar-Bedingungen abgehalten wird, und die glatte Abtrennung der 50-Prozent-Gebiete –, daß diese beiden Maßnahmen zusammengenommen auch nur im geringsten Ausmaße auf eine Entscheidung im Sinne des Selbstbestimmungsrechtes hinauslaufen. Dieses Wort in diesem Zusammenhang auszusprechen, kommt einem Betrug und einer Verhöhnung gleich.

Wir in diesem Lande haben, ebenso wie die Bewohner anderer liberaler und demokratischer Länder, das volle Recht, das Prinzip der Selbstbestimmung hochzuhalten; aber es nimmt sich übel aus im Munde von Leuten in totalitären Staaten, die jeder Gruppe und Gesinnung innerhalb ihrer eigenen Grenzen selbst das kleinste Ausmaß an Duldung verweigern. Aber wie immer man es auch wendet, dieses bestimmte Stück Land, diese Anzahl von Menschen, die überantwortet werden sollen, hat niemals den Wunsch ausgedrückt, unter nationalsozialistische Herrschaft zu kommen. Ich glaube, sie würden nicht einmal jetzt, könnte man sie um ihre Meinung befragen, solch einer Absicht Ausdruck geben.

In welcher Lage bleibt die Tschechoslowakei nun zurück? Sie ist nicht bloß politisch verstümmelt, sie ist ökonomisch und finanziell in völlige Unordnung gebracht. Ihr Bankwesen, ihre Eisenbahnanlagen sind auseinandergerissen und zerbrochen, ihre Industrie verstümmelt, die aufgezwungenen Bevölkerungsbewegungen äußerst grausam. Die Bergarbeiter des Sudetengebietes, die alle Tschechen sind und deren Familien seit Jahrhunderten dort ihren Wohnsitz hatten, müssen nun in ein Gebiet flüchten, in dem es kaum irgendwelche Bergwerke gibt, in denen sie arbeiten könnten. Was sich hier ereignet hat, ist eine Tragödie. In britischen Herzen muß für immer tiefstes

Bedauern und ein Gefühl des Schmerzes herrschen, wenn sie der Behandlung und des Unglücks gedenken, die der Tschechoslowakischen Republik zugefügt worden sind. Und dieses Land ist noch nicht am Ende seines Leidensweges angelangt. Jeden Augenblick kann es dort zu einer Stockung im Ablauf kommen. Jeden Augenblick kann ein Auftrag an Herrn Goebbels ergehen, seine Verleumdungs- und Lügenpropaganda von neuem zu beginnen; jeden Augenblick kann ein Zwischenfall provoziert werden; denn was sollte nun, nachdem die Festungslinie aufgerollt ist, dem Willen des Eroberers Halt gebieten? Offensichtlich sind wir gegenwärtig nicht in der Lage, den Tschechen die geringste Hilfe zu geben, es sei denn – was mit allgemeiner Befriedigung aufgenommen worden ist – die finanzielle Hilfe, welche die Regierung unverzüglich gewährt hat.

Ich wage die Voraussage, daß sich der tschechoslowakische Staat fortan nicht als ein unabhängiges Gemeinwesen wird erhalten können. Ich glaube, daß Sie sehen werden, daß die Tschechoslowakei im Laufe einer Periode, die vielleicht nach Jahren, vielleicht aber nur nach Monaten bemessen ist, von dem Naziregime verschlungen werden wird. Vielleicht wird sie aus Verzweiflung oder aus Ressentiment sich ihm anschließen. Wie dem auch immer sei, das alles ist vorbei und abgetan. Aber wir können die Preisgabe und den Untergang der Tschechoslowakei nicht bloß im Lichte der Ereignisse des letzten Monats betrachten. All das ist die höchst schmerzliche Folge dessen, was wir während der letzten fünf Jahre voll wirkungsloser guter Absichten, voll eifriger Bemühungen, die Linie des geringsten Widerstandes zu finden, fünf Jahre ununterbrochenen Rückzugs der britischen Macht, fünf Jahre der Vernachlässigung unserer Luftverteidigung beobachten konnten. Dies sind die charakteristischen Züge, die klarzulegen ich hier stehe und die eine unbedachtsame Staatsführung kennzeichnen, welche England und Frankreich nun teuer bezahlen müssen. Wir sind in diesen fünf Jahren um eine Stellung der Sicherheit gebracht worden, die so überwältigend und uneinnehmbar war, daß wir es niemals für nötig befanden, über sie nachzudenken. Wir sind um eine Stellung gebracht worden, in der man das bloße Wort »Krieg« so ansah, als würde es jeden, der es gebrauchte, für eine Irrenanstalt reif machen. Wir sind um eine Stellung der Sicherheit und Macht gebracht worden – der Macht, Gutes zu tun, großmütig einem geschlagenen Feinde gegenüber zu sein, zu einem Vergleich mit Deutschland zu kommen, seinen Beschwerden in richtiger Weise abzuhelfen, es am Aufrüsten zu hindern, falls wir dies wünschten, jeden Schritt der Stärke oder Gnade oder Gerechtigkeit, den wir für billig hielten, zu unternehmen –; in fünf Jahren wurden wir von einem Zustand der Sicherheit und Unbedrohtheit dahin gebracht, wo wir heute stehen.

Wenn ich der berechtigten Hoffnung auf einen dauernden Frieden gedenke, die Europa noch zu Beginn des Jahres 1933 hegen durfte, als Hitler zur Macht kam, und all der ungenutzten Gelegenheiten, dem Anwachsen der Nazimacht Einhalt zu gebieten, wenn ich daran denke, welch ungeheure Handlungsmöglichkeiten und Hilfsmittel vernachlässigt und vergeudet worden sind, dann vermag ich nicht zu glauben, daß es dazu in der ganzen Weltgeschichte eine Parallele gibt. Was unser Land betrifft, so müssen diejenigen die Verantwortung tragen, die die unbestrittene Kontrolle über unsere Politik innehatten. Sie haben weder Deutschland an seiner Aufrüstung gehindert noch unsere eigene Aufrüstung rechtzeitig vollzogen. Sie ließen es auf einen Streit mit Italien ankommen, ohne Abessinien zu retten. Sie nutzten die große Institution des Völkerbundes aus und diskreditierten sie, sie unterließen es, Bündnisse und Abkommen zu schließen, welche frühere Fehler hätten wiedergutmachen können, und überantworteten uns so der Stunde der Prüfung ohne entsprechende nationale Verteidigung und ohne wirksame internationale Sicherungen.

Während meiner Ferien nutzte ich die Gelegenheit zum Studium der Regierung König Ethelreds des Unberatenen. Sie werden sich daran erinnern, daß das eine sehr unglückliche Periode war, in der wir aus der starken Position, die wir unter den Nachfolgern König Alfreds errungen hatten, sehr schnell in einen Zustand des Chaos verfielen. Es war die Zeit der Dänensteuer, die Zeit ausländischen Druckes. Ich muß gestehen, daß mir die vor tausend Jahren geschriebenen kunstlosen Worte der Angelsächsischen Chronik sehr zeitgemäß erscheinen, zumindest ebenso zeitgemäß wie die Shakespeare-Zitate, die uns der letzte Redner der Opposition vorgesetzt hat. Dies sind die Worte der Angelsächsischen Chronik – und ich glaube, sie passen sehr gut auf unsere Behandlung Deutschlands und auf unsere Beziehungen zu diesem Staate –: »All diese Mißgeschicke befielen uns, weil wir schlecht beraten waren, weil ihnen zur rechten Zeit weder Tribute geboten noch auch Widerstand geleistet wurde; als sie jedoch das größte Unheil getan hatten, da wurde Friede mit ihnen geschlossen.« Das ist die Weisheit vergangener Tage, denn nicht alle Weisheit ist von heute.

Ich habe es unternommen, diese Ansichten darzulegen, um zu rechtfertigen, weshalb ich den heute eingebrachten Antrag nicht unterstützen kann; aber ich erkenne an, daß diese große Frage der Tschechoslowakei und der Pflicht, die England und Frankreich ihr gegenüber zu erfüllen hatten, schon der Geschichte angehört. Neue Ereignisse mögen sich entwickeln, aber wir sind hier nicht versammelt, um zu entscheiden, ob irgendwelche dieser Schritte unternommen werden sollten oder nicht. Sie sind bereits unternommen worden; und zwar von denen, die das Recht dazu hatten, weil sie die höchste exekutive Verantwortung unter der Autorität der Krone trugen. Wie immer wir darüber denken mögen, so müssen wir diese Schritte den Angelegenheiten zurechnen, die unwiderruflich abgemacht sind. Die Vergangenheit ist vorbei; man kann nur in dem Gefühl Trost finden, man habe nach besten Kräften gerechten, klugen und zeitigen Rat gegeben. Ich für mein Teil wende mich daher der Zukunft und unserer heutigen Lage zu. Auch hier wiederum weiß ich genau, daß ich einiges werde vorbringen müssen, das ganz und gar nicht willkommen sein wird.

Wir stehen jetzt einer Katastrophe ersten Ranges gegenüber, die England und Frankreich befallen hat. Wir wollen davor nicht die Augen verschließen. Jetzt müssen wir darauf gefaßt sein, daß alle Staaten Mittel- und Osteuropas unter den bestmöglichen Bedingungen, die sie erzielen können, zu einem Einverständnis mit der triumphierenden Nazimacht kommen werden. Das System zentraleuropäischer Bündnisse, auf das sich Frankreich für seine Sicherheit stützte, ist hinweggefegt, und ich sehe nicht, wie es wiederaufgebaut werden könnte. Die Straße das Donautal hinab zum Schwarzen Meer, die Straße, die bis in die Türkei führt, ist geöffnet worden. Ich glaube, daß alle diese mitteleuropäischen und Donaustaaten faktisch, wenn nicht sogar formell, einer nach dem andern in dieses große System der Machtpolitik – nicht nur militärischer, sondern auch wirtschaftlicher Machtpolitik – hineingezogen werden dürften, die von Berlin ausstrahlt; und all dies kann, wie ich glaube, ganz glatt und schnell erzielt werden, ohne daß es zum Abfeuern eines einzigen Schusses kommen müßte. Wenn man den Schaden abschätzen will, der Englands und Frankreichs Außenpolitik zugefügt wurde, so genügt es, die Ereignisse, wie sie täglich in den Spalten der »Times« aufgezeichnet sind, zu betrachten. Erst heute morgen las ich über Jugoslawien – und ich bin über dieses Land ziemlich genau unterrichtet – folgendes:

»Man kann die Auswirkungen der Krise auf Jugoslawien unmittelbar verfolgen. Seit den Wahlen von 1935, die knapp auf die Ermordung König Alexanders folgten, führte die serbische und kroatische Opposition gegen die Regierung Dr. Stojadinowitschs ihre ganze Kampagne unter dem Schlagwort: ›Zurück zu Frankreich, England und der Kleinen Entente; zurück zur Demokratie.‹ Die Ereignisse der letzten vierzehn Tage haben Dr. Stojadinowitschs Politik so triumphal gerechtfertigt ... ›– seine Politik der engen Zusammenarbeit mit Deutschland –‹, daß die Opposition über Nacht so gut wie zusammengebrochen ist; die Neuwahlen, deren Datum bisher zweifelhaft war, werden nun wahrscheinlich sehr bald stattfinden und können nur einen überwältigenden Sieg für Dr. Stojadinowitschs Regierung ergeben.« Da haben Sie ein Land, das noch vor drei Monaten mit anderen Ländern in einer Reihe gestanden wäre, um zu verhindern, was nun geschehen ist.

Und was ereignete sich in Warschau? Der englische und der französische Botschafter besuchten den Außenminister Oberst Beck, oder besser gesagt, sie versuchten ihn zu sprechen, um ihn um einige Milderung der scharfen Maßnahmen gegen die Tschechoslowakei in der Teschener Angelegenheit zu ersuchen. Man warf ihnen die Tür vor der Nase zu. Dem französischen Botschafter wurde nicht einmal eine Audienz gewährt, und der englische Botschafter erhielt eine äußerst kurze Antwort von einem Abteilungsvorstand des Außenamtes. In der polnischen Presse wird die ganze Angelegenheit als eine politische Taktlosigkeit seitens dieser beiden Mächte beschrieben, und heute lesen wir von Oberst Becks erfolgreichem Vorgehen. Ich muß sagen, daß ich es nicht vergessen kann, daß es noch keine zwanzig Jahre her ist, seit englische und französische Bajonette Polen aus einer hundertfünfzigjährigen Knechtschaft erlöst haben. Ich glaube, daß dies in der Tat eine bedauerliche Episode in der Geschichte jenes Landes ist, für dessen Freiheit und Rechte so viele unter uns herzliche und dauernde Sympathie gehegt haben.

Diese Beispiele sind typisch. Sie werden Tag für Tag, Woche für Woche eine völlige Entfremdung dieser Gebiete beobachten können. Viele dieser Länder haben, aus Furcht vor dem Aufstieg der Nazimacht, bereits prodeutsche Politiker, Minister und Regierungen; aber es gab stets in Polen, Rumänien, Bulgarien und Jugoslawien eine mächtige Volksbewegung, die zu den westlichen Demokratien hinblickte, die den Gedanken einer ihnen aufgezwungenen Willkürherrschaft eines totalitären Systems haßte und darauf hoffte, daß Widerstand geleistet werden würde. All das ist über Bord gegangen. Wir sprechen von Ländern, die weit entfernt sind. Aber welches wird, so frage ich, die Situation Frankreichs und Englands in diesem und im nächsten Jahre sein? Wie wird es an der Westgrenze aussehen, deren erklärte Garanten wir sind? Die deutsche Armee ist gegenwärtig stärker an Zahl als die französische, wenn auch bei weitem nicht so gut entwickelt und vollendet. Im nächsten Jahr wird sie viel größer sein und viel besser entwikkelt. Von allen Sorgen im Osten befreit, im sicheren Besitze von Hilfsquellen, die die Schrecken einer Seeblockade wesentlich vermindern, wenn nicht ganz beseitigen werden, werden die Beherrscher Deutschlands vor der freien Wahl stehen, in welche Richtung sie sich wenden sollen. Sollte der Nazidiktator den Entschluß fassen, sich gegen Westen zu wenden, was leicht geschehen kann, so werden Frankreich und England den Verlust dieser ausgezeichneten Armee des alten Böhmens, von der vergangene Woche geschätzt wurde, daß zu ihrer Zerstörung zumindest dreißig deutsche Divisionen erforderlich wären, sehr bitter zu bereuen haben.

Können wir vor der großen Veränderung, die in unserer militärischen Situation eingetreten ist, können wir vor den großen Gefahren, die uns bedrohen, die Augen verschließen? Wir sind, glaube ich, im Begriffe, der britischen Armee im Laufe von vier Jahren vier Bataillone hinzuzufügen. Nicht weniger als zwei davon sind bereits aufgestellt. Und da gibt es nun zumindest dreißig Divisionen, die jetzt für die französische Front in Rechnung gestellt werden müssen, abgesehen von den zwölf Divisionen, die erbeutet wurden, als Österreich verschlungen wurde. Viele Leute meinen, zweifellos in gutem Glauben, daß sie bloß die Interessen der Tschechoslowakei preisgegeben hätten, während ich fürchte, daß wir uns davon werden überzeugen müssen, daß wir die Sicherheit, ja selbst die Unabhängigkeit Großbritanniens und Frankreichs empfindlich beeinträchtigt und vielleicht tödlich gefährdet haben. Es handelt sich nicht lediglich um die Übergabe der deutschen Kolonien, wozu man uns sicherlich auffordern wird. Noch handelt es sich bloß darum, daß wir in Europa an Einfluß verlieren. Mehr als das steht auf dem Spiel. Man muß den Charakter der Nazibewegung und die Herrschaftsform, die sie in sich schließt, in Betracht ziehen. Der Premierminister hegt den Wunsch nach freundschaftlichen Beziehungen zwischen unserem Lande und Deutschland. Es bestehen überhaupt keine Schwierigkeiten für freundschaftliche Beziehungen zwischen den Völkern. Unsere Herzen schlagen dem deutschen Volk entgegen. Aber das Volk ist machtlos. Niemals jedoch kann es Freundschaft mit der gegenwärtigen deutschen Regierung geben. Wir müssen diplomatische und korrekte Beziehungen zu ihr unterhalten; niemals aber kann es Freundschaft geben zwischen der britischen Demokratie und der Nazimacht, jener Macht, die die christliche Ethik mit Füßen tritt, sich auf ihrem Vormarsche an einem barbarischen Heidentum berauscht, sich ihrer Aggressionslust und Eroberungssucht rühmt, Kraft und perverse Lust aus Verfolgungen schöpft und, wie wir gesehen haben, mit unbarmherziger Brutalität sich der Drohung mörderischer Gewalt bedient. Niemals kann diese Macht ein verläßlicher Freund der englischen Demokratie sein.

Ich finde den Gedanken unerträglich, daß unser Land in die Gewalt, in den Macht- und Einflußkreis Nazideutschlands fallen könnte, daß unsere Existenz von seinem guten Willen oder seinem Gutdünken abhängen sollte. Dies zu verhindern, habe ich mein Möglichstes versucht, um zur Erhaltung jedes Bollwerks der Verteidigung zu drängen: erstens zur rechtzeitigen Schaffung einer Luftwaffe, die jeder anderen in der Reichweite unserer Küsten überlegen sein sollte; zweitens zur Sammlung der gemeinsamen Kraft vieler Nationen; drittens zum Abschluß von Bündnissen und militärischen Vereinbarungen, alle im Rahmen der Völkerbundssatzungen, um dadurch Kräfte zu sammeln, die zumindest der Aufwärtsentwicklung dieser Macht Schranken setzen könnten. Alles war vergebens. Eine Position nach der anderen wurde unter schönklingenden und scheinbar plausiblen Entschuldigungen untergraben und aufgegeben.

Wir wollen nicht in eine Straße geführt werden, die uns zu einem Trabanten des nazideutschen Systems der Beherrschung Europas macht. In wenigen Jahren, vielleicht schon in wenigen Monaten, werden wir uns Forderungen gegenübersehen, denen uns zu fügen man uns zweifellos einladen wird. Diese Forderungen können die Preisgabe von Territorien betreffen oder die Preisgabe der Freiheit. Ich sehe und sage voraus, daß diese Politik der Unterwerfung Einschränkungen der Rede- und Diskussionsfreiheit im Parlament und in öffentlichen Versammlungen und Beschränkungen der Pressefreiheit mit sich bringen wird; denn, so wird man sagen – ja, ich höre es jetzt manchmal schon –, wir können nicht gestatten, daß das Nazisystem der Diktatur von ganz gewöhnlichen englischen Politikern kritisiert wird. Dann, nachdem die Presse unter Kontrolle gestellt ist, zum Teil eine direkte, aber wirksamer eine indirekte, nachdem jedes Organ der öffentlichen Meinung bis zur Gefügigkeit vergiftet und chloroformiert ist, dann werden wir zu weiteren Etappen unserer Reise geleitet werden.

Es ist eine sehr geringfügige Angelegenheit, die ich in eine Debatte von der Bedeutung der heutigen hineinbringe, aber ich hörte während der vergangenen Woche verschiedene Äußerungen von Leuten, die an dieser Sache ihr Parteisüppchen kochen möchten. Sie wünschen dringend allgemeine Wahlen, ich möchte sagen, eine Art von umgekehrten Khakiwahlen*. Ich wollte, der Premierminister hätte gestern abend die Rede meines ehrenwerten und tapferen Freundes, des Abgeordneten des Abteibezirkes von Westminster (Sir Sidney Herbert), gehört. Es ist mir bekannt, daß niemand so geduldig und regelmäßig den Sitzungen beiwohnt wie der Premierminister, und es ist bewunderungswürdig, wie er es zuwege bringt, einen so großen Teil unserer Debatten anzuhören; aber ein unglücklicher Zufall wollte es, daß er gerade in diesem Augenblick nicht anwesend war. Gewiß wäre er aber, wenn er die Rede meines ehrenwerten und tapferen Freundes gehört hätte, sehr verärgert darüber gewesen, daß ein solches Gerücht auch nur in Umlauf kommen konnte. Ich kann nicht glauben, daß der jetzige Premierminister, oder irgendein Premierminister, der über eine so große, arbeitsfähige Majorität verfügt, eines solchen Aktes der historischen und konstitutionellen Unanständigkeit fähig sein könnte. Dafür denke ich zu hoch von ihm. Natürlich, sollte ich ihn zu seinen Gunsten falsch beurteilt haben und sollte es über dem Münchner Abkommen

* Wahlen, die unter dem frischen Eindruck eines siegreich beendeten Krieges durchgeführt werden.

oder über der Frage der englisch-nationalsozialistischen Freundschaft oder über dem Zustand unserer Landesverteidigung zu einer Auflösung des Parlaments kommen, so wird jedermann gemäß seinen Überzeugungen zu kämpfen haben, und nur ein Prophet könnte das Endergebnis vorhersagen; aber was immer das Resultat wäre, so könnte kaum etwas verhängnisvoller sein für die uns verbleibenden Chancen, als Großmacht weiterzubestehen, als wenn unser Land über dieser tödlichen Frage der Außenpolitik in zwei feindliche Heerlager gespalten würde zu einer Zeit, in der, wer immer die Minister sein mögen, nur vereinte Anstrengungen uns Sicherheit gewährleisten können.

Ich habe meine Blicke umherschweifen lassen, um zu finden, welche Maßnahmen getroffen werden können, uns vor dem Vordringen der Nazimacht zu schützen und die Lebensformen zu sichern, die uns so teuer sind. Welches ist der einzige Weg, der uns offensteht? Der einzige Weg, der uns offensteht, ist der, daß wir unsere alte insulare Unabhängigkeit wiedergewinnen, indem wir jene Überlegenheit in der Luft erreichen, die man uns versprochen hat, jene Sicherheit in unserer Luftverteidigung, von der man uns erklärt hat, daß wir sie besitzen, und daß wir unser Land auf diese Weise wieder zu einer Insel machen. Bei all den düsteren Aussichten leuchtet dies als die überwältigende Tatsache hervor. Unverzüglich muß alles aufgeboten werden, um eine Aufrüstung herbeizuführen, derengleichen die Welt nicht gesehen hat, und alle Hilfskräfte unseres Landes, all seine vereinte Kraft, müssen dieser Aufgabe dienstbar gemacht werden. Ich habe mit großer Befriedigung gelesen, daß Lord Baldwin gestern im Oberhaus sagte, er werde morgen mit der Mobilisierung der Industrie beginnen. Ich glaube aber, es wäre bei weitem besser gewesen, Lord Baldwin hätte das vor zweieinhalb Jahren gesagt, als die Schaffung eines Kriegsversorgungsministeriums allgemein gefordert wurde.

Ich möchte meinen ehrenwerten Freunden, die hinter der Regierungsbank sitzen und denen ich für die Geduld zu danken habe, mit der sie dem, was ich zu sagen habe, zugehört haben, den Vorwurf nicht ersparen, daß sie für all das die Verantwortung tragen; denn hätten Sie den zehnten Teil des Beifalls, den Sie anläßlich der Preisgabe der Tschechoslowakei spendeten, der kleinen Gruppe von Abgeordneten gezollt, die um die rechtzeitige Ingangsetzung unserer Aufrüstung bemüht waren, so wären wir heute nicht in der Situation, in der wir uns befinden. Die ehrenwerten Abgeordneten auf der anderen Seite des Hauses und die auf den Bänken der Liberalen Partei haben kein Recht, mit Steinen zu werfen. Ich erinnere mich, daß ich zwei Jahre hindurch nicht nur der Mißbilligung der Regierung, sondern auch ihrem entschiedenen Mißfallen ausgesetzt war. Lord Baldwin hat nun das Signal gegeben, so verspätet es auch kommt; und das mindeste, was wir tun können, ist, ihm zu folgen.

Schließlich und endlich ist es kein Geheimnis mehr, was sich in der Luftwaffe und bei der Mobilisierung unserer Luftverteidigung abgespielt hat. All dies ist, wie mein ehrenwerter und tapferer Freund, der Abgeordnete für den Abteibezirk, sagte, von Tausenden Menschen wahrgenommen worden. Sie können sich Ihre eigene Meinung über den Charakter der Angaben bilden, die uns die Minister in diesen Fragen beharrlich gemacht haben. Wer wagt es heute noch, zu behaupten, wir hätten die Luftparität mit Deutschland erreicht? Wer behauptet heute, daß unsere Luftverteidigungen entsprechend bemannt und bewaffnet seien? Wir wissen, daß der deutsche Generalstab über diese Dinge wohl unterrichtet ist; das Unterhaus aber hat bisher seine Pflicht, diese Angelegenheiten zu untersuchen und zu verfolgen, nicht ernst genommen. Der Innenminister* sagte gestern, er würde eine Untersuchung begrüßen. Vieles von dem, was getan worden ist, macht den Regierungsbehörden alle Ehre. Aber über den Stand der lebenswichtigen Angelegenheiten wünschen wir unterrichtet zu werden. Ich habe während der letzten drei Jahre immer wieder eine Geheimsitzung gefordert, in der man diese Fragen gründlich durchbesprechen könnte, oder eine Untersuchung

* Sir Samuel Hoare.

durch ein parlamentarisches Sonderkomitee oder irgendeine andere Methode. Ich verlange nun, daß dies, wenn wir im Herbst wieder tagen, als eine Angelegenheit betrachtet werde, in der die Regierung das Parlament ins Vertrauen zieht; denn wir haben ein Recht darauf, zu wissen, wo wir stehen und welche Maßnahmen zur Sicherung unserer Position getroffen werden.

Keineswegs mißgönne ich unserem loyalen, tapferen Volke, das bereit war, seine Pflicht zu erfüllen, was immer es kosten möge, das unter der Spannung der letzten Woche niemals auch nur mit der Wimper zuckte – ich mißgönne ihm durchaus nicht den natürlichen, spontanen Ausbruch der Freude und Erleichterung in dem Augenblick, als es hörte, daß es nicht weiter auf diese harte Probe gestellt werden würde; aber es soll die Wahrheit erfahren. Es soll wissen, daß grobe Nachlässigkeiten und schwere Mängel in unserer Verteidigung existieren; es soll wissen, daß wir, ohne Krieg, eine Niederlage erlitten haben, deren Folgen uns für eine lange Strecke begleiten werden; es soll wissen, daß wir einen schrecklichen Meilenstein in unserer Geschichte passiert haben, wobei das ganze europäische Gleichgewicht gestört wurde, und daß jetzt das furchtbare Urteil über die westlichen Demokratien gefällt worden ist: »Gewogen, gewogen und zu leicht befunden.« Glauben Sie nicht, daß dies das Ende ist. Das ist erst der Beginn der Abrechnung, bloß der erste Schluck, der erste Vorgeschmack des bitteren Trankes, der uns Jahr für Jahr vorgesetzt werden wird, es sei denn, daß wir in einer großartigen Wiedergewinnung unserer moralischen Gesundheit und kriegerischen Stärke von neuem erstehen und mutig für die Freiheit eintreten, wie in alter Zeit.

Blut, Schweiß und Tränen

13. Mai 1940, Unterhaus, Rundfunk

Drei Tage nach seiner Ernennung zum Premierminister hielt Churchill eine kurze Antrittsrede vor dem Unterhaus und wiederholte sie anschließend im Rundfunk. Mit diesem Text elektrisierte er Unterhaus und Nation. Von jetzt an war klar, daß Großbritannien den Krieg bis zu Ende führen würde und einen politischen Führer besaß, der die Stimmung der Bevölkerung einfach, klar und überzeugend ausdrücken konnte. Der zentrale Satz: »Ich habe nichts zu bieten als Blut, Mühsal, Tränen und Schweiß« enthielt Anlehnungen an den italienischen Unabhängigkeitskämpfer Garibaldi und den französischen Politiker Clémenceau (»der Tiger«) und war auch ein Eigenzitat aus den Erinnerungen an den Ersten Weltkrieg. »Das war bestes rhetorisches Recyling«, kommentierte der Historiker David Cannadine. Die Beatles verwandten die Churchill-Worte in den 60er Jahren übrigens für einen Songtext.

Freitag abend erhielt ich den Auftrag Seiner Majestät, eine neue Regierung zu bilden. Es war der deutliche Wunsch und Wille des Parlaments und der Nation, daß diese Regierung auf einer möglichst breiten Basis gebildet werden und alle Parteien einschließen solle, sowohl diejenigen, die die vorige Regierung unterstützt haben, als auch die Oppositionsparteien. Ich habe den wichtigsten Teil dieser Aufgabe bereits erfüllt. Es wurde ein aus fünf Ministern bestehendes Kriegskabinett gebildet, das durch die Aufnahme der oppositionellen Liberalen die Einheit der Nation repräsentiert. Die Führer der drei Parteien haben sich bereit erklärt, an der Regierung teilzunehmen, sei es im Kriegskabinett oder in hohen Regierungsfunktionen. Die drei militärischen Ressorts sind besetzt. Es war notwendig, dies binnen eines Tages zu tun, in Anbetracht der außerordentlichen Dringlichkeit und Schwere der Ereignisse. Eine Anzahl anderer Funktionen von entscheidender Wichtigkeit sind gestern vergeben worden, und ich unterbreite Seiner Majestät heute abend eine weitere Liste. Ich hoffe, die Ernennung der wichtigsten Minister während des morgigen Tages abschließen zu können. Die Bestellung der anderen Minister nimmt gewöhnlich etwas längere Zeit in Anspruch; ich bin jedoch gewiß, daß bis zur nächsten Unterhaussitzung auch dieser Teil meiner Aufgabe erledigt und die Regierungsbildung in jeder Hinsicht abgeschlossen sein wird.

Ich habe es im öffentlichen Interesse als notwendig erachtet, die Einberufung des Hauses für heute vorzuschlagen. Der Sprecher des Unterhauses war einverstanden und unternahm die notwendigen Schritte gemäß der Vollmacht, die ihm durch Parlamentsbeschluß übertragen worden ist. Am Ende der heutigen Sitzung wird die Vertagung des Unterhauses auf Dienstag, den 21. Mai, beantragt werden, wobei natürlich Vorkehrungen für eine eventuell notwendige frühere Einberufung getroffen werden. Die Geschäftsordnung der nächsten Sitzung wird den Abgeordneten so bald als möglich bekanntgegeben werden. Ich bitte nun das Haus, durch Annahme der von mir eingebrachten Resolution den unternommenen Schritten seine Zustimmung zu geben und der neuen Regierung sein Vertrauen auszusprechen.

Eine Regierung von solchem Ausmaß und solcher Vielgestaltigkeit zu bilden, ist an sich eine schwere Aufgabe; man muß aber bedenken, daß wir uns im Anfangsstadium einer der größten Schlachten der Weltgeschichte befinden, daß wir an vielen Punkten Norwegens und Hollands kämpfen, daß wir im Mittelmeer kampfbereit sein müssen, daß der Luftkrieg ohne Unterlaß weitergeht und daß wir hier im Lande viele Vorbereitungen treffen müssen. Ich hoffe, man wird es mir verzeihen, wenn ich in dieser kritischen Lage mich heute nicht mit einer längeren Ansprache an das Haus wende. Ich hoffe, daß jeder meiner Freunde und jeder meiner jetzigen oder früheren Kollegen, der von der Regierungsbildung berührt ist, den etwaigen Mangel an Förmlichkeit nachsehen wird, mit dem wir vorgehen mußten. Ich möchte dem Hause dasselbe sagen, was ich den Mitgliedern dieser Regierung gesagt habe: »Ich habe nichts zu bieten als Blut, Mühsal, Tränen und Schweiß.«

Uns steht eine Prüfung von allerschwerster Art bevor. Wir haben viele, viele lange Monate des Kämpfens und des Leidens vor uns. Sie werden fragen: Was ist unsere Politik? Ich erwidere: Unsere Politik ist, Krieg zu führen, zu Wasser, zu

Lande und in der Luft, mit all unserer Macht und mit aller Kraft, die Gott uns verleihen kann; Krieg zu führen gegen eine ungeheuerliche Tyrannei, die in dem finsteren, trübseligen Katalog des menschlichen Verbrechens unübertroffen bleibt. Das ist unsere Politik. Sie fragen: Was ist unser Ziel? Ich kann es in einem Wort nennen: Sieg – Sieg um jeden Preis, Sieg trotz allem Schrecken, Sieg, wie lang und beschwerlich der Weg dahin auch sein mag; denn ohne Sieg gibt es kein Weiterleben. Möge man sich darüber im klaren sein: kein Weiterleben für das Britische Weltreich; kein Weiterleben für all das, wofür das Britische Weltreich eingetreten ist; kein Weiterleben für den jahrhundertealten Drang und Impuls des Menschengeschlechts, seinem Ziel zuzustreben. Doch ich übernehme meine Aufgabe voll Energie und Hoffnung. Ich bin dessen gewiß, daß es nicht geduldet werden wird, daß unsere Sache Schiffbruch erleide. So fühle ich mich in diesem Augenblick berechtigt, die Hilfe aller zu fordern, und ich rufe: »Auf denn, laßt uns gemeinsam vorwärtsschreiten mit vereinter Kraft.«

Auf zu den Waffen!

19. Mai 1940, Rundfunk

In den ersten Morgenstunden des 10. Mai 1940 hatte der deutsche Angriff auf Holland begonnen, das fünf Tage später kapitulierte. An der französischen Nordfront hatte die Wehrmacht die Befestigungsanlagen bei Sedan durchbrochen. Jetzt zeichnete sich ab, daß auch für die englischen Expeditionsstreitkräfte auf dem Kontinent die Lage gefährlich wurde. Jetzt werde der Kampf um England, aber auch um das unterdrückte Europa geführt. Verglichen mit dieser kämpferischen Rede habe Churchill nie zuvor etwas so Gutes und Großes vollbracht, bescheinigte ihm Anthony Eden.

Zum erstenmal spreche ich als Premierminister zu Ihnen, und zwar in einer Stunde voller Bedeutsamkeit für die Existenz unseres Landes, unseres Weltreichs, unserer Alliierten, und vor allem für die Sache der Freiheit. Eine ungeheure Schlacht wütet in Frankreich und Flandern. Die Deutschen haben mit einer beachtenswerten Kombination von Luftbombardements und schweren Tanks die französischen Verteidigungsanlagen nördlich der Maginot-Linie durchbrochen, und starke Abteilungen ihrer Panzerwagen verwüsten das offene Land, das während der ersten ein, zwei Tage von Verteidigungskräften entblößt war. Sie sind tief eingedrungen und haben auf ihrem Weg Furcht und Verwirrung zurückgelassen. Hinter ihnen folgt nun Infanterie in Lastkraftwagen, und ihr nach folgen wiederum große Truppenmassen. Während mehrerer Tage ging nun eine Umgruppierung der französischen Armeen vor sich mit dem Ziele, diesem eindringenden Keil Widerstand zu leisten und ihn anzugreifen, wobei die Königliche Luftwaffe in großartigen Aktionen wesentliche Hilfe leistete.

Wir dürfen uns durch dieses Auftauchen motorisierter Abteilungen an unvorhergesehenen Stellen hinter unseren Linien nicht erschrecken lassen. Wenn sie hinter unseren Linien operieren, so kämpfen andererseits die Franzosen an vielen Punkten energisch hinter den feindlichen Linien. Beide Seiten befinden sich in einer äußerst gefährlichen Lage. Und wenn die französische und unsere eigene Armee richtig geführt wird – wovon ich überzeugt bin –, wenn die Franzosen ihre Begabung dafür, sich wieder aufzuraffen und zum Gegenangriff vorzugehen – eine Begabung, für die sie seit langem berühmt sind –, bewahrt haben, und wenn die britische Armee jene verbissene Ausdauer, jene unerschütterliche Kampffähigkeit zeigt, für die die Vergangenheit so viele Beispiele bietet, dann kann sich die Szene sehr plötzlich verändern.

Es wäre jedoch töricht, den Ernst der Stunde zu verhehlen. Noch törichter wäre es, den Mut zu verlieren oder zu glauben, daß gut ausgebildete, wohlausgerüstete Armeen von drei oder vier Millionen Mann in einem Zeitraum von wenigen Wochen oder Monaten durch einen Handstreich oder Überfall motorisierter Abteilungen, so gewaltig er auch sein möge, geschlagen werden könnten. Wir können zuversichtlich einer Stabilisierung der Fronten in Frankreich und einem Aufeinandertreffen der feindlichen Armeen entgegensehen, das es den britischen und französischen Soldaten gestatten wird, ihre Qualität ehrlich mit der ihrer Feinde zu messen. Ich für meine Person habe unerschütterliches Vertrauen zur französischen Armee und ihren Führern. Nur ein sehr kleiner Teil dieser Armee hat bisher größere Kampfhandlungen durchgeführt; und nur ein sehr kleiner Teil Frankreichs ist bisher vom Feinde überrannt worden. Man kann mit gutem Grund annehmen, daß der Feind so gut wie alle seine spezialisierten und mechanisierten Truppen bereits in den Kampf geworfen hat; wir wissen, daß sie sehr schwere Verluste erlitten haben. Jeder Offizier oder Soldat, jede Brigade oder Division, die mit dem Feinde kämpfen werden, an welchem Kampfplatz auch immer, werden das Ihre zur Erreichung des Endzieles beitragen. Die Armeen müssen den Gedanken aufgeben, daß man hinter Zementwällen oder natürlichen Hindernissen Widerstand zu leisten habe, und sich dessen bewußt werden, daß die Oberhand über den Feind nur durch heftigste, erbarmungslose Angriffe wiedergewonnen werden kann. Dieser Geist muß nicht nur die Heeresleitung, er muß jeden einzelnen kämpfenden Soldaten beseelen.

In der Luft haben wir – oftmals gegen eine große Übermacht, ja gegen eine Übermacht, die bisher als überwältigend galt – drei bis vier feindliche Flugzeuge heruntergeholt für jedes eigene, das verlorenging; und das Kräfteverhältnis der britischen und der deutschen Luftwaffe ist nun beträchtlich günstiger für uns, als es zu Beginn des Kampfes war. Indem wir die deutschen Bombenflugzeuge abschießen, kämpfen wir ebenso unseren eigenen Kampf wie den Frankreichs. Mein Vertrauen darauf, daß wir fähig sein werden, den Kampf mit der deutschen Luftwaffe bis zum Ende auszutragen, wurde durch die erbitterten Gefechte bestärkt, die stattgefunden haben und stattfinden. Zur gleichen Zeit greifen unsere schweren Bomber Nacht für Nacht die Quellen, aus denen die deutsche mechanisierte Streitmacht gespeist wird, mit großer Energie an, sie haben den Ölraffinerien, von denen der Naziplan der Weltbeherrschung unmittelbar abhängig ist, bereits schweren Schaden zugefügt.

Wir müssen erwarten, daß, sobald an der Westfront eine gewisse Stabilität hergestellt ist, das ganze Gewicht der schrecklichen Zerstörungsmaschine, die Holland binnen weniger Tage ins Verderben und in Knechtschaft gestürzt hat, auf uns losgelassen werden wird. Ich weiß, daß ich im Sinne aller spreche, wenn ich sage, daß wir bereit sind, diesem Angriff die Stirn zu bieten, ihn zu ertragen und ihn zurückzuschlagen – in jedem Ausmaße, soweit es das ungeschriebene Kriegsrecht gestattet. Es wird auf unserer Insel viele Männer und viele Frauen geben, die, wenn die schwere Prüfung über sie hereinbricht – und sie wird kommen –, Trost, ja Stolz empfinden werden, wenn sie daran denken, daß sie die Gefahren unserer jungen Männer an der Front teilen, der Soldaten, Seeleute und Flieger, die Gott segnen möge, und daß sie zumindest einen Teil des Angriffs, den jene ertragen müssen, auf ihr eigenes Haupt ablenken. Ist nicht dies für alle die gegebene Zeit, ihr Menschenmöglichstes zu leisten? Wenn der Kampf gewonnen werden soll, dann müssen wir unsere Soldaten mit ständig wachsenden Mengen von Waffen und Geschossen versorgen, deren sie bedürfen. Wir brauchen – und das schnell – mehr Flugzeuge, mehr Tanks, mehr Granaten, mehr Geschütze. Dieses entscheidend wichtige Kriegsmaterial muß um jeden Preis beschafft werden. Es erhöht unsere Widerstandskraft gegen einen mächtig bewaffneten Feind. Es ersetzt die Verluste des hartnäckigen Kampfes; und das Wissen darum, daß Verluste schnell ersetzt werden, erlaubt es uns, uns leichteren Herzens unserer Reserven zu bedienen und sie nun einzusetzen, da dies von solcher Wichtigkeit ist.

Unsere Aufgabe ist es nicht bloß, die Schlacht zu gewinnen, sondern den Krieg zu gewinnen. Wenn die Heftigkeit dieser Schlacht in Frankreich nachgelassen haben wird, dann wird der Kampf um unsere Insel losbrechen – um all das, was England ist und bedeutet. Darum wird der Kampf gehen. In diesem Zustand der höchsten Gefahr werden wir nicht zögern, jeden Schritt zu unternehmen, selbst den drastischsten, um von unserem Volke die letzte Unze, den letzten Zoll Anstrengung zu fordern, deren es fähig ist. Die Besitzinteressen, die Zahl der Arbeitsstunden – das alles zählt nicht, wenn es gilt, für Leben und Ehre, für Recht und Freiheit zu kämpfen, wie wir es feierlich geschworen haben.

Ich habe von den Führern der Französischen Republik und besonders von ihrem energischen Ministerpräsidenten, Herrn Reynaud, das heilige Versprechen erhalten, daß sie, was immer auch geschehen möge, bis zum Ende kämpfen werden, möge es bitter oder ruhmvoll sein. Nein, wenn wir bis zum Ende kämpfen, dann kann es nicht anders als ruhmvoll sein.

Nachdem ich den Auftrag Seiner Majestät erhalten hatte, habe ich eine Regierung von Männern und Frauen aller Parteien und fast aller politischen Anschauungen gebildet. Wir haben in der Vergangenheit verschiedene Auffassungen gehabt, und wir haben gestritten; nun aber verbindet uns alle ein Band – der Entschluß, Krieg zu führen, bis der Sieg gewonnen ist, uns niemals in Knechtschaft und Schande zu ergeben, wie hoch auch der Preis, wie schwer auch die Prüfung sein möge. Dies ist eine der düstersten Epochen in der langen Geschichte Frankreichs und Englands. Sie ist zweifellos auch eine der erhabensten. Schulter an Schulter, von niemandem unterstützt, außer von ihren Freunden und Brüdern in den großen Dominions und den weiträumigen Kolonialreichen, die von ihnen geschützt werden, Schulter an Schulter sind das britische und das französische Volk ausgezogen, nicht bloß um Europa, nein, um die ganze Menschheit von der gemeinsten und geisttötendsten Tyrannei zu befreien, die jemals die Seiten der Geschichte verdunkelt und befleckt hat. Hinter ihnen, hinter uns, hinter den Armeen und Flotten Englands und Frankreichs sammelt sich eine Schar zerschmetterter Staaten und niedergeknüppelter Völker: die Tschechen, die Polen, die Norweger, die Dänen, die Holländer, die Belgier, über die alle die lange Nacht der Barbarei hereinbrechen wird, von keinem Hoffnungsstrahl erhellt, wenn wir nicht siegen; denn wir müssen und wir werden siegen.

Heute ist das Trinitatisfest. Vor Jahrhunderten wurden Worte geschrieben, auf daß sie den getreuen Dienern der Wahrheit und Gerechtigkeit ein Ruf und Ansporn seien: »Wappnet euch und seid tapfere Männer, und seid bereit zum Streite: denn es ist besser, im Kampfe umzukommen, als den Frevel anzusehen, der unserem Volke und unseren Altären angetan wird. Wie es Gott im Himmel will, so geschehe es.«

Dünkirchen

4. Juni 1940, Unterhaus

Ende Mai 1940 gab es das Wunder von Dünkirchen. Die britischen Truppen waren auf den Brückenkopf Dünkirchen zurückgeworfen, und fast hätte die Wehrmacht das Expeditionskorps gefangengenommen. Dank eines Haltebefehls Hitlers konnten in einer einmaligen Rettungsaktion 330 000 Soldaten, darunter 26 000 Franzosen nach England gebracht werden.
Churchills eindrucksvolle Rede mit der Schilderung der Evakuierung und dem Bekenntnis, niemals zu kapitulieren, sei »soviel wert gewesen wie tausend Kanonen und die Reden von tausend Jahren«, bekannte ein Labourabgeordneter.

Von dem Augenblick an, in dem die französischen Verteidigungslinien bei Sedan und an der Maas durchbrochen wurden – in der zweiten Maiwoche –, hätte nur ein schneller Rückzug nach Amiens und dem Süden die britischen und französischen Armeen retten können, die auf den Hilferuf des belgischen Königs hin in Belgien einmarschiert waren; man hatte jedoch diese strategische Tatsache nicht sofort erkannt. Das französische Oberkommando hatte gehofft, die entstandene Lücke schließen zu können, und die nördlichen Armeen standen unter seinem Befehl. Außerdem hätte ein derartiger Rückzug fast sicher die Vernichtung der ausgezeichneten belgischen Armee, die aus über 20 Divisionen bestand, und die Preisgabe ganz Belgiens bedeutet. Als daher die Stärke und Absicht der deutschen Durchstoßaktion bekanntgeworden und ein neuer französischer Oberbefehlshaber, General Weygand, an die Stelle General Gamelins getreten war, machten die französischen und britischen Armeen in Belgien einen energischen Versuch, den rechten Flügel der Belgier zu stützen und ihren eigenen rechten Flügel mit einer neugeschaffenen französischen Armee zu verbinden, deren Aufgabe es sein sollte, in großer Stärke zur Somme vorzustoßen und diese Verbindung herzustellen.

Jedoch der deutsche Durchbruch sauste wie eine scharfe Sense um die rechte Flanke und im Rücken der nördlichen

Armeen vorbei. Acht oder neun motorisierte Divisionen, jede aus ungefähr 400 Panzerwagen bestehend, die sorgfältig so zusammengestellt sind, daß sie sich gegenseitig ergänzen und in kleine, selbständige Einheiten geteilt werden können, schnitten alle Verbindungslinien zwischen uns und dem Hauptteil der französischen Armeen ab. Sie schnitten unsere Verbindungslinien für den Nachschub von Proviant und Munition ab, die zuerst nach Amiens und dann durch Abbeville verliefen, und sie bahnten sich ihren Weg der Küste zu, nach Boulogne und Calais und fast bis nach Dünkirchen. Diesem gepanzerten und motorisierten Angriff folgten zahlreiche deutsche Divisionen in Lastkraftwagen, und ihnen wiederum folgte mühsam und verhältnismäßig langsam die schwerfällige, tierische Masse der regulären deutschen Armee und des deutschen Volkes, das sich immer so bereitwillig dazu anleiten läßt, die Freiheitsrechte und die Kultur anderer Länder, derengleichen es niemals in seinem eigenen Lande besaß, niederzutrampeln.

Ich sagte, daß dieser gepanzerte Sensenstreich Dünkirchen fast erreichte; fast, aber nicht vollständig. Boulogne und Calais waren Schauplätze verzweifelter Kämpfe. Die Gardetruppen verteidigten eine Zeitlang Boulogne und erhielten dann von hier aus den Befehl, sich zurückzuziehen. Die »Rifle-Brigade«, die »60th Rifles« und die »Queen Victoria's Rifles« gemeinsam mit einem britischen Tankbataillon und tausend Franzosen – alles in allem ungefähr viertausend Mann – verteidigten Calais bis zum äußersten. Man hatte den britischen Brigadekommandeur aufgefordert, sich binnen einer Stunde zu ergeben. Verachtungsvoll wies er dieses Anerbieten zurück, und erst nach vier Tagen heftigster Straßenkämpfe trat Stille über Calais ein, die das Ende eines denkwürdigen Widerstandes verkündete. Nur dreißig unverletzte Überlebende wurden von unserer Flotte weggebracht; das Schicksal ihrer Kameraden ist unbekannt. Doch ihr Opfer war nicht vergeblich. Zumindest zwei Panzerdivisionen, die sonst gegen die britischen Expeditionstruppen hätten eingesetzt werden können, mußten zu ihrer Niederwerfung entsendet werden. Sie haben der

Geschichte der Leichten Divisionen ein neues Ruhmesblatt hinzugefügt; die Zeit, die durch ihren Widerstand gewonnen wurde, ermöglichte es den französischen Truppen, die Grabenanlagen von Gravelines unter Wasser zu setzen und zu halten.

Auf diese Weise wurde der Hafen von Dünkirchen offengehalten. Als es sich herausstellte, daß die nördlichen Armeen ihre Verbindung mit Amiens und den französischen Hauptarmeen nicht wiederherstellen konnten, blieb nur eine Möglichkeit offen. Es schien freilich eine verzweifelte Möglichkeit zu sein. Die belgischen, britischen und französischen Armeen waren fast umzingelt. Sie hatten als einzige Rückzugslinie einen Hafen und den angrenzenden Strand. Von allen Seiten wurden sie durch schwere Angriffe bedrängt, und der Feind hatte eine große Luftüberlegenheit.

Als ich vor einer Woche das Haus bat, diesen Nachmittag als Termin für einen Bericht festzusetzen, fürchtete ich, daß es meine traurige Aufgabe sein würde, die größte militärische Niederlage in unserer langen Geschichte bekanntzugeben. Ich, und mit mir einige hervorragende Sachverständige, waren der Meinung, daß es vielleicht möglich sein werde, 20000–30000 Mann wiedereinzuschiffen. Sicherlich aber schien es, als sollte die ganze Erste Armee der Franzosen und das ganze Britische Expeditionskorps nördlich von der Amiens-Abbeville-Bresche in offener Feldschlacht zertrümmert werden oder wegen Proviant- und Munitionsmangels kapitulieren müssen. Dies waren die trüben und ernsten Nachrichten, auf die sich vorzubereiten ich das Haus und die Nation vor einer Woche aufgefordert habe. Es sah aus, als ob das Mark und der Kern der Britischen Armee, auf deren Grundlage und um die herum wir die großen britischen Armeen in den nächsten Kriegsjahren aufbauen wollten und ausbauen werden, im Begriffe seien, auf dem Schlachtfeld hingemäht oder in eine schmachvolle und entbehrungsreiche Gefangenschaft verschleppt zu werden.

Diese Aussicht bot sich uns vor einer Woche. Doch ein weiterer Schlag, der sehr wohl ein Todesstreich hätte sein können, stand uns noch bevor. Der König der Belgier hatte uns aufgefordert, ihm zu Hilfe zu kommen. Hätte dieser Monarch und seine Regierung sich in den letzten Jahren nicht den Alliierten entfremdet, die im vorigen Kriege sein Land vor der Vernichtung gerettet hatten, hätten sie nicht in einer Neutralität Zuflucht gesucht, die sich als verhängnisvoll erwiesen hat, dann hätten die britischen und französischen Heere sehr wohl gleich zu Beginn nicht nur Belgien, sondern auch Polen retten können. Doch im letzten Augenblick, als bereits feindliche Truppen in Belgien eingefallen waren, rief König Leopold uns zu Hilfe; und selbst in diesem letzten Augenblick sind wir ihm zu Hilfe gekommen. Er und seine tapfere, tüchtige, nahezu eine halbe Million Mann umfassende Armee schützten unsere linke Flanke und hielten so unsere einzige Rückzugslinie zum Meere offen. Plötzlich, ohne vorhergehende Beratung und nur mit knappster Warnung, ohne den Rat seiner Minister einzuholen, bloß auf seinen persönlichen Entschluß hin, entsandte er einen Bevollmächtigten zum deutschen Kommando, ergab sich mit seiner Armee und legte unsere ganze Flanke und unsere Rückzugslinien bloß.

Ich bat das Haus vor einer Woche, sein Urteil aufzuschieben, weil die Tatsachen nicht klargestellt waren; ich sehe aber jetzt keinen Grund, warum wir davon absehen sollten, uns über diese traurige Episode unsere eigene Meinung zu bilden. Die Waffenstreckung der belgischen Armee zwang die Engländer, binnen kürzester Frist eine über 30 Meilen lange Flanke bis zur See hin zu decken. Andernfalls wären alle abgeschnitten worden und hätten das Schicksal teilen müssen, zu dem König Leopold die beste Armee, die sein Land jemals besaß, verurteilt hatte. Dadurch daß er das tat und diese Flanke exponierte, ging – wie jedermann sehen kann, der diese Operation auf der Landkarte verfolgt – die Verbindung zwischen den Engländern und zwei von den drei Armeekorps, die die Erste Armee der Franzosen bilden, verloren; diese waren noch weiter von der Küste entfernt als wir, und es schien ausgeschlossen, daß eine beträchtliche Anzahl der alliierten Truppen die Küste erreichen könnte.

Der Feind griff von allen Seiten mit großer Stärke und Gewalt an, und seine Kampfmacht, die Macht seiner an Zahl weit überlegenen Luftwaffe, wurde in den Kampf geworfen oder aber auf Dünkirchen und dessen Strand konzentriert. Der Feind, der von Osten und Westen her gegen den schmalen Ausweg vordrang, nahm den Strand, der allein für die Annäherung und Abfahrt der Schiffe in Frage kam, unter heftiges Artilleriefeuer. Er besäte die Fahrtrinnen und das Meer mit magnetischen Minen; in immer wiederkehrenden Wellen sandte er Flugzeuge aus, manchmal über hundert in einer Formation, die ihre Bomben auf den einzigen uns verbliebenen Landungssteg abwarfen und auf die Sanddünen, auf denen die Truppen Unterschlupf suchten. Ihre U-Boote – eines von diesen wurde versenkt – und ihre Motor-Barkassen forderten ihre Opfer unter dem regen Schiffsverkehr, der nun einsetzte. Vier oder fünf Tage hindurch tobte ein erbitterter Kampf. Alle Panzerdivisionen des Feindes – oder soviel von ihnen übriggeblieben war – und große Massen von Infanterie und Artillerie stürmten vergeblich gegen den immer enger und kürzer werdenden Streifen an, auf dem das britische und das französische Heer kämpften.

Inzwischen spannte die Königliche Flotte, mit der bereitwilligen Unterstützung unzähliger Seeleute der Handelsmarine, alle ihre Kräfte an, um die britischen und alliierten Truppen einzuschiffen; 220 kleine Kriegsschiffe und 650 andere Fahrzeuge wurden eingesetzt. Sie mußten an einer schwierigen Küste operieren, bei ungünstigem Wetter und unter einem fast pausenlosen Bombenhagel und einer immer zunehmenden Konzentration von Artilleriefeuer. Auch das Meer selbst war, wie gesagt, nicht frei von Minen und Torpedos. Unter solchen Bedingungen arbeiteten unsere Männer tage- und nächtelang, mit wenig oder gar keiner Rast; immer wieder machten sie ihre Reise über diese gefährlichen Gewässer und brachten stets Soldaten mit sich, die sie gerettet hatten. Die Zahl derer, die sie zurückgebracht haben, gibt das Maß ihrer Selbstaufopferung und ihres Mutes. Die Lazarettschiffe, die viele Tausende britischer und französischer Verwundeter abtransportierten, bildeten, da sie so deutlich gekennzeichnet waren, eine besondere Zielscheibe für die Bomben der Nazis; aber die Männer und Frauen, die an Bord waren, zauderten niemals in ihrer Pflichterfüllung.

Inzwischen hatte die Königliche Luftwaffe, die schon – soweit es ihr Aktionsradius ihr gestattete – von ihren Heimatbasen aus in den Kampf eingegriffen hatte, nun einen Teil ihrer in England stationierten Jagdflugzeuge eingesetzt und griff die deutschen Bomber und die Jagdflieger, die sie in großer Zahl eskortierten, an. Dieser Kampf war lang andauernd und heftig. Plötzlich hat sich der Schauplatz geklärt, plötzlich ist der Lärm und Donner des Kampfes für den Augenblick – aber für einen Augenblick nur – verstummt. Ein Wunder der Errettung – vollbracht durch Mut, durch Ausdauer, durch vollendete Disziplin, durch fehlerlose Dienstleistung, durch Geistesgegenwart, durch Geschicklichkeit, durch unbesiegliche Treue – ist uns allen sichtbar geworden. Die sich zurückziehenden britischen und französischen Truppen warfen den Feind zurück. Sie setzten ihm so hart zu, daß er ihre Abfahrt nicht ernstlich stören konnte. Die Königliche Luftwaffe stellte die Hauptmacht der deutschen Luftwaffe zum Gefecht und fügte ihr Verluste im Verhältnis von mindestens 4:1 zu. Die Flotte brachte auf nahezu tausend Fahrzeugen aller Art über 335 000 Mann, Franzosen und Engländer, die sie dem Rachen des Todes und der Schande entrissen hatte, herüber in ihr Heimatland, so daß sie die Aufgaben erfüllen können, die unmittelbar bevorstehen. Wir müssen vorsichtig vermeiden, diese Befreiung als Sieg zu feiern; Kriege werden nicht durch Evakuierungen gewonnen. Aber diese Befreiung enthielt einen Sieg, den man beachten sollte; und diesen hat die Luftwaffe errungen. Viele unserer heimgekehrten Soldaten haben die Luftwaffe nicht am Werk gesehen; sie sahen nur die Bombenflugzeuge, die deren schützendem Angriff entkommen waren. Sie unterschätzten ihre Leistungen. Ich habe viel davon reden hören; deshalb schweife ich ab, um dies zu sagen. Ich will Ihnen davon erzählen.

Eine große Kraftprobe hat zwischen der britischen und der deutschen Luftwaffe stattgefunden. Kann man sich ein größeres Ziel für die deutsche Fliegerei vorstellen als das, die Evakuierung von diesem Strande aus unmöglich zu machen und all die Schiffe, fast Tausende an der Zahl, zu versenken, die sich dort den Bomben aussetzten? Hätte es ein Ziel von größerer militärischer Wichtigkeit, von größerer Bedeutsamkeit für den ganzen Krieg geben können als dieses? Sie mühten sich redlich ab und wurden zurückgeschlagen; sie wurden an der Erfüllung ihrer Aufgabe gehindert. Wir haben die Armee weggeschafft, und für die Verluste, die sie uns zufügten, haben sie vierfach bezahlen müssen. Überaus große Formationen deutscher Flieger – und wir wissen, daß sie sehr tapfer sind – haben bei mehreren Anlässen vor einer nur ein Viertel so großen Zahl britischer Flugzeuge die Flucht ergriffen und sind in alle Windrichtungen zerstoben. Zwölf ihrer Flugzeuge wurden von zwei der unseren gejagt. Ein feindlicher Aeroplan wurde ins Meer getrieben und ging verloren, einfach dadurch, daß ein britisches Flugzeug, das keine Munition mehr hatte, auf ihn losflog. Alle unsere Flugzeugmodelle – »Hurricane«, »Spitfire« und der neue »Defiant« – und alle unsere Piloten haben sich der Macht, gegen die sie jetzt zu kämpfen haben, als überlegen erwiesen.

Wenn wir bedenken, um wieviel größer der Vorteil wäre, in dem wir uns bei einer Verteidigung unserer Insel gegen ihren Angriff vom Festland her befänden, dann muß ich sagen, daß ich in diesen Tatsachen einen guten Grund für sachliche und beruhigende Überlegungen erblicke. Ich möchte diesen jungen Fliegern meine Hochachtung aussprechen. Daß die große französische Armee für den Augenblick zurückgeworfen und in Verwirrung gebracht worden ist, war zum größten Teil auf den Ansturm von ein paar tausend Panzerwagen zurückzuführen. Ebenso könnte es sich wohl ereignen, daß die Sache der Zivilisation durch das Können und die opferbereite Pflichterfüllung einiger tausend Flieger verteidigt werden wird. Niemals zuvor, glaube ich, hat es auf der ganzen Welt, in der ganzen Kriegsgeschichte für junge Männer solch eine Gelegenheit gegeben. Die Artusritter, die Kreuzfahrer, sie alle versinken in eine graue und geradezu prosaische Vergangenheit; diese jungen Männer aber, die jeden Morgen hinausziehen, um alles, wofür wir einstehen, zu beschirmen, deren Hände diese Werkzeuge ungeheurer und vernichtender Gewalt führen: sie verdienen unsere Dankbarkeit, ebenso wie jeder einzelne von den Tapferen, die auf so viele verschiedene Arten und bei so vielen Anlässen bereit sind und stets sein werden, Gut und Blut für ihr Vaterland hinzugeben.

Ich wende mich wiederum der Armee zu. In der langen Reihe von überaus heftigen Schlachten, bald an dieser, bald an jener Front, oder an drei Fronten zugleich, Schlachten, die von zwei oder drei Divisionen gegen eine gleiche oder eine etwas größere Anzahl von Feinden ausgefochten wurden auf den alten Schlachtfeldern, die manche von uns so gut kannten – in diesen Schlachten betrugen unsere Verluste über 30000 Tote, Verwundete und Vermißte. Ich benutze die Gelegenheit, um allen, die ihre Lieben verloren haben oder sich noch in Ungewißheit über ihr Schicksal befinden, die Anteilnahme des Hauses auszudrücken. Der Präsident des Handelsamtes* ist heute nicht anwesend. Sein Sohn ist gefallen. Viele Mitglieder des Unterhauses haben schmerzlichste Schicksalsschläge zu tragen. Über die Vermißten möchte ich folgendes sagen: Eine große Anzahl von Verwundeten ist in die Heimat zurückgebracht worden; was aber die Vermißten betrifft, so mögen sehr viele als vermißt gemeldet sein, die einmal auf die eine oder andere Weise wieder heimkommen werden. In der Verwirrung dieses Kampfes war es unvermeidbar, daß viele Angehörige unserer Armee in Stellungen zurückgelassen wurden, auf denen länger Widerstand zu leisten ihnen die Soldatenehre nicht gebot.

Diesem Verlust von 30000 Mann können wir die weit schwereren Verluste entgegensetzen, die wir zweifellos dem Feinde zugefügt haben. Aber unsere Materialverluste sind ungeheuer. Wir haben vielleicht nur ein Drittel soviel Männer verloren wie in den ersten Tagen der Schlacht vom 21. März 1918, aber fast ebenso viele Geschütze wie damals – beinahe

* Sir Andrew Duncan, später Kriegsversorgungsminister.

tausend –, und alle unsere Fahrzeuge, alle Panzerwagen, die sich bei der Nordarmee befanden. Dieser Verlust wird die Erweiterung unserer militärischen Stärke wesentlich verzögern. Diese Aufrüstung war nicht so schnell vor sich gegangen, wie wir gehofft hatten. Das Beste, was wir zu geben hatten, war an das Britische Expeditionsheer gegangen, und obwohl dieses nicht die wünschenswerte Anzahl von Tanks und gewissen Ausrüstungsgegenständen hatte, so war es doch eine sehr gut und gründlich ausgerüstete Armee. Sie bekam die Erstlinge von all dem, was unsere Industrie zu bieten hatte; und das alles ist nun verloren. Und nun haben wir also mit dieser neuerlichen Verzögerung zu rechnen. Wie groß sie sein, wie lange sie dauern wird, hängt von der Anstrengung ab, die wir in unserem Lande zuwege bringen werden. Ein Kräfteeinsatz, dessengleichen unsere Geschichte nicht kennt, ist nun am Werk. Tag und Nacht, sonntags und werktags wird überall gearbeitet. Unternehmer und Arbeiterschaft haben ihre Sonderinteressen, Rechte und Gepflogenheiten beiseite geschoben und sie dem Allgemeinwohl zum Opfer gebracht. Schon ist der Strom von Waffen und Munition, der aus unseren Fabriken fließt, gewaltig angeschwollen. Es ist nicht einzusehen, warum wir nicht in wenigen Monaten den plötzlichen schweren Verlust, der uns betroffen hat, wiedergutmachen sollten, ohne die Durchführung unseres allgemeinen Programms zu verzögern.

Dennoch darf unsere Dankbarkeit für die Errettung unserer Armee und so vieler Männer, deren Angehörige eine qualvolle Woche durchgemacht haben, unsere Augen nicht vor der Tatsache verschließen, daß das, was in Frankreich und Belgien geschehen ist, eine ungeheure militärische Katastrophe darstellt. Die französische Armee ist geschwächt, die belgische Armee ist verloren gegangen, ein großer Teil der befestigten Linien, auf die man so viel Vertrauen gesetzt hatte, ist dahin, und viele wertvolle Bergbaugebiete und Fabriken sind in den Besitz des Feindes übergegangen; alle Häfen des Ärmelkanals sind in seiner Hand, mit all den tragischen Konsequenzen, die diese Tatsache mit sich bringt; und wir müssen erwarten, daß beinahe unverzüglich ein neuer Schlag gegen uns oder gegen

Frankreich geführt werden wird. Man sagt uns, daß Hitler einen Plan für die Invasion der Britischen Inseln vorbereitet habe. Daran ist oft zuvor gedacht worden. Als Napoleon ein Jahr lang mit seinen Flachbooten und mit seiner großen Armee bei Boulogne lag, sagte ihm jemand: »Es wächst manch bitteres Kräutlein in England.« Seitdem das Britische Expeditionskorps zurückgekehrt ist, gibt es deren zweifellos bedeutend mehr.

Die ganze Frage der Verteidigung unserer Heimat gegen eine Invasion wird natürlich stark davon beeinflußt, daß wir gegenwärtig auf dieser Insel unvergleichlich stärkere Streitkräfte haben als jemals zuvor in diesem oder im letzten Krieg. Das wird jedoch nicht immer so sein. Wir werden uns nicht damit zufrieden geben, einen Defensivkrieg zu führen. Wir haben Pflichten unseren Alliierten gegenüber. Wir müssen die britischen Expeditionstruppen unter ihrem tapferen Oberbefehlshaber, Lord Gort, von neuem ausrüsten und aufbauen. All dies geschieht; in der Zwischenzeit aber müssen wir die Verteidigungsanlagen unserer Insel in einen so hohen Bereitschaftszustand versetzen, daß die kleinstmögliche Anzahl von Soldaten ausreichen wird, um sicheren Schutz zu gewährleisten und um die größtmögliche Offensivkraft zu erzielen. Damit sind wir nun beschäftigt. Es wäre sehr zweckmäßig, falls das Haus es so wünscht, auf diese Frage in einer Geheimsitzung einzugehen. Das will nicht unbedingt besagen, daß die Regierung in der Lage sein wird, militärische Geheimnisse preiszugeben; wir wollen aber frei diskutieren können, ohne uns infolge der Tatsache Hemmungen auferlegen zu müssen, daß der Feind am nächsten Tage davon lesen wird; die Regierung würde Nutzen daraus ziehen, wenn die Abgeordneten aller Parteien auf Grund ihrer Kenntnis der verschiedenen Teile des Landes frei ihre Meinung äußern könnten. Soviel ich weiß, wird ein dahingehendes Ersuchen gestellt werden; die Regierung Seiner Majestät wird ihm bereitwilligst stattgeben.

Wir haben es für notwendig befunden, zu Maßnahmen von zunehmender Strenge zu greifen, nicht bloß gegen Staatsbürger feindlicher Länder und verdächtige Leute anderer Nationalität, sondern auch gegen britische Staatsbürger, die gefährlich oder unangenehm werden könnten, sollte der Krieg auf diese Insel getragen werden. Es ist mir wohlbekannt, daß von diesen unseren neuen Erlassen viele Menschen betroffen werden, die leidenschaftliche Gegner Nazideutschlands sind. Ich habe stärkstes Mitgefühl mit ihnen; wir können jedoch in diesem Augenblick und bei der gegenwärtigen Bedrängnis nicht all die Unterscheidungen vornehmen, die wir gerne machen würden. Sollten feindliche Fallschirmlandungen versucht werden und heftige Kämpfe sich daraus entwickeln, dann wäre es für diese unglücklichen Leute bei weitem besser, weit weg vom Schuß zu sein, sowohl um ihret- als auch um unseretwillen. Es gibt jedoch eine andere Gruppe, für die ich nicht die geringste Sympathie empfinde. Das Parlament hat uns mit Vollmachten versehen, um jede Tätigkeit einer »Fünften Kolonne« mit starker Hand zu unterdrücken; wir werden uns, vom Hause beaufsichtigt und nötigenfalls korrigiert, ohne geringstes Zögern dieser Vollmachten bedienen, bis wir sicher und mehr als sicher sind, daß dieses Geschwür völlig ausgeschnitten ist.

Ich wende mich nun nochmals, und zwar in allgemeiner Weise, der Frage der Invasion zu. Ich möchte sagen, daß es während der jahrhundertelangen Geschichte, deren wir uns rühmen, niemals eine Zeit gegeben hat, in der unserem Volke eine absolute Garantie gegen eine Invasion und noch viel weniger gegen größere Überfälle hätte zugesichert werden können. In den Tagen Napoleons hätte derselbe Wind, der seine Truppenschiffe über den Kanal getragen hätte, die blockierende Flotte wegtreiben können. Immer hat eine gewisse Möglichkeit bestanden, und sie hat die Einbildungskraft vieler kontinentaler Tyrannen erregt und genarrt. Man erzählt uns die verschiedenartigsten Geschichten. Man versichert uns, daß neue Methoden zur Anwendung kommen würden; und bedenken wir die Originalität der Bösartigkeit, die Erfindungsgabe in der Aggression, die unser Feind zur Schau trägt, so können wir uns sicherlich auf jede Art neuer Kriegslisten und jede Form brutaler und hinterhältiger Manöver gefaßt machen. Ich glaube, daß kein Gedanke so abwegig ist, daß er nicht überlegt werden und mit forschendem und, wie ich hoffe, mit ruhigem Auge betrachtet werden sollte. Wir dürfen niemals die sichere Bürgschaft vergessen, die unsere Seemacht uns gewährt, noch auch die unserer Luftmacht, soweit sie lokal eingesetzt werden kann.

Ich selbst bin voller Zuversicht, daß wir, wenn alle ihre Pflicht erfüllen, wenn nichts vernachlässigt wird und wenn alles aufs beste vorbereitet wird – wie dies ja geschieht –, uns neuerlich als fähig erweisen werden, unsere Inselheimat zu verteidigen, die Stürme des Krieges zu überdauern und die Bedrohung der Tyrannei abzuwehren; wenn es sein muß, jahrelang; wenn es sein muß, allein. Das ist es jedenfalls, was wir zu tun versuchen wollen. Das ist der feste Entschluß der Regierung Seiner Majestät und jedes einzelnen ihrer Mitglieder. Das ist der Wille des Parlaments und der Nation. Das Britische Weltreich und die Französische Republik, verbunden durch eine gemeinsame Sache und einen gemeinsamen Kampf, werden ihren Heimatboden bis zum letzten Mann verteidigen und einander als gute Kameraden mit all ihren Kräften unterstützen. Mögen große Teile Europas und viele altberühmte Staaten dem Griff der Gestapo und dem abscheulichen Machtapparat der Nazi-Herrschaft verfallen sein oder noch verfallen: Wir werden nicht wanken noch weichen. Wir werden ausharren, wir werden in Frankreich kämpfen, wir werden auf den Meeren und Ozeanen kämpfen, wir werden mit wachsender Zuversicht und zunehmender Stärke in der Luft kämpfen, wir werden unsere Insel verteidigen, was immer es uns auch kosten möge, wir werden auf den Dünen kämpfen, wir werden auf den Landungsplätzen kämpfen, wir werden auf den Feldern und in den Straßen kämpfen, wir werden auf den Hügeln kämpfen; wir werden uns niemals ergeben; und selbst wenn – was ich nicht einen Augenblick lang glauben kann – diese Insel oder ein größerer Teil von ihr unterjocht oder ausgehungert wäre, dann würde unser Weltreich jenseits der Meere, bewaffnet und beschützt von der Britischen Flotte, den Kampf fortführen, bis – sobald es Gott gefällt – die Neue Welt, mit all ihrer Kraft und Macht, vortritt zur Rettung und Befreiung der Alten Welt.

Ihre größte Stunde

18. Juni 1940, Unterhaus, Rundfunk

Nach dem Zusammenbruch Frankreichs bat die neue französische Regierung unter Marschall Pétain um Waffenstillstand. Von vielen wurde erwartet, daß England dem Beispiel folgen werde. Doch Churchill versicherte in dieser wahrscheinlich mutigsten Rede, daß Großbritannien auch allein weiterkämpfen werde.

Ich sprach kürzlich von der ungeheuren militärischen Katastrophe, die sich ereignet hat, als das französische Oberkommando in dem Augenblick, da die französische Front bei Sedan und an der Maas entscheidend durchbrochen worden war, es unterließ, die nördlichen Armeen aus Belgien zurückzuziehen. Diese Verzögerung hatte den Verlust von fünfzehn oder sechzehn französischen Divisionen zur Folge und setzte das gesamte Britische Expeditionsheer während der kritischen Zeitspanne außer Gefecht. Unsere Armee und 120000 Mann französischer Truppen wurden allerdings durch die britische Flotte von Dünkirchen aus gerettet; dabei verloren sie aber alle ihre Geschütze, Fahrzeuge und modernen Ausrüstungsgegenstände. Diesen Verlust wiedergutzumachen, bedarf es unvermeidlicherweise mehrerer Wochen; und während der ersten zwei von diesen Wochen ist die Schlacht um Frankreich verloren worden. Bedenken wir den heldenhaften Widerstand, den die französische Armee in dieser Schlacht gegen einen weit überlegenen Feind leistete, die schweren Verluste, die dem Feinde zugefügt wurden, und seine offensichtliche Erschöpfung, dann darf man wohl annehmen, daß die 25 aus vorzüglich ausgebildeten und ausgerüsteten Truppen bestehenden Divisionen das Kriegsgeschick hätten wenden können. Doch General Weygand mußte ohne sie kämpfen. Nur drei britische Divisionen – oder eine Anzahl von Truppen, die ihnen gleichkam – konnten neben ihren französischen Kameraden im Gefecht stehen. Sie haben schwere Verluste erlitten, aber sie haben sich gut geschlagen. Wir haben so viele Truppen als wir konnten nach Frankreich geschickt, so schnell wir sie nur ausrüsten und verschiffen konnten.

Ich führe diese Tatsachen nicht an, um Vorwürfen mit Vorwürfen zu begegnen. Ich halte das für völlig wertlos und sogar schädlich. Das können wir uns nicht leisten. Ich führe sie an, um die Erklärung dafür zu geben, wie es gekommen ist, daß in dieser großen Schlacht nicht – wie es wohl möglich gewesen wäre – zwölf bis vierzehn britische Divisionen an der Front kämpften, sondern nur drei. Über all das will ich nun nicht mehr sprechen. Ich verschließe es in die Archive, aus denen die Historiker, sobald sie dazu Zeit finden, ihre Dokumente aussuchen werden, um zu sagen, was sie dazu zu sagen haben. Wir müssen an die Zukunft denken und nicht an die Vergangenheit. Dies gilt in geringerem Maßstab auch für unsere eigenen inneren Angelegenheiten. Es gibt viele Leute, die im Unterhaus eine Art gerichtlicher Untersuchung durchführen wollen über das Verhalten der Regierungen – und auch der Parlamente, denn auch sie sind mit verstrickt – während der Jahre, die zu dieser Katastrophe hingeführt haben. Sie wollen diejenigen, die für die Leitung unserer Politik verantwortlich waren, zur Verantwortung ziehen. Auch dies wäre ein törichtes und schädliches Vorgehen. Zu viele würden davon betroffen sein. Möge jedermann sein Gewissen erforschen und seine Reden nachschlagen. Ich pflege es öfters mit den meinen zu tun.

Des einen bin ich gewiß: Wenn wir die Vergangenheit mit der Gegenwart streiten lassen, dann werden wir finden, daß wir die Zukunft verloren haben. Deshalb kann ich mich nicht damit einverstanden erklären, daß zwischen den Mitgliedern der gegenwärtigen Regierung irgendwelche Unterschiede gemacht werden. Sie wurde in einem kritischen Augenblick gebildet, um alle Parteien und alle Richtungen zu vereinigen. Sie hat die fast einmütige Billigung beider Häuser des Parlaments erhalten. Ihre Mitglieder werden zusammenstehen, und unter der Kontrolle des Unterhauses werden wir das Land regieren und den Krieg durchkämpfen. In Zeiten wie diesen ist es absolut unerläßlich, daß jeder Minister, der nach besten Kräften seine Pflicht erfüllt, geachtet wird; die ihnen untergeordneten

Beamten müssen wissen, daß ihre Chefs nicht bedrohte Männer sind, die heute da sind und morgen nicht mehr, sondern daß ihre Weisungen pünktlich und getreulich ausgeführt werden müssen. Ohne über eine derartig konzentrierte Macht zu verfügen, können wir dem, was uns bevorsteht, nicht standhalten. Es wäre, glaube ich, nicht sehr nützlich, wenn das Haus angesichts des gegenwärtigen Spannungszustandes die heutige Debatte lang hinausziehen wollte. Vieles, was heute unklar ist, wird binnen kurzem klar werden. Wir werden am Donnerstag eine geheime Sitzung abhalten, die, wie ich meine, eine bessere Gelegenheit für die zahlreichen ernsten Meinungsäußerungen bieten wird, welche die Abgeordneten vorzubringen wünschen mögen, und eine bessere Gelegenheit für das Haus, Angelegenheiten von entscheidender Bedeutung zu diskutieren, ohne unseren gefährlichen Feinden die Möglichkeit zu geben, am nächsten Morgen den vollständigen Bericht darüber zu lesen.

Die unglücklichen militärischen Geschehnisse, die sich während der beiden letzten Wochen ereignet haben, sind mir keineswegs überraschend gekommen. Ich habe schon vor vierzehn Tagen dem Hause so klar, als ich es damals konnte, zu verstehen gegeben, daß das Schlimmste im Bereich der Möglichkeit liege; und ich habe mit aller Deutlichkeit ausgesprochen, daß, was immer auch in Frankreich geschehen möge, nichts die Entschlossenheit Englands und des Britischen Weltreichs ändern kann, den Kampf fortzusetzen, »wenn es sein muß, jahrelang, wenn es sein muß, allein«. Während der letzten Tage ist es uns gelungen, den größten Teil der Truppen, die wir in Frankreich auf den Verbindungslinien stehen hatten, glücklich heimzubringen; und sieben Achtel der Truppen, die wir seit Kriegsbeginn nach Frankreich geschickt hatten – nämlich 350 000 Mann von insgesamt 400 000 – sind heimgekehrt und in Sicherheit. Andere kämpfen noch an der Seite der Franzosen und haben bei ihren lokalen Zusammenstößen mit den Deutschen erhebliche Erfolge zu verzeichnen. Wir haben auch große Mengen von Vorräten, Gewehren und Munition aller Art zurückgebracht, die während der letzten neun Monate in Frankreich aufgestapelt worden waren.

Wir haben daher heute auf unserer Insel eine sehr große und mächtige Streitmacht. Sie umfaßt alle unsere bestausgebildeten und zuverlässigsten Truppen, darunter viele Zehntausende, die sich bereits mit den Deutschen gemessen und sich ihnen keineswegs als unterlegen erwiesen haben. Wir haben gegenwärtig auf dieser Insel über 1 250 000 Mann unter Waffen stehen. Hinter ihnen stehen die freiwilligen Ortsschutztruppen (Local Defence Volunteers)*, eine halbe Million an der Zahl, die allerdings nur zum Teil mit Gewehr und anderen Feuerwaffen ausgerüstet sind. Wir haben jeden Mann, den wir bewaffnen können, unseren Verteidigungstruppen einverleibt. Wir erwarten für die nächste Zukunft ein starkes Anwachsen unserer Waffenbestände, und im Hinblick darauf beabsichtigen wir, unverzüglich weitere große Kontingente zu den Fahnen zu rufen, einzuexerzieren und auszubilden. Diejenigen, die nicht einberufen werden oder die in der großen Organisation der Kriegsindustrie jeglicher Art – und ihre Verzweigungen sind zahllos – beschäftigt sind, werden ihrem Vaterland den besten Dienst erweisen, indem sie ihrer gewohnten Beschäftigung nachgehen, solange bis sie ihre Einberufung erhalten. Auch Truppen aus den Dominions stehen hier im Lande. Die Kanadier waren bereits in Frankreich gelandet, sind aber nun wohlbehalten zurückgebracht worden, freilich enttäuscht, aber in bester Ordnung und mit ihrer gesamten Artillerie und Ausrüstung. Diese erstklassigen Truppen aus den Dominions werden nun an der Verteidigung des Mutterlandes teilnehmen.

Damit die Angaben, die ich über diese großen Truppenmassen gemacht habe, nicht zur Frage Anlaß geben: »Warum haben sie nicht an der großen Schlacht in Frankreich teilgenommen?« – muß ich klarstellen, daß, abgesehen von den hier im Lande in Ausbildung und Zusammenstellung begriffenen Divisionen, nur 12 Divisionen so weit zum Kampf aus-

* Später »Home Guard« benannt.

gerüstet waren, daß ihre Versendung über das Meer gerechtfertigt erschien. Dies entsprach auch völlig der Zahl, die den Franzosen für den neunten Kriegsmonat zur Verwendung in Frankreich in Aussicht gestellt worden war. Unsere übrigen Truppen hier in der Heimat haben einen Kampfwert für die Verteidigung unserer Insel, der sich natürlich von Woche zu Woche steigern wird. So würde also die Invasion Großbritanniens im gegenwärtigen Augenblick den Transport sehr beträchtlicher feindlicher Streitkräfte übers Meer erfordern, die, nachdem sie so herübergebracht worden wären, ständig mit all den Mengen von Munition und Vorräten versorgt werden müßten, die für einen langen Kampf erforderlich sind; denn ein langer Kampf wird es sicherlich werden.

Und hier komme ich zu unserer Flotte – denn schließlich und endlich haben wir eine Flotte. Manche Leute scheinen zu vergessen, daß wir eine Flotte haben. Wir müssen sie daran erinnern. Während der letzten dreißig Jahre habe ich an Diskussionen über die Möglichkeit einer Invasion von jenseits des Meeres her Anteil gehabt, und ich habe zu Beginn des vorigen Krieges im Namen der Admiralität die Verantwortung dafür übernommen, die Versendung aller regulären Truppen außer Landes zuzulassen. Das bedeutete einen sehr ernsten Entschluß, weil unsere Territorialtruppen eben erst einberufen und noch ganz ungeschult waren. So war also unsere Insel durch mehrere Monate so gut wie gänzlich von kampffähigen Truppen entblößt. Die Admiralität war zu jener Zeit fest davon überzeugt, daß sie imstande sein würde, eine Masseninvasion zu verhindern, und diese, obwohl die Deutschen damals eine hervorragende Schlachtflotte besaßen, deren Zahlenverhältnis zu der unseren 10 zu 16 war; und obwohl sie in der Lage waren, jederzeit eine Seeschlacht erster Ordnung zu liefern, während sie jetzt nur über zwei nennenswerte große Schlachtschiffe verfügen: die »Scharnhorst« und die »Gneisenau«. Man erzählt uns auch, daß die italienische Flotte aus dem Mittelmeer ausfahren und in unseren Gewässern die Vorherrschaft erringen wird. Sollten die Italiener das ernstlich beabsichtigen, dann möchte ich nur sagen, daß wir Herrn

Mussolini mit größtem Vergnügen freies Geleit durch die Straße von Gibraltar zusichern würden, damit er die Rolle, zu der es ihn drängt, spielen kann. Die ganze britische Flotte ist äußerst gespannt, zu erfahren, ob die Italiener den Standard, den sie im vorigen Kriege zeigten, beibehalten haben, oder ob sie gar noch unter ihn gesunken sind.

Es scheint mir deshalb, daß wir heute viel besser befähigt sind, einer großangelegten Invasion von der See her zu begegnen, als wir es in vielen Augenblicken des letzten Krieges waren und während der ersten Monate dieses Krieges, als das Britische Expeditionsheer auf dem Kontinent und unsere anderen Truppen noch nicht ausgebildet waren. Nun hat ja die Flotte niemals behauptet, sie sei imstande, Überfälle von 5 000 bis 10 000 Mann starken Abteilungen zu verhindern, die in einer dunklen Nacht oder an einem nebligen Morgen plötzlich übers Meer geworfen und an mehreren Punkten der Küste gelandet werden. Die Wirksamkeit der Seemacht hat – zumal unter den Bedingungen des modernen Krieges – zur Voraussetzung, daß die die Invasion unternehmenden Truppen beträchtlichen Umfang haben. Sie müssen ja umfangreich sein, um in Anbetracht unserer militärischen Stärke irgend etwas ausrichten zu können. Wenn sie umfangreich sind, dann hat die Flotte etwas, was sie ausfindig machen, dem sie sich entgegenstellen und an das sie sozusagen anbeißen kann. Nun muß man sich vor Augen halten, daß selbst für nur fünf Divisionen, seien sie noch so leicht ausgerüstet, 200 bis 250 Schiffe erforderlich wären; und angesichts der modernen Methoden der Lufterkundung und Photographie wäre es gar nicht einfach, eine solche Armada zu sammeln, zu dirigieren und übers Meer zu führen, wenn man über keine mächtige Flotte zu ihrer Eskortierung verfügt; und es würde eine sehr starke Möglichkeit bestehen – um mich vorsichtig auszudrücken –, daß diese Armada lange, bevor sie die Küste erreichte, von unserer Flotte gestellt würde, daß alle Soldaten im Meere ertrinken oder, im äußersten Fall, in dem Augenblick, da sie zu landen versuchten, mit ihrer ganzen Ausrüstung zerschmettert werden würden. Überdies haben wir ein großes, erst kürzlich verstärktes System von Minenfeldern, dessen offene Fahrtrinnen uns allein bekannt sind. Sollte der Feind versuchen, sich durch diese Minenfelder eine Straße freizuräumen, dann wird es die Aufgabe der Flotte sein, die Minensucher und alle zu ihrer Beschützung aufgebotenen Einheiten zu zerstören. Infolge unserer großen Überlegenheit zur See sollte uns dies nicht schwer fallen.

Dies sind die gewohnten, wohlüberprüften und längst bewiesenen Argumente, auf die wir uns während vieler Friedens- und Kriegsjahre verlassen haben. Es erhebt sich aber die Frage, ob es etwa neue Methoden gibt, durch welche diese zuverlässigen Sicherungen ausgeschaltet werden können. So merkwürdig es scheinen mag, hat die Admiralität dieser Möglichkeit einige Aufmerksamkeit gewidmet – die Admiralität, deren Hauptaufgabe und Pflicht darin besteht, jede große Expeditionstruppe, die vom Meere kommt, zu vernichten, bevor sie die Küste erreicht, oder in dem Augenblick, da sie es tut. Es wäre nicht zweckmäßig, wenn ich auf Einzelheiten einginge. Ich könnte andere Leute auf Gedanken bringen, auf die sie von selbst nicht verfallen sind, und es wäre unwahrscheinlich, daß sie uns dafür im Austauschwege die ihrigen bekanntgäben. Ich möchte bloß sagen, daß diesem Gegenstande unermüdliche Wachsamkeit und Gedankenarbeit zugewendet werden muß, denn der Feind ist verschlagen und schlau und reich an neuen Listen und Kniffen. Das Haus mag sicher sein, daß eine große Zahl sachverständiger Offiziere, die in allen taktischen Fragen wohlausgebildet und mit den neuesten Errungenschaften durchaus vertraut sind, ihre äußerste Erfindungsgabe und Phantasie aufbieten, um neue Möglichkeiten zu erwägen und Gegenmaßnahmen zu ersinnen. Diesen Fragen wird unermüdliche Gedankenarbeit gewidmet, und sie muß ihnen gewidmet werden; man darf nicht vergessen, daß der Feind listenreich ist und daß er keinen schmutzigen Kniff unversucht lassen wird.

Einige Leute werden nun fragen: Weshalb war dann die britische Flotte nicht imstande, den Transport einer großen Armee von Deutschland über das Skagerrak nach Norwegen zu verhindern? Aber die Bedingungen im Ärmelkanal und in der

Nordsee gleichen in keiner Weise denjenigen, die im Skagerrak vorherrschen. Im Skagerrak konnten wir wegen der großen Distanzen unseren Schiffen keine Luftunterstützung geben und waren daher, da wir in unmittelbarer Nähe der Hauptstützpunkte der feindlichen Luftwaffe operierten, gezwungen, bloß unsere Unterseeboote einzusetzen. Wir konnten nicht jene entscheidende Blockierung und Unterbrechung des Schiffsverkehrs durchsetzen, die sich durch Kriegsschiffe bewerkstelligen läßt. Unsere Unterseeboote fügten dem Feinde schwere Verluste zu; sie allein konnten aber die Invasion Norwegens nicht verhindern. Dagegen werden im Ärmelkanal und in der Nordsee unsere überlegenen Kriegsschiffe, von unseren Unterseebooten unterstützt, auf die unermüdliche und wirksame Hilfe unserer Luftwaffe rechnen können.

Und damit komme ich natürlich zu der großen Frage der Invasion von der Luft her und zu dem bevorstehenden Kampf zwischen der britischen und der deutschen Luftwaffe. Es liegt auf der Hand, daß eine Luftinvasion von solchem Ausmaße, daß unsere Truppen sie nicht schnell niederwerfen könnten, kaum versucht werden dürfte, bevor unsere Luftwaffe endgültig überwältigt worden ist. In der Zwischenzeit mag es zu Überfällen durch Fallschirmtruppen und zu Landungsversuchen von Truppen aus Flugzeugen kommen. Wir werden wohl imstande sein, diesen Herrschaften einen warmen Empfang zu bereiten, sowohl in der Luft als auch auf dem Boden, falls sie ihn in einem Zustand erreichen, in dem sie die Auseinandersetzung fortsetzen können. Die große Frage aber ist: Können wir die Kraft von Hitlers Luftwaffe brechen? Nun ist es ja sehr beklagenswert, daß wir keine Luftwaffe haben, die der des mächtigsten Feindes, der unsere Küsten erreichen kann, zumindest ebenbürtig wäre. Wir haben jedoch eine sehr mächtige Luftwaffe, die sich qualitätsmäßig, sowohl was ihre Mannschaft als auch was viele Modelle ihrer Maschinen betrifft, als den deutschen Streitkräften, denen wir bisher in zahlreichen heftigen Luftkämpfen begegnet sind, in hohem Maße überlegen erwiesen hat. In Frankreich, wo wir uns in beträchtlichem Nachteil befanden und viele Maschinen, die um die Flughäfen stationiert waren, auf dem Boden verloren hatten, pflegten wir dem Feinde bei Luftkämpfen Verluste in einem Verhältnis von 2 bis 2½ zu 1 zuzufügen. In den Kämpfen über Dünkirchen, das eine Art von Niemandsland darstellte, haben wir die deutsche Luftwaffe fraglos geschlagen und örtliche Luftüberlegenheit gewonnen, wobei wir dem Feinde Tag für Tag Verluste im Verhältnis von 3 bis 4 zu 1 zufügten. Jedermann, der sich die vor ungefähr einer Woche veröffentlichten Photographien von der Einschiffung unserer Truppen ansieht, welche zeigen, daß Massen von Soldaten am Strande angesammelt waren und stundenlang ein ideales Angriffsziel darboten, muß sich sagen, daß diese Einschiffung unmöglich gewesen wäre, hätte der Feind nicht alle Hoffnung aufgegeben, zu dieser Zeit und an dieser Stelle die Luftüberlegenheit wiederzugewinnen.

Bei der Verteidigung dieser Insel werden die Vorteile der Verteidiger noch bedeutend größer sein, als sie bei den Kämpfen um Dünkirchen waren. Wir hoffen, das Verhältnis von 3 bis 4 zu 1, das wir in Dünkirchen erzielen konnten, noch zu verbessern. Überdies werden alle beschädigten Maschinen und ihre Mannschaften, die zu Notlandungen gezwungen sind – überraschenderweise landen im modernen Luftkrieg viele beschädigte Maschinen bzw. ihre Mannschaften, ohne weiteren Schaden zu leiden – bei einem Angriff auf diese Insel im Freundesland niedergehen und für spätere Kämpfe verwendbar sein, während alle beschädigten Maschinen des Feindes mit ihren Besatzungen für ihn völlig verloren sind.

Während der großen Schlacht in Frankreich haben wir der französischen Armee sowohl mit Jagd- wie mit Bombenflugzeugen mächtige und beständige Hilfe geleistet; aber trotz allem Druck, der auf uns ausgeübt wurde, haben wir uns niemals dazu verstanden, den gesamten Heimatbestand unserer Luftflotte an Jagdflugzeugen ins Gefecht zu werfen. Es war dies ein schmerzlicher Entschluß, aber er war richtig; denn der Ausgang der Schlacht in Frankreich hätte selbst durch den Einsatz unserer gesamten Kriegsstärke an Jagdfliegern nicht entscheidend beeinflußt werden können. Diese

Schlacht ging verloren infolge der strategisch unglücklichen Eröffnung, infolge der außerordentlichen und unvorhergesehenen Stoßkraft der Panzerdivisionen und infolge der großen zahlenmäßigen Überlegenheit der deutschen Armee. Die Erschöpfung unseres Bestandes an Jagdflugzeugen hätte leicht eine bloße Episode in diesem Kampf sein können, und dann würden wir uns im gegenwärtigen Augenblick in einer äußerst bedenklichen Situation befinden. So aber bin ich in der angenehmen Lage, dem Hause mitteilen zu können, daß unsere Stärke an Jagdflugzeugen im Vergleich zu den Deutschen, die furchtbare Verluste erlitten haben, relativ größer ist als jemals zuvor; und deshalb halten wir uns für befähigt, den Luftkrieg unter günstigeren Bedingungen fortzuführen, als sie je zuvor bestanden haben. Vertrauensvoll blicke ich den Heldentaten unserer Jägerpiloten entgegen, dieser außerordentlichen, glänzenden jungen Männer, denen der Ruhm zuteil werden wird, ihr Vaterland, ihre Inselheimat, und all das, was wir lieben, vor dem tödlichsten aller Angriffe gerettet zu haben.

Es bleibt allerdings immer noch die Gefahr von Bombenangriffen bestehen, die der Feind sicherlich sehr bald auf uns unternehmen wird. Die deutschen Bomberstreitkräfte sind zwar den unseren zahlenmäßig überlegen; aber auch wir verfügen über sehr beträchtliche Bomberstreitkräfte, deren wir uns bedienen werden, um ohne Unterlaß auf die militärischen Objekte in Deutschland einzuhämmern. Ich unterschätze keineswegs den Ernst der Prüfung, die uns bevorsteht; aber ich glaube, daß unsere Landsleute sich ihr gewachsen zeigen werden, gleich den tapferen Männern von Barcelona; daß sie zumindest ebensogut imstande sein werden, sie zu ertragen und ihnen zum Trotze ihre Arbeit fortzusetzen wie irgendein anderes Volk der Welt. Vieles wird davon abhängen; alle Männer und alle Frauen, was immer ihr Lebenskreis, ihr Stand, ihr Beruf oder ihre Pflichten seien, werden Gelegenheit haben, die hervorragendsten Züge unseres Nationalcharakters offenbar werden zu lassen und der gemeinsamen Sache den höchsten Dienst zu erweisen.

Ich habe es für zweckmäßig gehalten, bei dieser Gelegenheit dem Hause und dem Lande die gewichtigen und sachlichen Gründe andeutungsweise bekanntzugeben, auf denen unser unerschütterlicher Entschluß beruht, diesen Krieg fortzusetzen. Es gibt eine große Zahl von Leuten, die sagen: »Komme, was mag. Mögen wir gewinnen oder verlieren, ertrinken oder schwimmen: lieber sterben, als sich der Tyrannei unterwerfen – und noch dazu solch einer Tyrannei.« Und ich widerspreche ihnen nicht. Ich kann ihnen jedoch versichern, daß unsere fachlichen Ratgeber der drei militärischen Dienstgattungen uns einmütig auffordern, den Krieg fortzusetzen, und daß gute und berechtigte Hoffnung auf unseren Endsieg besteht. Wir haben all unsere autonomen Dominions informiert und befragt, diese großen Gemeinwesen jenseits der Meere, die auf der Grundlage unseres Rechtes und unserer Zivilisation aufgebaut worden sind; sie sind völlig frei in der Wahl ihrer Politik, aber sie sind ihrem Mutterlande treu ergeben, und sie sind von denselben Gefühlen beseelt, die mich dazu bestimmen, alles für unsere Pflicht und unsere Ehre einzusetzen. Wir haben uns mit ihnen ausführlich beraten, und ich habe von ihren Premierministern, Mackenzie King in Kanada, Menzies in Australien, Frazer in Neuseeland und General Smuts in Südafrika – diesem herrlichen Mann mit seinem außerordentlich tiefen Geist, der aus der Ferne das ganze Panorama der europäischen Politik überblickt –, ich habe von all diesen hervorragenden Männern, hinter denen nach freiestem Wahlrecht gewählte Regierungen stehen, die ihre Stellung der Tatsache verdanken, daß sie den Willen ihrer Völker repräsentieren, Nachrichten erhalten, die, in bewegenden Worten abgefaßt, unseren Entschluß gutheißen, den Kampf fortzusetzen, und ihre Bereitschaft ausdrücken, unser Geschick zu teilen und bis zum Ende auszuharren. Das werden wir tun.

Wir können uns nun fragen: In welcher Beziehung hat sich unsere Position seit Kriegsbeginn verschlechtert? Sie hat sich dadurch verschlechtert, daß die Deutschen einen großen Teil der Küstenlinie Westeuropas erobert und viele kleine Staaten überrannt haben. Dies erhöht die Gefahren von Luftangriffen und die an unsere Flotte gestellten Anforderungen. Keineswegs wird aber dadurch die Wirksamkeit unserer großangelegten Blockade verringert; im Gegenteil, sie wird entschieden vergrößert. In ähnlicher Weise verstärkt der Eintritt Italiens in den Krieg die Wirksamkeit unserer Blockade; durch ihn wurde ihr schlimmstes Loch verschlossen. Wir wissen nicht, ob der militärische Widerstand in Frankreich aufhören wird oder nicht; sollte dies aber geschehen, dann werden die Deutschen natürlich in der Lage sein, alle ihre militärischen und industriellen Kräfte gegen uns zu konzentrieren. Der Gründe wegen, die ich dem Hause dargelegt habe, wird sich das aber nicht so leicht durchführen lassen. Wenn die Gefahr einer Invasion nähergerückt ist – und dies ist zweifellos der Fall –, so sind wir andererseits von der Pflicht befreit, eine große Armee in Frankreich zu versorgen, so daß wir über bedeutend stärkere und besser ausgebildete Streitkräfte verfügen, um die Invasion abzuwehren.

Wenn Hitler die Industrien der von ihm eroberten Länder seiner despotischen Herrschaft unterstellen kann, dann wird dies seine heute bereits umfangreiche Waffenproduktion noch weiter vergrößern. Das wird jedoch nicht sofort möglich sein, während wir nun sicher mit der riesenhaften, ständigen und wachsenden Unterstützung der Vereinigten Staaten durch Lieferungen von Kriegsmaterialien aller Art rechnen dürfen; und besonders mit Flugzeugen und Piloten von den Dominions jenseits der Meere, die aus Gebieten kommen, die weit außerhalb des Aktionsradius feindlicher Bombenflugzeuge gelegen sind.

Ich kann nicht absehen, wie irgendeiner dieser Faktoren vor dem Winter das Gleichgewicht zu unseren Ungunsten verschieben könnte; der Winter aber wird das Nazi-Regime, unter dessen Stiefel fast ganz Europa sich hungernd windet, einer Belastung aussetzen, die ihm bei all seiner brutalen Rücksichtslosigkeit viel zu schaffen machen wird. Wir dürfen nicht vergessen, daß von dem 3. September an, an dem wir den Krieg erklärten, Deutschland immer imstande war, all seine

Luftstreitkräfte gegen unser Land zu richten, zugleich mit allen anderen erdenklichen Invasionsmethoden, und daß Frankreich nur sehr wenig oder gar nichts hätte tun können, um dies zu verhindern. Wir haben also im Prinzip und in etwas modifizierter Art während all dieser Monate unter dem Schatten dieser Gefahr gelebt. Wir haben aber in dieser Zeit unsere Verteidigungsmethoden ungeheuer verbessert und uns von einer Tatsache überzeugt, die wir nicht von Anfang an als gegeben ansehen durften: daß nämlich das einzelne britische Flugzeug und der einzelne britische Pilot eine sichere, entschiedene Überlegenheit haben. Wenn wir daher diese grimmige Bilanz ziehen und illusionslos unsere Gefahren betrachten, so sehe ich allen Grund zu intensivster Wachsamkeit und Anstrengung, aber nicht den geringsten zur Panik oder Verzweiflung.

Während der ersten vier Jahre des letzten Krieges erlebten die Alliierten nichts als Katastrophen und Enttäuschungen. Das war unsere ständige Furcht: ein Schlag nach dem anderen, furchtbare Verluste, gräßliche Gefahren. Alles mißglückte. Und dennoch war am Ende dieser vier Jahre die Moral der Alliierten höher als die der Deutschen, die von einem siegreichen Angriff zum nächsten geschritten waren und allenthalben als triumphierende Eroberer in den Ländern standen, in die sie eingebrochen waren. Während jenes Krieges fragten wir uns zu wiederholten Malen: Wie sollen wir gewinnen? Und niemand konnte diese Frage jemals genau beantworten, bis dann zum Schluß, ganz plötzlich und unerwartet, unser schrecklicher Feind vor uns zusammenbrach und wir von unserem Siege so erfüllt waren, daß wir in unserer Torheit seine Früchte wegwarfen.

Wir wissen noch nicht, was in Frankreich geschehen wird; wir wissen nicht, ob der Widerstand der Franzosen andauern wird, in Frankreich und dem überseeischen Französischen Weltreich. Die französische Regierung wird sich großer Möglichkeiten begeben und die Zukunft Frankreichs aufs Spiel setzen, wenn sie nicht den Krieg gemäß ihren Vertragsverpflichtungen fortsetzt, von denen sie zu befreien wir uns nicht in der Lage sehen. Das Haus wird die historische Erklärung gelesen haben, in der wir, dem Wunsche vieler Franzosen und unserem eigenen Herzenswunsche folgend, unsere Bereitschaft erklärt haben, in dieser dunkelsten Stunde der französischen Geschichte einen Bund auf der Grundlage gemeinsamer Staatsbürgerschaft zu schließen. Wie immer die Lage in Frankreich sich entwickeln möge, wie immer diese oder eine andere französische Regierung sich verhalten möge – wir auf unserer Insel, und mit uns das gesamte Britische Weltreich, werden niemals unser Gefühl der Freundschaft für das französische Volk verlieren. Wenn es uns jetzt beschieden sein wird, zu ertragen, was die Franzosen erlitten haben, so werden wir ihrer Standhaftigkeit nacheifern; wenn der Endsieg unsere Mühe belohnt, werden wir unseren Sieg mit ihnen teilen, und die Freiheit aller wird wiederhergestellt werden. Wir ziehen keine unserer gerechten Forderungen zurück; nicht ein Jota von unseren Ansprüchen geben wir auf. Tschechen, Polen, Norweger, Holländer und Belgier haben ihre Sache mit der unseren verbunden. Ihr aller Recht wird wiederhergestellt werden.

Die Schlacht, die General Weygand die Schlacht um Frankreich genannt hat, ist vorüber. Ich erwarte, daß nun die Schlacht um England beginnen wird. Von ihrem Ausgang hängt das Schicksal der christlichen Zivilisation ab. Von ihr hängt unser eigenes britisches Leben und der Fortbestand unserer staatlichen Einrichtungen unseres Weltreiches ab. Die ganze Wut und Macht des Feindes muß sich sehr bald gegen uns wenden. Hitler weiß sehr wohl, daß er uns auf dieser Insel niederwerfen muß oder den Krieg verlieren wird. Wenn wir seinen Angriff abschlagen können, so kann ganz Europa befreit werden, und das Schicksal der Welt wird sich auf einer hellen, sonnigen Bahn aufwärtsbewegen. Wenn es uns aber mißlingt, dann wird die ganze Welt, auch die Vereinigten Staaten, und all das, was wir gekannt und geliebt haben, in den Abgrund eines neuen Mittelalters versinken, den das Licht einer mißbrauchten Wissenschaft nur noch dunkler und vielleicht tiefer macht. Rüsten wir uns daher zur Erfüllung unserer Pflicht; handeln wir so, daß, wenn das Britische Weltreich mit seinem Staatenbund noch tausend Jahre besteht, die Menschen immer noch sagen werden: »Das war ihre größte Stunde!«

Die wenigen

20. August 1940, Unterhaus

Im Sommer 1940 tobte die Luftschlacht über England. Mit Blick auf die Royal-Air-Force-Piloten prägte Churchill den Satz, daß noch nie in der Geschichte der menschlichen Konflikte so viele so wenigen Dank schuldeten. Die britische Kriegspropaganda brachte sogar ein Plakat mit diesem Churchill-Zitat heraus, unter dem fünf Piloten abgebildet sind. Als neue Hoffnung für den Sieg verwies Churchill am Ende der Rede darauf, daß neben den britischen Kämpfern die immer engere Zusammenarbeit der englisch sprechenden Völker, das Britische Empire und die Vereinigten Staaten, eine bessere Zukunft verheiße.

Fast ein Jahr ist vergangen, seitdem der Krieg begann, und ich glaube, daß es sich für uns geziemt, an dieser Wegmarke unserer Reise innezuhalten und unseren Blick über das dunkle, weite Feld schweifen zu lassen. Es ist auch nützlich, das erste Jahr dieses zweiten Krieges gegen Deutschlands Aggression mit seinem Vorläufer vor einem Vierteljahrhundert zu vergleichen. Obwohl dieser Krieg tatsächlich nur eine Fortsetzung des vorigen ist, werden doch große Unterschiede in seinem Charakter deutlich. Im vorigen Kriege kämpften Millionen Männer, indem sie ungeheure Massen von Stahl gegeneinander schleuderten. »Männer und Granaten«, so lautete der Ruf, und eine fürchterliche Schlächterei war die Folge. Nichts dergleichen ist bisher in diesem Kriege zu beobachten gewesen. Es ist ein Krieg der Strategie, der Organisation, ein Krieg technischer Apparate, der Wissenschaft, der Mechanik und des Kampfgeistes. Die Zahl der britischen Toten und Verletzten belief sich während der ersten zwölf Monate des Weltkrieges auf 365 000. Ich bin glücklich, feststellen zu können, daß in diesem Kriege die Zahl der britischen Toten, Verwundeten, Gefangenen und Vermißten, einschließlich der Zivilpersonen, 92 000 nicht übersteigt; und ein großer Teil von ihnen sind als Kriegsgefangene am Leben. Blickt man auf einen weiteren Umkreis, so kann man sagen, daß in ganz Europa auf jeden Mann, der während des ersten Kriegsjahres getötet oder verwundet wurde, ungefähr fünf Mann kommen, die im Jahre 1914/15 dasselbe Schicksal ereilte.

Die Schlächterei macht nur einen kleinen Bruchteil aus, aber die Folgen für die Kriegführenden sind sogar noch verhängnisvoller. Wir sahen es mit an, wie große Länder mit mächtigen Armeen innerhalb weniger Wochen in Trümmer geschlagen und von der Landkarte weggewischt wurden. Wir sahen es mit an, wie die Französische Republik und die berühmte französische Armee in vollständige und allgemeine Unterwerfung gezwungen wurden, und dies mit weniger Verlusten, als sie in einer der großen Schlachten von 1914 bis 1918 erlitten. Frankreichs ganzer Körper – zu Zeiten scheint es fast: seine Seele – ist physischen Wirkungen erlegen, die unvergleichlich weniger schrecklich waren als diejenigen, die es vor 25 Jahren mit Tapferkeit und ungeminderter Entschlossenheit ertrug. Obwohl bis zum gegenwärtigen Augenblick die Verluste an Menschenleben erfreulicherweise klein sind, waren die aus den Kämpfen resultierenden Entscheidungen für das Schicksal der Nationen viel tiefergehend als irgend etwas, das sich seit den Zeiten der Barbarei ereignet hat. Auf den wissenschaftlichen und strategischen Tabellen und Mappen werden Züge gemacht, durch mechanische Mittel werden Vorteile errungen, die zur Folge haben, daß Millionen Menschen außerstand gesetzt werden, weiteren Widerstand zu leisten, oder sich zumindest dazu für unfähig halten, und ein schreckliches Schachspiel nimmt seinen Lauf vom »Schach« zum »Matt« – ein Spiel, das die unseligen Spieler unerbittlich in seinem Bann zu halten scheint.

Es gibt noch einen zweiten, viel deutlicheren Unterschied gegenüber dem Jahre 1914. Die kriegführenden Nationen sind in ihrer Gesamtheit in den Kampf einbezogen; nicht bloß die Soldaten, nein, die ganze Bevölkerung, Männer, Frauen und Kinder. Die Front ist überall. Die Schützengräben werden in Städten und Straßen gegraben. Jedes Dorf ist befestigt; jede Straße versperrt. Die Frontlinie läuft durch die Fabriken hindurch. Die Arbeiter sind Soldaten, mit anderen Waffen, aber vom gleichen Mut erfüllt. Das sind große deutliche Veränderungen gegenüber dem, was viele von uns in dem Krieg vor einem Vierteljahrhundert sahen. Es scheint allen Grund für die Überzeugung zu geben, daß die Hilfsquellen und der Genius des britischen Volkes und Weltreiches dieser neuen Art der Kriegsführung gut angepaßt sind, daß ein Krieg dieser Art – sobald wir einmal gut gerüstet sind und ordentlich begonnen haben – günstigere Aussichten bietet als das düstere Massenschlachten an der Somme und um Passchendaele. Wenn es darum geht, daß die ganze Nation gemeinsam kämpfen und dulden muß, so sollte uns das recht sein; denn wir sind auf Grund des geeinten Willens des Volkes und mit offenen Augen in den Kampf gezogen, wir sind in Freiheit herangewachsen und in individueller Verantwortlichkeit. Wir sind der Sproß der Toleranz und gesellschaftlichen Vielgestaltigkeit, nicht der totalitären Gleichmacherei. Wenn all diese Eigenschaften der Kriegsführung dienstbar gemacht werden – und dies ist tatsächlich der Fall –, dann werden wir sehr wohl imstande sein, dem Feinde eine ganze Menge von Dingen zu zeigen, an die er noch nicht gedacht hat. Seitdem die Deutschen die Juden vertrieben und ihr technisches Niveau herabgesetzt haben, ist unsere Wissenschaft entschieden der ihren voraus. Unsere geographische Lage, die Herrschaft über die Meere und die Freundschaft der Vereinigten Staaten setzen uns in den Stand, die Hilfsquellen der ganzen Welt zu benutzen und Waffen jeglicher Art zu erzeugen, besonders solche von ganz hervorragender Art und in einem Ausmaße, das bisher nur Deutschland erreichen konnte.

Hitler lagert nun über ganz Europa. Die Federn unseres Angriffes werden langsam angespannt; wir müssen uns entschlossen und methodisch für die Kriegsjahre 1941 und 1942 vorbereiten. Zwei, drei Jahre sind keine lange Zeit, nicht einmal in unserem kurzen, unsicheren Leben. Sie zählen nicht in der Geschichte einer Nation; und wenn wir die herrlichste Tat in der Welt vollführen, wenn die Ehre unser ist, der einzige Vorkämpfer der Freiheit ganz Europas zu sein, dann dürfen wir diese Jahre nicht als verloren ansehen, wir dürfen der Arbeit und des Kampfes, die sie bedeuten, nicht müde werden. Das soll nicht besagen, daß unsere Energie in den nächsten Jahren ausschließlich darauf beschränkt sein wird, uns und unsere Besitzungen zu verteidigen. Einer Macht, die eine kombinierte Land- und Seemacht ist, stehen viele Möglichkeiten offen; wir müssen bereit sein, von ihnen Gebrauch zu machen. Eine der Arten, diesen Krieg zu einem schnellen Ende zu bringen, besteht darin, den Feind nicht durch Worte, sondern durch Taten davon zu überzeugen, daß wir sowohl den Willen als auch die Möglichkeit haben, den Kampf nicht unendlich hinauszuziehen, sondern schwere und unerwartete Schläge auszuteilen. Die Straße zum Sieg wird vielleicht kürzer sein, als wir erwarten. Aber damit dürfen wir nicht rechnen. Mag sie lang oder kurz, bergig oder eben sein – wir werden das Ziel unserer Reise erreichen.

Es ist unsere feste Absicht, eine strenge Blockade nicht bloß Deutschlands, sondern Italiens, Frankreichs und aller Länder, die unter Deutschlands Herrschaft gefallen sind, aufrechtzuerhalten und weiterhin durchzusetzen. Ich lese in den Zeitungen, daß Hitler ebenfalls die Verhängung einer strikten Blokkade über die Britischen Inseln verkündet hat. Darüber kann niemand Klage führen. Ich erinnere mich, daß der deutsche Kaiser während des letzten Krieges dasselbe getan hat. Wirklich und allgemein beklagen könnte man sich, wenn wir die Qualen ganz Europas dadurch verlängern würden, daß wir gestatteten, daß Nahrungsmittel das Feindesland erreichen, die Nazis ernähren und ihren Kriegsmaßnahmen helfen; wenn wir erlaubten, daß den unterjochten Völkern Nahrungsmittel zugingen, die ihnen von ihren Nazi-Eroberern sicherlich abgenommen werden würden.

Es wurde vielfach vorgeschlagen, und zwar aus den edelsten Motiven, wir sollten erlauben, daß Nahrungsmittel zum Wohle dieser unterdrückten Völker die Blockade passieren. Ich bedaure, daß wir dieses Ersuchen zurückweisen müssen. Die Nazis behaupten, sie hätten in Europa ein neues, einheitliches Wirtschaftssystem geschaffen. Sie haben wiederholt erklärt, daß sie reichliche Nahrungsmittelreserven besäßen und die von ihnen in Gefangenschaft gehaltenen Völker ernähren könnten. In einer deutschen Rundfunkrede wurde am 27. Juli gesagt, daß Hoovers Plan, Frankreich, Belgien und Holland zu helfen, Anerkennung verdiene, daß die deutschen Truppen aber bereits die nötigen Schritte unternommen hätten. Wir wissen, daß in Norwegen zur Zeit, als die Deutschen in dieses Land einfielen, Nahrungsmittelvorräte für ein Jahr vorhanden waren. Wir wissen, daß Polen, obwohl es kein reiches Land ist, gewöhnlich hinreichend viel Nahrungsmittel für sein Volk erzeugt. Überdies besaßen alle anderen Länder, die Hitler erobert hat, zur Zeit des deutschen Einfalls beträchtliche Vorräte; in vielen Fällen sind sie selbst sehr beachtliche Nahrungsmittelproduzenten. Wenn all diese Nahrungsmittel nun nicht vorhanden sind, so kann dies bloß darauf zurückzuführen sein, daß sie in den letzten Monaten abtransportiert wurden, um die Bevölkerung Deutschlands zu ernähren und ihr zur Abwechslung einmal größere Rationen zu geben. Zu dieser Jahreszeit und während der nächsten Monate ist die Wahrscheinlichkeit eines Lebensmittelmangels am geringsten, da ja die Ernte gerade eingebracht worden ist. Der einzige Faktor, der jetzt und während des kommenden Winters eine Hungersnot in irgendeinem Teil Europas hervorrufen könnte, bestünde darin, daß Deutschland Abgaben erpressen oder es unterlassen würde, die Lebensmittel, über die es verfügt, zu verteilen.

Man muß diese Frage auch noch unter einem anderen Blickwinkel betrachten. Viele der wertvollsten Nahrungsmittel sind zur Erzeugung wesentlicher Kriegsmaterialien unerläßlich notwendig. Zur Herstellung von Explosivstoffen werden Fette benötigt. Aus Kartoffeln wird der Alkohol für Motortreibstoff gewonnen. Die plastischen Werkstoffe, die man in so großem Ausmaß zur Herstellung von Flugzeugen verwendet, werden aus Milch hergestellt. Wenn die Deutschen diese Waren lieber dazu verwenden, um unsere Frauen und Kinder zu bombardieren, als um die Bevölkerung zu ernähren, die jene Rohstoffe produziert, dann können wir sicher sein, daß sie importierte Nahrungsmittel denselben Zwecken zuführen werden, mittelbar oder unmittelbar, oder daß sie sie dazu verwenden werden, sich die Erfüllung der Verpflichtungen zu erleichtern, die sie so mutwillig auf sich genommen haben. Möge Hitler seine Verantwortung voll zu spüren bekommen; mögen die Völker Europas, die unter seinem Joche stöhnen, in jeder Weise dazu helfen, den Anbruch des Tages näherzubringen, an dem dieses Joch abgeworfen werden wird! In der Zwischenzeit können und werden wir dafür Vorsorge treffen, daß Nahrungsmittel mit großer Geschwindigkeit in jeden Teil des versklavten Gebietes transportiert werden können, sobald es völlig von den deutschen Streitkräften gesäubert worden ist und seine wirkliche Freiheit wiedergewonnen hat. Wir werden unser Bestes dazu tun, auf der ganzen Welt die Aufspeicherung von Nahrungsmitteln zu fördern, so daß vor den Augen der Völker Europas, einschließlich – ich betone es – des deutschen und österreichischen Volkes, ständig die sichere Überzeugung bestehen wird, daß die Zerschlagung der Nazimacht ihnen allen sofort Nahrung, Freiheit und Frieden bringen wird.

Etwas mehr als ein Vierteljahr ist vergangen, seitdem in diesem Lande die neue Regierung zur Macht kam. Welch ein Katarakt von Unheil hat sich seitdem über uns ergossen! Die vertrauensseligen Holländer sind überwältigt; ihre geliebte und geachtete Herrscherin wurde ins Exil getrieben; die friedliche Stadt Rotterdam wurde der Schauplatz eines Massenmordens, das an Tücke und Brutalität nicht hinter den Schrekkenstaten des Dreißigjährigen Krieges zurücksteht. Belgien wurde überfallen und zu Boden geschlagen; unsere eigene prächtige Expeditionsarmee, die König Leopold zu Hilfe gerufen hatte, wurde abgeschnitten und fast gefangengenommen und ist nur wie durch ein Wunder, unter Verlust ihrer ganzen Ausrüstung, entronnen; unser Alliierter Frankreich ist ausgefallen; Italien unser Feind geworden; ganz Frankreich ist der Macht des Feindes ausgeliefert, all seine Waffen- und Munitionslager und große Mengen von Kriegsmaterialien sind dem Feinde zum Gebrauch ausgeliefert worden; eine Regierung von Strohmännern wurde in Vichy gebildet, die in jedem Augenblick gezwungen werden kann, unser Feind zu werden; die ganze westliche Meeresküste Europas, vom Nordkap zur spanischen Grenze, ist in deutschen Händen; alle Häfen, alle Lufthäfen entlang dieser riesigen Front werden als potentielle Sprungbretter für eine Invasion gegen uns verwendet. Überdies wurde die deutsche Luftwaffe, die der unseren zahlenmäßig so stark überlegen ist, so nahe an unsere Insel herangebracht, daß unsere schlimmsten Befürchtungen noch übertroffen wurden und feindliche Bombenflugzeuge unsere Küsten nicht bloß in wenigen Minuten, von vielen Richtungen her erreichen, sondern sogar von ihren Jagdflugzeugen eskortiert werden können. Ja, hätten wir uns zu Beginn des Monats Mai solchen Aussichten gegenübergesehen, so wäre es unglaubhaft erschienen, daß wir am Ende einer solchen Periode von Schreck und Unheil, oder in diesem Augenblick einer solchen Periode von Schreck und Unheil, noch aufrecht stehen könnten, unser selbst sicher, Herren unseres Schicksals, die Überzeugung von unserem Endsieg unverlöschbar in unseren Herzen. Wenige würden geglaubt haben, daß wir dies überleben könnten; niemand hätte geglaubt, daß wir an diesem heutigen Tage uns nicht bloß stärker fühlen, sondern daß wir tatsächlich stärker sein würden, als wir es jemals zuvor waren.

Wir wollen sehen, was auf der anderen Seite geschehen ist. Das britische Volk und das Britische Weltreich, die sich allein fanden, boten dem Unheil unerschrocken die Stirn. Nicht einer zuckte oder wankte; nein, manche, die früher an die Möglichkeit des Friedens dachten, denken jetzt ausschließlich an Krieg. Unser Volk ist geeint und entschlossen wie niemals zuvor. Tod und Untergang sind unbedeutende Ereignisse geworden, verglichen mit Schande und Pflichtvergessenheit. Wir wissen nicht, was uns bevorsteht. Es kann sein, daß noch schwerere Prüfungen vor uns liegen. Wir werden allem trotzen, was immer auch kommen mag. Wir sind unser selbst sicher und unserer Sache; und dies ist das wichtigste Ergebnis, das diese Monate der Prüfung gezeitigt haben.

Inzwischen haben wir nicht bloß unseren Mut gefestigt, wir haben auch unsere Insel gefestigt. Wir haben unsere Armeen neu bewaffnet und neu organisiert, und dies in einem Maße, das noch vor einigen Monaten als jenseits des Bereichs des

Möglichen liegend geschienen hätte. Wir haben während des Monats Juli dank unseren überseeischen Freunden ungeheure Mengen von Waffen und Munition aller Arten über den Atlantischen Ozean transportiert: Geschütze, Gewehre, Maschinengewehre, Patronen und Granaten, und wir haben sie ohne den Verlust auch nur eines Geschützes oder einer Patrone sicher an unserer Küste gelandet. Die Produkte unserer eigenen Fabriken, in denen gearbeitet wird wie niemals zuvor, sind in ständigem Strom unseren Truppen zugeflossen. Die ganze britische Armee ist in der Heimat versammelt. Über zwei Millionen entschlossene Männer haben heute Gewehre und Bajonette in ihren Händen, und drei Viertel von ihnen sind in reguläre Truppeneinheiten eingegliedert. Niemals zuvor hatten wir in Kriegszeiten derartige Armeen auf unserer Insel. Die ganze Insel starrt in Waffen, gerichtet gegen Angreifer von der See und aus der Luft. Wie ich dem Hause Mitte Juni erklärte, müssen, je stärker unsere Heimatarmee ist, um so stärker die angreifenden Truppen sein, und je stärker die angreifenden Truppen sind, desto leichter wird der Flotte ihre Aufgabe gemacht, sie zu entdecken, wenn sie sich versammeln, und sie auf ihrer Fahrt zu stellen und zu zerstören; und um so größer wäre auch die Schwierigkeit, die Angreifer zu verpflegen und ihnen Nachschub zu liefern, falls es ihnen überhaupt gelingt zu landen, da ihre Verbindungslinien ständigen Flotten- und Luftangriffen ausgesetzt wären. All das gehört der klassischen, ehrwürdigen Kriegsdoktrin an. Der Grundsatz aus Nelsons Tagen gilt noch immer: »Unsere erste Verteidigungslinie sind die Häfen des Feindes.« Nun haben Luftaufklärung und Phototechnik einem alten Grundsatz neue und wirksame Hilfe gebracht.

Unsere Flotte ist viel mächtiger, als sie zu Beginn des Krieges war. Das große Bauprogramm, mit dem bei Kriegsausbruch begonnen wurde, fängt nun an, Früchte zu tragen. Wir hoffen, daß unsere Freunde jenseits des Ozeans uns beizeiten Hilfe senden werden, um die Lücke zwischen den Friedensflottillen von 1939 und den Kriegsflottillen von 1941 zu überbrücken. Solche Hilfe zu senden ist nicht schwer. Die Meere und Ozeane sind offen. Die U-Boote werden in ihren Operationen beschränkt. Der magnetischen Mine sind wir bis zum gegenwärtigen Augenblick entschieden Herr geworden. Die Handelstonnage der unter britischer Flagge fahrenden Schiffe ist nach einem Jahre unbeschränkten U-Boot-Krieges, nach acht Monaten intensiver Minenangriffe, größer als zur Zeit, als wir begannen. Überdies stehen unter unserer Kontrolle über 4 Millionen Tonnen Schiffsraum der überrannten Länder, deren Schiffe hier oder in den Häfen des Weltreiches Zuflucht gesucht haben. Unsere Vorräte an Nahrungsmitteln aller Art sind bei weitem reichlicher, als sie in den Tagen des Friedens waren, und ein großes, ständig wachsendes Programm der Nahrungsmittelproduktion ist im Gange.

Warum erzähle ich all das? Sicherlich nicht, um zu prahlen; sicherlich nicht, um der Selbstzufriedenheit auch nur die geringste Ermutigung zu geben. Die Gefahren, die uns drohen, sind noch immer ungeheuer groß; doch unsere Vorteile und Hilfsquellen sind von gleichem Ausmaße. Ich zähle sie auf, weil unser Volk ein Recht hat, zu wissen, daß es gewichtige Gründe für das Selbstvertrauen gibt, das wir fühlen, und daß wir guten Grund haben, uns für fähig zu halten – wie ich es in sehr dunklen Stunden vor zwei Monaten formulierte –, den Krieg fortzusetzen, »wenn es sein muß, allein, wenn es sein muß, Jahre hindurch«. Ich spreche davon auch deshalb, weil die Tatsache, daß das Britische Weltreich unbesiegbar aufrecht steht und das Nazitum immer noch Widerstand erfährt, neuerlich den Funken der Hoffnung nähren wird, der im Herzen Hunderter Millionen getretener oder verzweifelter Männer und Frauen in ganz Europa und weit über seine Grenzen hinaus brennt, und weil ich dessen sicher bin, daß diese Funken bald zur reinigenden und alles Übel verzehrenden Flamme wachsen werden.

Die gewaltige Luftschlacht, die während der letzten Wochen über dieser Insel wütete, hat vor kurzem eine überaus große Intensität angenommen. Es ist noch zu früh für den Versuch, ihre Größe oder ihre Dauer ermessen zu wollen. Sicherlich müssen wir erwarten, daß der Feind noch heftigere Anstrengungen als bisher machen wird. Feindliche Flughäfen werden in Frankreich und den Niederlanden noch weiter ausgebaut, und weitere Geschwader und Materialien für den Angriff gegen uns werden herbeigeschafft. Es liegt auf der Hand, daß Hitler ein Mißlingen seines Luftangriffes auf Großbritannien nicht zugeben könnte, ohne sich ernstem Schaden auszusetzen. Wenn nach all den Prahlereien und blutrünstigen Drohungen, nach allen über die ganze Welt ausposaunten Berichten von dem Schaden, den er angerichtet, den ungeheuren Zahlen von Flugzeugen, die er – wie er sagt – mit so geringen eigenen Verlusten abgeschossen hat; wenn nach all den Berichten von den in Panik versetzten Engländern, die in ihren Höhlen zerschmettert wurden, mit einem Fluch gegen ihr plutokratisches Parlament auf den Lippen, das ein solches Schicksal über sie heraufbeschworen hat; wenn nach alldem seine ganze Luftoffensive sich nach einer Weile erschöpft und in nichts verflüchtigt, dann würde der gute Ruf des Führers hinsichtlich der Wahrhaftigkeit seiner Behauptungen ernstlich geschmälert werden. Deshalb können wir sicher sein, daß er den Angriff fortsetzen wird, solange ihm seine Kräfte dies erlauben und solange die Besorgnisse, die er in bezug auf die russische Luftflotte haben mag, es ihm gestatten.

Andererseits sind die Bedingungen und der Verlauf des Kampfes bisher günstig gewesen. Ich berichtete dem Hause vor zwei Monaten, daß unsere Jagdflugzeuge in Frankreich den Deutschen gewöhnlich Verluste im Verhältnis von 2 : 1 oder 3 : 1 zufügten, in den Kämpfen über Dünkirchen, das eine Art von Niemandsland wurde, im Verhältnis von 3 : 1 bis 4 : 1, daß wir aber für den Fall eines Angriffes auf diese Insel ein noch günstigeres Zahlenverhältnis zu erzielen hofften. Diese Vorhersage hat sich sicherlich bewahrheitet. Dazu muß man noch bedenken, daß alle feindlichen Maschinen und Piloten, die über dieser Insel oder dem umgebenden Meer abgeschossen werden, entweder verlorengehen oder in unsere Hand fallen, während ein erheblicher Prozentsatz unserer Maschinen und auch unserer Piloten gerettet wird und häufig bald wieder kampffähig ist.

Ein umfassendes und bewundernswertes System der Altmaterialverwertung, das von dem Ministerium für Flugzeugproduktion geleitet wird, sichert die schnellste Rückkehr beschädigter Maschinen in die Gefechtslinie und überlegteste und schnellste Verwendung aller brauchbaren Teile und Materialien. Zur gleichen Zeit hat das glänzende, ja erstaunliche Anwachsen der Produktion und Reparatur britischer Flugzeuge und Motoren, das Lord Beaverbrook mit genialer, fast magischer Organisationsgabe und Energie erzielt hat, uns Reserven von jeder Flugzeugtype im Überfluß gegeben, und ein quantitativ und qualitativ ständig anwachsender Strom von Produkten fließt uns zu. Der Feind ist uns allerdings zahlenmäßig noch weit überlegen. Man versichert mir aber, daß unsere Neuproduktion seine bereits weit übersteigt, und die amerikanische Produktion beginnt erst einzutreffen. Es ist eine Tatsache, die ich den mir täglich zukommenden Berichten entnehmen kann, daß unsere Bomber- und Jägerstärke nun, nach all den Kämpfen, größer ist als jemals zuvor. Wir glauben, daß wir imstande sein werden, diesen Luftkampf unbegrenzt fortzuführen, solange es dem Feinde beliebt, und je länger er andauert, desto schneller werden wir uns erst der Luftparität und dann der Luftüberlegenheit nähern, von der in weitem Maße der Ausgang des Krieges abhängt.

Die Dankbarkeit jeder Familie auf dieser Insel, in unserem Weltreich, ja auf der ganzen Welt – die Wohnsitze der Schuldigen ausgenommen – gilt den britischen Fliegern, die, furchtlos vor der Überlegenheit des Feindes, unermüdlich ständiger Bedrohung und Todesgefahr trotzend, den Ausgang des Weltkrieges durch ihre Kühnheit und Hingabe bestimmen. Niemals in der Geschichte menschlicher Kämpfe hatten so viele eine so große Dankesschuld an so wenige. Alle Herzen fliegen den Jäger-Piloten zu, deren glänzende Ruhmestaten wir Tag für Tag mit unseren eigenen Augen erblicken; wir dürfen aber niemals vergessen, daß ständig, Nacht für Nacht, Monat für Monat, unsere Bombengeschwader tief in Deutschland eindringen, mittelst der höchsten Navigationstechnik ihre Ziele erreichen und ihre Angriffe ausführen, oft unter heftigstem

Feuer, oft mit schweren Verlusten, und dabei mit sorgfältiger Unterscheidung militärischer von nichtmilitärischen Objekten, und so der ganzen technischen und kriegstechnischen Grundlage der Nazi-Macht vernichtende Schläge erteilen. Auf keinen Teil der Königlichen Luftflotte fällt das Gewicht des Krieges schwerer als auf die Tagbomber, die für den Fall einer Invasion eine unschätzbare Rolle spielen werden und deren brennende Tatenlust inzwischen bei zahlreichen Gelegenheiten gezügelt werden mußte.

Wir sind in der Lage, die Ergebnisse der Bombardierung militärischer Objekte in Deutschland nicht nur mit Hilfe von Berichten zu überprüfen, die uns von verschiedenen Quellen her erreichen, sondern natürlich auch durch Photographien. Ich zögere nicht, zu behaupten, daß dieses Bombardieren der Kriegsindustrie und der Verkehrswege Deutschlands, der Flughäfen und Depots, von denen aus wir angegriffen werden, daß dieses Bombardieren, das bis zum Ende des Krieges in immer wachsendem Ausmaß fortgesetzt werden wird und im nächsten Jahre bisher unvorhergesehene Dimensionen annehmen kann, zumindest einen der sichersten, wenn nicht den schnellsten Weg zum Sieg darstellt. Selbst wenn die Nazi-Legionen triumphierend am Schwarzen Meere stünden, oder selbst am Kaspischen Meer, ja wenn Hitler vor Indien stünde, so würde ihm dies alles nichts nützen, wenn zur gleichen Zeit der ganze wirtschaftliche und wissenschaftliche Apparat des deutschen Mutterlandes zerschmettert und pulverisiert worden wäre.

Die Tatsache, daß eine Invasion dieser Insel im großen Maßstabe mit jeder Woche, die seit der Rettung unserer Armee bei Dünkirchen verstrichen ist, ein viel schwereres Unterfangen geworden ist, und die sehr starke Überlegenheit unserer Seemacht setzen uns in den Stand, unser Augenmerk und unsere Kräfte in zunehmendem Maße dem Mittelmeer zuzuwenden und jenem zweiten Feind, der, ohne dazu den geringsten Anlaß zu haben, kalt und vorsätzlich, aus Gier und Gewinnlust, Frankreich im Augenblick seines Todeskampfes den Dolch in den Rücken gestoßen hat und nun in Afrika gegen uns marschiert. Der Fall Frankreichs ist natürlich von den ungünstigsten Folgen für unsere Position in dem Gebiet gewesen, das man mit einem etwas merkwürdigen Namen den Mittleren Osten nennt. Wir hatten z.B. für die Verteidigung Somalilands damit gerechnet, daß starke französische Truppenabteilungen die Italiener von Dschibuti aus angreifen würden. Überdies hatten wir damit gerechnet, daß wir die französischen Flottenstützpunkte und Flughäfen im Mittelmeer und besonders die an der nordafrikanischen Küste würden benutzen können. Wir hatten auf die französische Flotte gezählt. Auch wenn Frankreich zeitweilig überrannt worden ist, bestand kein Grund, weshalb die französische Flotte, wesentliche Teile der französischen Armee, die französische Luftwaffe und das überseeische Französische Weltreich nicht an unserer Seite den Kampf hätten fortsetzen sollen.

Von einer überwältigend starken Seemacht geschützt, im Besitze unschätzbarer strategischer Stützpunkte und ausreichender Geldmittel, hätte Frankreich weiterhin einer der großen Teilnehmer des Kampfes bleiben können. Hätte Frankreich das getan, so hätte es die Kontinuität seiner Existenz bewahrt, und das Französische Weltreich hätte sehr wohl zusammen mit dem Britischen zur Rettung der Unabhängigkeit und Unversehrtheit des französischen Mutterlandes vorwärtsschreiten können. In unserem eigenen Fall – wären wir, was glücklicherweise nun unmöglich ist, in Frankreichs schreckliche Lage geraten – würde es natürlich die Pflicht unserer Kriegsführer gewesen sein, hier bis zum Ende zu kämpfen; außerdem aber wäre es ihre Pflicht gewesen (wie ich es in meiner Rede vom 4. Juni andeutete), so weitgehend als möglich für den Flottenschutz Kanadas und unserer Dominions zu sorgen und es sicherzustellen, daß sie die Möglichkeit haben werden, den Kampf von jenseits der Meere her fortzusetzen. Die meisten der anderen Länder, die gegenwärtig von Deutschland überrannt sind, haben den Kampf tapfer und getreulich fortgesetzt. Die Tschechen, die Polen, die Norweger, die Holländer und die Belgier kämpfen noch immer mit dem Schwerte in der Hand und werden von Großbritannien und den Vereinigten Staaten als die einzigen Repräsentanten und legalen Regierungen ihrer Staaten anerkannt.

Daß Frankreich als einziger Staat in diesem Augenblick zu Boden gestreckt daliegt, ist nicht das Verbrechen einer großen und edlen Nation, sondern derer, die man »die Männer von Vichy« nennt. Wir empfinden die stärkste Sympathie für das französische Volk. Unsere alte Waffenbrüderschaft mit Frankreich ist nicht gestorben. Sie nimmt in unserer Verbindung mit General de Gaulle und seinen tapferen Kameraden eine wirksame Form an. Die »freien Franzosen« wurden von Vichy zum Tode verurteilt; aber, so sicher die Sonne morgen aufgehen wird, so sicher wird der Tag kommen, an dem man ihre Namen mit Ehrerbietung nennen und sie in den Straßen und Dörfern eines Frankreichs in Stein meißeln wird, das in einem befreiten Europa zu seiner vollen Freiheit und seinem alten Ruhm wiedererstanden ist. Jedoch die Überzeugung von dieser Zukunft, von der ich durchdrungen bin, kann die unmittelbaren Probleme nicht beeinflussen, vor denen wir im Mittelmeer und in Afrika stehen. Einige Zeit vor dem Beginn dieses Krieges wurde beschlossen, das Protektorat Somaliland nicht zu verteidigen. Diese Politik wurde in den ersten Kriegsmonaten abgeändert. Als die Franzosen sich ergaben und unsere kleinen Streitkräfte in diesem Gebiet – sie bestanden aus ein paar Bataillonen und einigen Geschützen – von den italienischen Truppen in der Stärke von nahezu zwei Divisionen, die früher den Franzosen bei Dschibuti gegenübergestanden hatten, angegriffen wurden, bestand das einzig richtige Verfahren darin, unsere Abteilungen, die so gut wie unversehrt waren, für Aktionen an anderen Stellen abzuziehen. Bedeutend größere Operationen stehen zweifellos auf dem mittelöstlichen Kriegsschauplatz bevor, und ich werde gewiß nicht versuchen, ihren wahrscheinlichen Verlauf zu diskutieren oder vorherzusagen. Wir verfügen über große Armeen und viele Möglichkeiten, sie zu verstärken. Wir haben vollständige Seeherrschaft über das östliche Mittelmeer. Wir beabsichtigen, nach besten Kräften unseren Mann zu stellen und getreulich und entschlossen die Pflichten und Aufgaben zu erfüllen, die uns in diesem Teil der Welt gestellt sind. Ich glaube nicht, daß das Haus von mir verlangen wird, daß ich in diesem Augenblick mehr darüber sage.

Viele Leute haben mich schriftlich gebeten, bei dieser Gelegenheit eine vollständigere Erklärung über unsere Kriegsziele und über den Charakter des Friedens, den wir nach Beendigung des Krieges herbeiführen wollen, abzugeben, als sie in der sehr beachtenswerten Deklaration enthalten ist, die zu Beginn des Herbstes gemacht worden ist. Seitdem haben wir mit Norwegen, Holland und Belgien gemeinsame Sache gemacht. Wir haben die tschechische Regierung Doktor Beneschs anerkannt und General de Gaulle versichert, daß unser Sieg die Wiederherstellung Frankreichs mit sich bringen wird. Ich glaube nicht, daß es klug wäre, sich in diesem Augenblick, da die Schlacht wütet und der Krieg sich vielleicht noch in seinen Anfangsstadien befindet, auf ausführliche Spekulationen darüber einzulassen, wie Europa in der Zukunft gestaltet werden soll oder welche neuen Sicherheitsvorkehrungen getroffen werden müssen, um der Menschheit das Elend eines dritten Weltkrieges zu ersparen. Es ist dies kein unbekanntes Terrain; oft wurde es durchquert und erforscht, und alle gutgesinnten und freien Menschen haben gewisse Vorstellungen darüber gemeinsam. Aber bevor wir uns der Aufgabe des Wiederaufbaus unterziehen können, müssen wir nicht bloß selbst überzeugt sein, sondern wir müssen auch alle anderen Länder davon überzeugen, daß die Nazi-Tyrannei am Ende vernichtet werden wird. Das Recht, den Lauf der Weltgeschichte zu lenken, ist der höchste Siegespreis. Wir klimmen jetzt noch mühsam bergaufwärts; wir haben den Gipfel noch nicht erreicht; wir können die Landschaft noch nicht überblicken, ja nicht einmal uns vorstellen, wie sie aussehen wird, wenn jener langersehnte Morgen anbricht. Die unmittelbar vor uns liegende Aufgabe ist von mehr praktischer Natur, sie ist zugleich einfacher und schwieriger. Ich hoffe, ich bete, daß wir uns unseres Sieges nicht unwürdig erweisen mögen, wenn er uns nach schweren Mühen und Heimsuchungen gegönnt sein wird. Im übrigen haben wir den Sieg zu erkämpfen. Dies und nichts anderes ist unsere Aufgabe.

In einer Richtung jedoch vermag ich etwas klarer in die Zukunft zu blicken. Wir haben nicht nur an uns zu denken, sondern an die dauernde Sicherung der Sache und der Prinzipien, für die wir kämpfen, und an die weite Zukunft der Britischen Völkerfamilie. Vor einigen Monaten sind wir zu dem Schlusse gekommen, daß die Interessen der Vereinigten Staaten und des Britischen Weltreiches es gleichermaßen erfordern, daß die Vereinigten Staaten über Möglichkeiten für die Flotten- und Luft-Verteidigung der westlichen Hemisphäre verfügen gegen den Angriff einer Nazi-Macht, die einen großen Teil Westeuropas für vorübergehende, aber längere Zeit unter ihre Herrschaft gebracht haben könnte. Wir haben deshalb spontan, ohne daß wir darum gebeten oder daß uns irgendwelche Gegenleistungen angeboten worden wären, beschlossen, der Regierung der Vereinigten Staaten mitzuteilen, daß wir ihr gerne solche Verteidigungsmöglichkeiten zur Verfügung stellen wollen, indem wir den Vereinigten Staaten passende Territorien in unseren transatlantischen Besitzungen verpachten, um ihre Sicherung gegen die unabsehbaren Gefahren der Zukunft zu verstärken. Das Prinzip der Interessengemeinschaft zur Erreichung gemeinsamer Ziele hatte sich zwischen Großbritannien und den Vereinigten Staaten bereits vor dem Kriege entwickelt. Es waren verschiedene Abkommen getroffen worden bezüglich gewisser kleiner Inseln im Pazifischen Ozean, die als Flugzeug-Tankstationen Bedeutung erlangt hatten. Wir befanden uns bei all diesen Erwägungen in engster Übereinstimmung mit der kanadischen Regierung.

Wir erfuhren alsbald, daß auch die Vereinigten Staaten um die Verteidigung ihrer atlantischen Küste zur Luft und zur See besorgt waren, und Präsident Roosevelt hat uns kürzlich wissen lassen, daß er mit uns sowie mit Kanada und Neufundland über eine Erweiterung der Möglichkeiten zur Benutzung von Neufundland und Westindien durch die amerikanische Flotte und Luftwaffe verhandeln möchte. Es ist natürlich keine Rede von einer Abtretung von Hoheitsrechten – dergleichen ist niemals vorgeschlagen worden – oder davon, ohne die Zustimmung oder gegen den Wunsch der betreffenden Kolonien irgendwelche Schritte zu unternehmen; aber soweit es an uns liegt, ist die Regierung Seiner Majestät durchaus bereit, den Vereinigten Staaten die Errichtung von militärischen Stützpunkten auf der Grundlage eines für 99 Jahre geltenden Pachtvertrags zu ermöglichen, und wir sind der festen Überzeugung, daß dadurch unseren Interessen nicht weniger als den amerikanischen gedient sein wird, und ebenso auch denen der Kolonien selbst sowie denen Kanadas und Neufundlands. Dies sind zweifellos bedeutsame Entschlüsse. Sicherlich bedeutet diese Tatsache, daß die beiden großen Organisationen der angelsächsischen Demokratien, das Britische Weltreich und die Vereinigten Staaten, gewisse Angelegenheiten mehr oder minder gemeinsam werden behandeln müssen, zu ihrem wechselseitigen und zum allgemeinen Nutzen. Ich selbst kann, wenn ich in die Zukunft blicke, diesen Prozeß ohne jedes Bedenken betrachten. Ich könnte ihn nicht aufhalten, wenn ich wollte; niemand kann ihn aufhalten. Wie die Wogen des Mississippi fließt er immerzu weiter fort.* Möge er weiterfließen in breiten Fluten, unerbittlich, unwiderstehlich, helleren Gefilden und besseren Tagen entgegen.

* Eine im Deutschen nicht ganz wiederzugebende Anspielung auf das bekannte Lied »Ol' Man River«.

An das französische Volk

21. Oktober 1940, Rundfunk

Mit der Umschrift auf der alten französischen Münze Louisdor, »Gott schützt Frankreich«, verhieß Churchill dem französischen Volk, daß Hitler eines Tages besiegt und Frankreich wieder frei sein werde.

Franzosen! Mehr als dreißig Jahre lang bin ich, in Zeiten des Friedens und des Krieges, mit euch marschiert, und ich marschiere noch immer mit euch, auf derselben Straße. Heute spreche ich zu euch, die ihr in euren Stuben sitzt, wo immer sie auch sein mögen, was immer auch euer Schicksal ist. Ich wiederhole die Gebetworte, die in den Louisdor eingeprägt sind: »Dieu protège la France.« Hier bei uns in England, unter dem Feuer der Deutschen, vergessen wir nicht die Bande, die uns mit Frankreich vereinen; standhaft und guten Mutes kämpfen wir für die Sache der Freiheit Europas, um eine gerechte Ordnung für die einfachen Menschen aller Länder herbeizuführen; denn dafür haben wir gemeinsam mit euch zum Schwerte gegriffen. Wenn brave Menschen in Schwierigkeiten geraten, weil sie von ruchlosen Bösewichten angegriffen und zu Boden geworfen werden, so müssen sie sich ungemein in acht nehmen, daß unter ihnen kein Streit entsteht. Der gemeinsame Feind versucht stets, das herbeizuführen; und natürlich ereignet sich in Zeiten des Unglücks mancherlei, das nur dem Feinde zum Vorteil gereicht. Wir müssen die Dinge, so wie sie sich ergeben, nach Möglichkeit zum besten wenden.

Hier in London, das Hitler versprochen hat, in Schutt und Asche zu legen, das seine Flugzeuge nun bombardieren, trägt unser Volk sein Schicksal, ohne mit der Wimper zu zucken. Unsere Luftwaffe hat mehr getan, als sich bloß zu verteidigen. Wir warten auf die seit langem versprochene Invasion. Die Fische warten auch. Aber das ist für uns natürlich nur der Anfang. In diesem Jahre 1940 beherrschen wir, trotz gelegentlichen Verlusten, wie immer die Meere. Im Jahre 1941 werden wir die Luft beherrschen. Bedenkt, was das heißt! Hitler hat es fertiggebracht, mit seinen Tanks und anderen mechanischen

Waffen und durch die Intrigen seiner Fünften Kolonne mit den Verrätern, für den Augenblick die Mehrzahl der hervorragendsten Völker Europas zu unterwerfen; sein kleiner italienischer Komplize trottet hoffnungsvoll und hungrig, zugleich aber müde und recht furchtsam, an seiner Seite einher. Sie beide wollen Frankreich und sein Weltreich aufteilen, wie man ein Huhn tranchiert: Der eine bekommt ein Bein, der andere einen Flügel oder vielleicht ein Stück Brust. Nicht bloß das französische Weltreich wollen diese beiden unerfreulichen Zeitgenossen verschlingen, sondern auch Elsaß-Lothringen soll wiederum unter das deutsche Joch gezwungen werden, und Nizza, Savoyen und Korsika – Napoleons Korsika – sollen aus dem schönen Frankreich herausgerissen werden. Hitler ist aber nicht nur darauf bedacht, anderer Leute Land zu stehlen und seinem kleinen Verbündeten einige Brocken hinzuwerfen. Wahrhaftig. Ihr müßt mir glauben, wenn ich sage, daß dieser böse Mensch, diese Spottgeburt aus Haß und Vernichtungswillen, nichts Geringeres im Sinn hat, als die französische Nation zu zerstören, ihr ganzes Leben, ihre Zukunft zu vernichten. Mit listigen und gewaltsamen Mitteln aller Art trachtet er danach und arbeitet daraufhin, für immer die Quelle der Eigenart der französischen Kultur und des französischen Einflusses auf die Welt zum Versiegen zu bringen. Wenn er seinen Willen hat, dann wird ganz Europa zu einem einzigen, gleichgeschalteten Boche-Land herabgewürdigt werden, das von seinen Nazi-Herren ausgebeutet, geplündert und tyrannisiert werden wird. Ihr müßt mir verzeihen, wenn ich die Dinge beim richtigen Namen nenne, aber es ist jetzt nicht die Zeit für beschönigende Worte. Es handelt sich nicht darum, daß Frankreich jetzt eine Niederlage von seiten Deutschlands zu ertragen hat, sondern daß es zur völligen Vernichtung verurteilt werden soll. Armee, Flotte, Luftwaffe, Religion, Recht, Sprache, Kultur, öffentliche Einrichtungen, Literatur, Geschichte und Tradition, sie alle sollen ausgelöscht werden durch die brutale Gewalt einer triumphierenden Armee und die wissenschaftliche Tücke und Brutalität einer gewissenlosen Polizei.

Franzosen, wappnet euch von neuem im Geist, bevor es zu spät ist. Denkt daran, wie Napoleon vor einer seiner Schlachten sagte: »Dieselben Preußen, die heute so prahlerisch tun, waren uns bei Jena dreifach an Zahl überlegen und bei Montmirail neunfach.« Niemals werde ich glauben können, daß Frankreichs Geist tot sei. Niemals werde ich glauben, daß es für immer seinen Platz unter den großen Nationen der Welt verloren habe. Alle Komplotte und Verbrechen Hitlers werden über ihn und über alle, die seinem System angehören, eine Vergeltung heraufbeschwören, die viele von uns noch miterleben werden. Diese Geschichte ist noch nicht beendet, aber sie wird nicht gar so lang sein. Wir sind ihm auf den Fersen, und ebenso unsere Freunde jenseits des Atlantischen Ozeans, *eure* Freunde jenseits des Atlantischen Ozeans. Und wenn er uns nicht vernichten kann, so werden wir sicherlich ihn und seine ganze Bande samt ihren Werken vernichten. Deshalb seid guten Mutes und guten Glaubens, denn alles wird wieder gut werden.

Was wollen nun wir Engländer von euch in dieser harten und bitteren Zeit? Was wir von euch wollen, ist, daß ihr in diesem Augenblick unseres Kampfes um einen Sieg, den wir mit euch teilen werden, uns, wenn ihr uns schon nicht helfen könnt, zumindest nicht in den Arm fallt. In kurzem werdet ihr die Macht des Armes, der für euch kämpft, noch verstärken können; und das sollt ihr tun. Aber schon glauben wir, daß das Herz jedes Franzosen, wo immer er sein mag, höher schlägt, wenn wir einen Erfolg zur Luft oder zur See errungen haben, oder – was auch kommen wird – zu Lande.

Seid dessen gewiß, daß wir niemals innehalten, niemals ermüden, niemals den Kampf aufgeben werden, daß unser ganzes Volk und Weltreich es sich gelobt haben, Europa von der Nazi-Pest zu befreien und die Welt vor einem neuerlichen Mittelalter zu retten. Glaubt nicht, was euch der unter deutscher Kontrolle stehende Rundfunk einredet, daß wir Engländer euch eure Schiffe und Kolonien wegnehmen wollen. Wir wollen Hitler und der Hitlerei den Garaus machen. Nur das, immer das und bis zum Ende das. Wir begehren nichts von irgendeinem Volk, es sei denn seine Achtung. Diejenigen Franzosen, die im französischen Kolonialreich und im sogenannten unbesetzten Frankreich leben, mögen von Zeit zu Zeit eine Gelegenheit zu nützlicher Betätigung wahrnehmen. Ich möchte nicht auf Einzelheiten eingehen. Der Feind lauscht unseren Worten. Was diejenigen betrifft, denen unsere Herzen besonders entgegenschlagen, da sie unter der strengen Herrschaft, Unterdrückung und Beobachtung der Hunnen leben – was also die Franzosen in den besetzten Gebieten betrifft, so sage ich ihnen: wenn ihr an die Zukunft denkt, so gedenkt der Worte, die der große Franzose Thiers nach dem Jahre 1870 über Frankreichs Zukunft und das, was da kommen sollte, aussprach: »Immer daran denken, nie davon sprechen.«

Gute Nacht denn, schlaft wohl, um euch für den Morgen zu stärken. Denn der Morgen wird kommen. Hell wird er für die leuchten, die tapfer und wahrhaft sind, freundlich für die, die um der gerechten Sache willen leiden; die Gräber der Helden wird er mit Ruhmesglanz bedecken. Ein solcher Morgen wird anbrechen. Vive la France! Und hoch lebe auch der Kampf der einfachen Menschen in allen Ländern um ihr rechtmäßiges und wahrhaftes Erbe, ihren Fortschritt zu besseren und vollkommeneren Zeiten.

Gebt uns das Werkzeug

9. Februar 1941, Rundfunk

Nach der Wiederwahl Präsident Roosevelts 1940 stand im Frühjahr 1941 im amerikanischen Kongreß die Beratung über das Pacht-und-Leih-Gesetz an, mit dem der US-Präsident ermächtigt wurde, Kriegsschiffe, Waffen und Rohstoffe an England ohne Barzahlung zu liefern. Churchills Rede war in erster Linie für amerikanische Hörer bestimmt. Er zitierte aus einem Gedicht des populären amerikanischen Poeten Henry Wadsworth Longfellow (1807–1882), das Roosevelt in einem Handschreiben an ihn wiedergegeben hatte. Da sich die USA noch nicht im Kriegszustand mit Deutschland befanden, endete seine Aufforderung, Waffen zu liefern, mit einer Metapher: »Gebt uns das Werkzeug, und wir werden den Job erledigen.«

Fünf Monate ist es her, seit ich zur britischen Nation und dem Empire über den Rundfunk sprach. In Kriegszeit gilt der Satz: »Taten, nicht Worte.« Dennoch ist es gut, von Zeit zu Zeit Umschau zu halten und Inventur zu machen. Fest steht, daß unsere Angelegenheiten in den letzten vier oder fünf Monaten in vieler Hinsicht gut vorwärtsgekommen sind, sogar viel besser vorwärtsgekommen sind, als die meisten von uns zu hoffen gewagt haben.

Wir haben standgehalten und den beiden Diktatoren die Stirne geboten in der Stunde ihres, wie es schien, überwältigenden Triumphs. Ja, wir haben uns soweit fähig erwiesen, allein gegen sie aufzustehen. Nach den schweren Niederlagen, welche der deutschen Luftwaffe durch unsere Jäger im August und September bereitet wurden, durfte Herr Hitler die Invasion dieser Insel nicht wagen, obwohl er sie unbedingt brauchte und obwohl er die ausgedehntesten Vorbereitungen dafür getroffen hatte. Da dieses gewaltige Projekt vereitelt worden war, versuchte er den Mut der britischen Nation durch Bombardierungen, zuerst Londons und dann unserer anderen großen Städte, zu zerbrechen. Es hat sich aber erwiesen, zur Bewunderung der Welt und unserer Freunde in den Vereinigten Staaten, daß diese Form der Erpressung, durch Mord und Terror, den Mut der britischen Nation keineswegs zum Sinken brachte, sondern daß sie ihn bloß zu einer größeren und allumfassenderen Flamme anblies, als je zuvor in einem modernen Gemeinwesen zu sehen gewesen war.

Das gesamte britische Empire war stolz auf das Mutterland und es verlangt, in immer größerer Zahl, hier bei uns zu sein. Wir sind uns zutiefst der Liebe bewußt, die aus den Krondominien über den weiten Ozean zu uns herüber flutete. *Hier* liegt das erste unserer Kriegsziele: würdig zu sein dieser Liebe und sie zu erhalten.

Während der dunklen Wintermonate hatte der Feind die Macht, drei und vier Tonnen Bomben auf uns fallen zu lassen, für jede Tonne, die wir zur Vergeltung auf Deutschland abwerfen konnten. Wir tun alles, damit es alsbald eher umgekehrt sein wird. In der Zwischenzeit müssen London und unsere großen Städte es hinnehmen, zertrümmert zu werden. Sie erinnern mich an die britischen Karrees bei Waterloo. Es sind keine Karrees von Soldaten und sie tragen keine scharlachroten Röcke. Es sind einfach Männer, Frauen und Kinder aus England, Schottland und Wales, die standhaft ausharren. Aber es ist der gleiche Mut, es ist der gleiche Ruhm, und ihr Sieg wird schließlich größer sein als der weitberühmte von Waterloo.

Alle Ehre gebührt den Civil Defence Services jeder Art – gleichgültig, ob es Hilfsverbände oder reguläre Verbände, freiwillige oder Berufsverbände sind –, die unserem Volk durch diese schreckliche Feuerprobe hindurchgeholfen haben, eine Feuerprobe, wie sie nie zuvor ein zivilisiertes Gemeinwesen auf sich nehmen mußte. Wenn ich bloß einen dieser Dienste hier erwähne, nämlich die Polizei, so geschieht es ausschließlich, weil den anderen bereits verschiedentlich Lob gespendet wurde. Nichtsdestoweniger war die Polizei während der ganzen Zeit überall mit dabei, und wie eine Arbeiterin mir schrieb: »Was für Gentlemen sind das!«

Mehr als zwei Drittel des Winters sind nun vorüber, und wir hatten keine ernstzunehmenden Epidemien. Die Krankheiten haben, trotz der bloß behelfsmäßigen Einrichtung der Luftschutzräume, keine Zunahme erfahren. Das macht unseren lokalen Gesundheits- und Sanitätsbehörden und unseren aufopfernden Pflegerinnen alle Ehre und auch dem Gesundheitsministerium, dessen Leiter Malcolm MacDonald jetzt nach Kanada auf den wichtigen Posten eines Hochkommissars geht.

Und noch etwas überraschte mich, als ich mich darnach erkundigte. Trotz der neuen Vergehen in Kriegszeiten und ihrer gerichtlichen Verfolgung, trotz aller Gelegenheit zum Plündern und zum Aufruhr wurden in diesem Winter weniger Verbrechen begangen und es befinden sich weniger Häftlinge in unseren Gefängnissen als in Friedenszeiten.

Den schlimmsten Winter haben wir hinter uns. Die Tage werden länger. Die Royal Air Force wächst und ist bestimmt bereits Herrin des Luftraums am Tage. Die Angriffe können härter werden, aber sie werden kürzer sein. Es wird mehr und bessere Gelegenheiten geben zu arbeiten, Pflichten aller Art zu erfüllen und sich des Lebens zu freuen. Wenn es unser erster Sieg war, den Eindringling zurückzuschlagen, dann war der zweite die Vereitelung seiner Terrorhandlungen und seiner Folterung der Menschen bei uns zu Hause.

Inzwischen hat sich draußen in der Welt im Oktober etwas Wunderbares ereignet. Der eine der beiden Diktatoren – der geriebene, kaltblütige, gewissenlose Italiener, der ein Imperium billig zu gewinnen dachte, indem er dem zusammengebrochenen Frankreich in den Rücken fiel, geriet in Schwierigkeiten. Ohne im geringsten provoziert worden zu sein, allein von der Freude an der Gewalt und von viehischer Gier getrieben, griff Mussolini Griechenland an, brach in das Land ein und wurde von der heldenhaften griechischen Armee mit Schimpf und Schande zurückgejagt. Vor unseren Augen hat diese Armee, wenn ich so sagen darf, die Heldentaten wieder auferstehen lassen, die seit dem klassischen Altertum die Zier ihrer Heimat waren. Während Signor Mussolini unter dem griechischen Hieb in Albanien sich krümmte und litt, erhielten die Generäle Wavell und Wilson – die in Erfüllung unserer vertraglichen Verpflichtungen mit der Verteidigung Ägyptens und des Suezkanals betraut waren, eine Aufgabe, die zeitweilig überaus schwierig schien – mächtige Verstärkung an Soldaten,

Kanonen, Ausrüstung und vor allem an Tanks, die wir von unserer Insel gesandt hatten, trotz der drohenden Invasion. Große Mengen Truppen aus Indien, Australien und Neuseeland langten ebenfalls an. Alsbald begann die Reihe der Siege in Libyen, welche die italienische Militärmacht auf dem afrikanischen Festlande in nicht wiedergutzumachender Weise zusammenbrechen ließ. Wir freuten uns alle, und, wie ich hoffe, erbauten uns an der Bloßstellung und Demütigung dessen, was Byron nannte:

> Those Pagod things of sabre sway,
> With fronts of brass, and feet of clay.*

Hier in Libyen trat das dritte bedeutsame Ereignis ein, bei dem wir mit einiger Genugtuung verweilen können. Es sind heute, genau auf den Tag, zwei Monate, daß ich ängstlich, aber auch begierig auf Nachrichten über den großen Gegenschlag wartete, den wir gegen die italienischen Angreifer Ägyptens geplant hatten. Das Geheimnis war gut gewahrt worden. Die Vorbereitungen waren gut getroffen worden. Dennoch war es ein sehr gefährliches Wagestück, siebzig Meilen durch die Wüste vorzustoßen und eine aus zehn bis elf Divisionen bestehende Armee, die mit allen Mitteln des modernen Krieges ausgerüstet war und sich drei Monate lang verstärkt hatte, anzugreifen.

Als der glorreiche, entscheidende Sieg von Sidi Barrani bewies, wir seien an Qualität, Manövrierfähigkeit und Waffen dem Feind überlegen, der mit seiner Männlichkeit und seinen militärischen Tugenden so sehr geprahlt hatte, wurde es offensichtlich, daß sich auch die übrigen italienischen Streitkräfte in Ostlibyen in großer Gefahr befanden. Längs der Küstenstraße konnten sie sich nicht zurückziehen, ohne Gefahr zu laufen, auf freiem Feld von unseren Panzerdivisionen und Brigaden gefangen zu werden, die zu gewaltigen Handstreichen und

* Das Pagodenzeug der Säbelherrschaft,
Die Fassaden aus Erz, das Fundament aus Ton.

Einkreisungsmanövern weit in der Wüste herumstreiften. Sie mußten sich also der Gefahr aussetzen, einzeln angegriffen zu werden.

General Wavell – nein, alle unsere Kommandanten und alle ihre geschmeidigen, tatkräftigen, eifrigen Leute, Briten, Australier und Inder in der Empirearmee erkannten die günstige Gelegenheit. Damals wagte ich General Wavells Aufmerksamkeit auf das siebente Kapitel, Vers sieben, des Evangeliums Matthäi zu lenken, wo, wie Sie alle wissen – oder wissen sollten – geschrieben steht: »Bittet, so wird euch gegeben; suchet, so werdet ihr finden; klopfet an, so wird euch aufgetan.« Die Nilarmee bat und es wurde ihr gegeben; sie suchte und hat gefunden; sie klopfte an und es wurde ihr aufgetan. In bloß acht Wochen wurde in einem Feldzug, der lange als Muster der Kriegskunst studiert werden wird, ein Vormarsch von 400 Meilen ausgeführt. Die gesamte italienische Armee im Osten Libyens, die auf mehr als 150000 Mann geschätzt worden war, geriet in Gefangenschaft oder wurde zerschlagen. Die ganze Provinz Cyrenaika – die beinahe so groß wie England und Wales ist – wurde erobert. Die unglücklichen Araberstämme, die vierzig Jahre lang unter der Grausamkeit der italienischen Herrschaft litten, die in manchen Fällen bis zur systematischen Ausrottung ging, diese überlebenden Beduinen haben wenigstens ihre Unterdrücker auf ungeordneter Flucht gesehen oder als sie in endlosen Scharen als Kriegsgefangene abgeführt wurden.

Ägypten und der Suezkanal sind außer Gefahr. Der Hafen, die Basis und die Flugfelder von Benghasi haben höchste strategische Bedeutung für den ganzen Krieg im östlichen Mittelmeer.

Dies ist der gegebene Moment, glaube ich, von den Leitern zu sprechen, die an der Spitze ihrer prächtigen Truppen dem König diesen hervorragenden Dienst geleistet haben. Der erste und ranghöchste, General Wavell, Oberkommandant aller Armeen im Mittleren Orient, hat sich als Meister des Krieges, als klug, sorgfältig, kühn und unermüdlich erwiesen. Aber General Wavell hat immer wieder verlangt, daß auch andere an seinem Ruhm teilhaben.

General Wilson, der gegenwärtig die Nilarmee kommandiert, galt als einer unserer besten Taktiker – und nur wenige werden ihm jetzt die Eigenschaft absprechen. General O'Connor, Kommandant des 13. Korps, gemeinsam mit General Mackay, der die herrlichen Australier kommandierte, und General Creagh, der die verschiedenen Panzerdivisionen, die zum Einsatz kamen, ausbildete und kommandierte, führte die komplizierten und erstaunlich raschen Bewegungen durch und leitete die Gefechte. Soeben erhielt ich ein Telegramm General Wavells, in dem dieser sagt, der Erfolg bei Benghasi sei der hervorragenden Führung und Entschlossenheit von O'Connor und Creagh zu danken, die von Wilson geschickt unterstützt wurden.

Ich darf hier nicht vergessen, auf die verblüffenden mechanischen Kunststücke der britischen Tanks hinzuweisen, deren Entwurf und Ausführung alle Rekorde geschlagen und alle Prüfungen bestanden haben. Sie zeigen uns, wie eng und direkt die Arbeit der Fabriken in der Heimat mit den Siegen draußen zusammenhängt.

Natürlich wären alle unsere Pläne erfolglos geblieben, hätten nicht unsere Piloten unter Luftmarschall Longmore einem zahlenmäßig weit überlegenen Feind die Kontrolle des Luftraums entrissen. Ebenso wäre der Feldzug selbst undurchführbar geblieben, hätte nicht die britische Mittelmeerflotte unter Admiral Cunningham die Italiener in ihre Häfen zurückgejagt und jeder Vorwärtsbewegung der Armee die volle Unterstützung gewährt, über die eine Seemacht verfügt. Wie weit diese Unterstützung geht, sehen wir aus dem, was heute beim Morgengrauen geschah, als unsere Westmittelmeerflotte unter Admiral Somerville in den Golf von Genua einfuhr und diese Flottenbasis, aus der ein nazideutsches Expeditionskorps vielleicht bald hätte ausfahren können, um General Weygand in Algier oder Tunis anzugreifen, vernichtend bombardierte. Es ist ganz recht, wenn das italienische Volk merkt, in welche traurige Lage es der Diktator Mussolini gebracht hat. Und wenn die Kanonade von Genua, die Küste entlang rollend und aus den Bergen widerhallend, das Ohr unserer französischen Kameraden in all ihrem Kummer und Elend erreicht, dann mag sie sie mit dem Gefühl trösten, daß Freunde – tätige Freunde – nahe sind und daß Britannia die Meere beherrscht.

Die Ereignisse in Libyen sind nur ein Teil der Geschichte: sie sind nur ein Teil der Geschichte des Verfalls und Zusammenbruchs des italienischen Imperiums, die aber einen kommenden Gibbon weniger Zeit kosten wird als das ursprüngliche Werk. Fünfzehnhundert Meilen entfernt im Süden marschiert eine starke britisch-indische Armee, welche die Eindringlinge aus dem Sudan vertrieben hat, gleichmäßig ruhig durch die italienische Kolonie Eritrea und sucht damit die italienischen Truppen in Abessinien völlig zu isolieren. Andere britische Streitkräfte dringen von Westen her in Abessinien ein, während die in Kenia zusammengezogene Armee – in deren Vorhut wir mächtige Streitkräfte aus der Südafrikanischen Union erkennen, die General Smuts aufgestellt hat – in nördlicher Richtung an der ganzen riesigen Front zuschlägt. Schließlich haben auch die äthiopischen Patrioten, denen man vor fünf Jahren die Unabhängigkeit geraubt hat, zu den Waffen gegriffen. Ihr Kaiser, der vor kurzem noch als Verbannter in England lebte, ist unter ihnen, um für ihre Freiheit und seinen Thron zu kämpfen. Hier sehen wir nun die Anfänge eines Prozesses der Wiedergutmachung und der Bestrafung für begangenes Unrecht, die uns daran erinnern, daß Gottes Mühlen zwar langsam, aber überaus fein mahlen.

Während diese glücklichen Ereignisse uns Schritt um Schritt aus einer, wie manche meinten, verlorenen Situation – und tatsächlich war sie auch im Mai und Juni sehr ernst – in eine Situation führten, in der wir mit nüchternem Vertrauen sagen dürfen, wir werden in der Zukunft unsere Pflicht erfüllen, wie schwer sie auch sein mag – während all dies geschah, begann eine mächtige Flut von Sympathie, Wohlwollen und tatkräftiger Hilfe über den Ozean zu fließen, um der Sache der Welt, die hier auf dem Spiele stand, zu dienen. Amerikaner von Rang kamen herüber und studierten die Dinge bei uns an der Front, damit sie herausfänden, wie die Vereinigten Staaten uns am besten und raschesten helfen könnten. In Mr. Hopkins begrüßten wir den Gesandten des Präsidenten, eines Präsidenten, der jüngst zu diesem hohen Amt wiedergewählt wurde, und in Mr. Wendell Willkie den Champion der großen Republikanischen Partei. Wir können sicher sein, beide werden wahrheitsgetreu berichten, was sie hier gesehen haben, und mehr verlangen wir nicht. Das übrige überlassen wir vertrauensvoll dem Präsidenten, dem Kongreß und dem Volk der Vereinigten Staaten.

Seit ich Premierminister bin, habe ich mich sorgsam gehütet, falsche Hoffnungen zu nähren oder zu prophezeien, es würde glatt und leicht gehen; gleichwohl muß, was ich heute zu erzählen habe, uns begründeten Anlaß zu tiefer Dankbarkeit und, wie ich meine, zu großem Trost, ja sogar zur Freude geben. Dennoch muß ich jetzt bei einem ernsteren, finstereren und gefahrdrohenderen Aspekt des weitgespannten Kriegsgeschehens verweilen. Wir alle müssen uns schon gefragt haben: Was hat dieser verruchte Mensch, dessen von Verbrechen besudeltes Regime und System nicht mehr aus und ein weiß, in diesen Wintermonaten vorbereitet? Welche teuflische Tat plant er wieder? Welches kleine Land will er wieder überrennen oder niederschlagen? Welche neue Form des Sturmangriffs wird er jetzt gegen diese Insel, unser Heim und unsere Festung, unternehmen? Denn darüber dürfen wir uns nicht täuschen: Sie allein steht zwischen ihm und der Weltherrschaft.

Wir können sicher sein, daß der Krieg bald in eine Phase noch größerer Heftigkeit treten wird. Hitlers Verbündeter, Mussolini, mußte in Albanien zurückgehen. Aber die Nazis – nachdem sie Ungarn eingesteckt und Rumänien in schreckliche internationale Verwicklung gestürzt haben – stehen bereits am Schwarzen Meer. Eine ansehnliche nazideutsche Armee und Luftwaffe wird in Rumänien aufgebaut und hat ihre Fühler schon nach Bulgarien ausgestreckt. Mit – wie wir annehmen müssen – Zustimmung der bulgarischen Regierung werden Flugfelder von einigen tausend deutschen Bodenmannschaften besetzt, um der deutschen Luftwaffe den Einsatz von Bulgarien aus zu ermöglichen. Vorbereitungen für deutsche Truppenverschiebungen in oder durch Bulgarien wurden getroffen, und vielleicht hat diese Bewegung bereits begonnen.

Wir sahen, was im vergangenen Mai in den Niederlanden geschehen ist. Wie die Niederländer das Beste hofften, wie sie sich an ihre Neutralität anklammerten und wie jämmerlich sie getäuscht, überwältigt, ausgeplündert, versklavt und seither ausgehungert wurden. Wir wissen, was wir und die Franzosen durchgemacht haben, als wir im letzten Augenblick, auf den dringenden, aber verspäteten Appell des Königs der Belgier, zu Hilfe eilten. Nur wenn alle Balkanvölker gemeinsam füreinander einstehen und gemeinsam handeln wollten, unterstützt von Großbritannien und der Türkei, dann würde es Monate brauchen, bevor eine deutsche Armee und Luftwaffe von genügender Stärke in Südosteuropa beisammen wäre, um sie zu überwältigen. Und in diesen Monaten könnte einiges geschehen. Vieles wird sicher geschehen, während die Hilfe Amerikas wirksam wird, während unsere Luftmacht wächst, während wir eine gut gerüstete Nation werden, während unsere Armeen im Osten an Bestand zunehmen. Aber nichts ist so sicher wie dieses eine: Wenn die Länder Südosteuropas es selbst zulassen, daß eines nach dem anderen in Stücke gerissen wird, dann werden sie das Schicksal Dänemarks, Hollands und Belgiens teilen. Und niemand vermag dann zu sagen, wie lange es dauern kann, bevor die Stunde ihrer Befreiung schlägt.

Eine unserer Schwierigkeiten besteht darin, ein paar neutrale Länder in Europa zu überzeugen, wir würden siegen. Wir finden es erstaunlich, daß diese so vernagelt sein können, das nicht ebenso klar wie wir selber zu sehen. Im letzten Krieg, es war im Juli 1915, als wir merkten, daß es mit Bulgarien schiefging, luden Mr. Lloyd George, Mr. Bonar Law, Sir F. E. Smith und ich den bulgarischen Minister zum Essen ein, um ihm klarzumachen, wie sehr König Ferdinand sich blamieren würde, wenn er auf der Seite der Unterliegenden in den Krieg einträte. Es half nichts. Der arme Mann konnte es einfach nicht glauben, oder er konnte es seiner Regierung nicht beibringen. So geriet Bulgarien, entgegen den Wünschen seiner friedliebenden Bevölkerung, entgegen allen seinen Interessen, ins Schlepptau des Kaisers und wurde, nachdem der Sieg errungen war, arg beschnitten und gestraft. Ich glaube, Bulgarien ist jetzt im Begriffe, denselben Fehler zu wiederholen. Wenn es geschieht, dann werden die bulgarischen Bauern und das Volk, die sowohl in Großbritannien wie in den Vereinigten Staaten große Achtung genossen, zum drittenmal in dreißig Jahren gezwungen sein, sich auf einen unnötigen und unheilvollen Krieg einzulassen.

Im Zentrum des Mittelmeeres versuchen der italienische Quisling namens Mussolini und der französische Quisling, gewöhnlich Laval genannt, jeder auf seine Art, aus ihren Ländern eine Fußmatte für Hitler und seine Neue Ordnung zu machen, weil sie damit hoffen, allein oder mit Hilfe der Nazi-Gestapo und der preußischen Bajonette, die Herrschaft über die eigenen Landsleute aufrechterhalten zu können. Ich kann nicht sagen, wie alles kommen wird, wir aber werden auf jeden Fall auch für diese Länder kämpfen, wie wir nur können.

Sie werden wohl alle, wie ich annehmen darf, die höchst bedeutsame Luftschlacht, die vor vierzehn Tagen über Malta geschlagen wurde, beachtet haben. Die Deutschen schickten ein ganzes Geschwader von Sturzkampfbombern nach Sizilien. Sie beschädigten unseren neuen Flugzeugträger »Illustrious« schwer und konzentrierten, als das havarierte Schiff im Schutz des Hafens von Malta lag, ihre ganze Kraft darauf, es vollends zu zerschlagen. Sie stießen aber auf die Batterien von Malta, das eine der gegen Luftangriffe am besten geschützten Festungen der Welt ist, und sie stießen auf die Fleet Air Arm und die Royal Air Force. Innerhalb von zwei oder drei Tagen verloren sie von hundertfünfzig Sturzkampfbombern mehr als neunzig. Fünfzig wurden abgeschossen, vierzig auf dem Boden zerstört. Obgleich der »Illustrious«, in seinem havarierten Zustand, eine leichte Beute des Luft- und Seekrieges war, nahm das deutsche Geschwader die Niederlage auf sich; es hatte keine Lust mehr wiederzukommen. Die notwendigen Reparaturen wurden im Hafen von Malta an der

»Illustrious« vorgenommen, und er dampfte aus eigener Kraft, mit 23 Knoten Geschwindigkeit, sicher nach Alexandrien. Ich halte mich bei diesem Vorfall auf, nicht weil ich glaube, er habe die Gefahr im zentralen Mittelmeer beseitigt, sondern um zu zeigen, daß wir dort wie anderswo die Absicht haben, uns zur Geltung zu bringen.

Denn schließlich wird der Ausgang dieses Krieges dadurch entschieden werden, was auf den Meeren, in der Luft – und vor allem, was auf dieser Insel geschieht. Es scheint nun sicher zu sein, daß die Regierung und das Volk der Vereinigten Staaten entschlossen sind, uns mit allem, was wir zum Siege brauchen, zu versehen. Im letzten Krieg schickten die Vereinigten Staaten zwei Millionen Mann über den Atlantik. Diesmal ist es aber kein Krieg der ungeheuren Armeen, die immense Massen Granaten gegeneinander feuern. Wir brauchen nicht die tapferen Armeen, die in der ganzen Amerikanischen Union aufgestellt werden. Wir brauchen sie nicht in diesem und nicht im nächsten Jahr und auch in keinem anderen Jahr, das ich absehen kann. Was wir aber dringend brauchen, ist ein riesiger, ständiger Nachschub von Kriegsmaterial und technischer Ausrüstung aller Art. Wir brauchen ihn hier, und wir müssen ihn herbringen. Wir werden eine große Menge Schiffe im Jahr 1942 brauchen, viel mehr, als wir selbst bauen können, wenn wir unsere Kriegsanstrengungen im Westen und Osten aufrechterhalten und steigern wollen.

Diese Tatsachen sind dem Feind natürlich genau bekannt. Deswegen müssen wir darauf gefaßt sein, daß Herr Hitler alles tun wird, was in seiner Macht steht, um unsere Schiffahrt zu treffen und die Menge des amerikanischen Nachschubs, der auf diese Inseln kommt, zu verringern. Nachdem er Frankreich und Norwegen erobert hat, langt er mit seinen zugreifenden Fingern an zwei Seiten von uns in den Ozean hinaus. Ich habe diese Gefahr nie unterschätzt, und ich habe sie Ihnen, wie Sie wissen, auch nie verhehlt. Darum, hoffe ich, werden Sie mir glauben, wenn ich sage, ich habe volles Vertrauen in die Flotte, die von der Luftwaffe und dem Küstenkommando unterstützt wird. Auf irgendeine Weise werden sie, des bin ich gewiß, mit jeder wechselnden Phase dieses wahrhaft tödlichen Kampfes fertig werden. Getragen von dem Mut der Seeleute unserer Handelsmarine, getragen von dem Mut der Dockarbeiter und Arbeiter aller unserer Häfen, werden wir das Schlimmste, was die Bosheit und der Scharfsinn des Feindes ersinnen kann, überlisten, durchkämpfen und überstehen.

Das Wichtigste habe ich für den Schluß aufgespart. Sie wissen, Sir John Dill, unser oberster militärischer Ratgeber, der Chef des Imperial General Staff, hat uns alle darauf aufmerksam gemacht, daß Hitler durch strategische, wirtschaftliche und politische Schwierigkeiten gezwungen werden könnte, eine Invasion dieser Inseln in naher Zukunft zu versuchen. Diese Warnung sollte niemand unbeachtet lassen. Natürlich arbeiten wir Tag und Nacht, um bereit zu sein. Wir sind auch fraglos stärker als je zuvor, unvergleichlich stärker, als wir im Juli, August und September waren. Unsere Flotte ist schlagkräftiger, unsere Flottillen sind zahlenmäßig gewachsen. Im Luftraum über diesen Inseln sind wir tatsächlich und relativ stärker, als wir im letzten Herbst waren, als unser Fighter Command die Naziattacke abschlug, als es sie niederschlug. Unsere Armee ist größer, beweglicher und weitaus besser ausgerüstet und ausgebildet als im September, ja sogar als im Juli.

Ich habe das größte Vertrauen zu unserem Oberkommandierenden, General Brooke, und den erprobt tüchtigen Generälen, die unter ihm die verschiedenen Teile dieses Landes schützen. Mein größtes Vertrauen aber setze ich in die schlichte, ungekünstelte Entschlossenheit, zu siegen oder zu sterben, die beinahe vier Millionen mit guten Waffen ausgerüstete Briten belebt und beseelt. Es ist keine leichte militärische Aufgabe, die Invasion einer Insel wie Großbritannien durchzuführen, wenn man weder die Herrschaft über die See noch die Herrschaft über die Luft hat, und schließlich noch allem die Stirne bieten zu müssen, was den Eindringling auf dieser Insel erwartet. Dennoch muß ich hier noch eine Warnung anbringen. Neben Feigheit und Verrat ist Vertrauensseligkeit, die zu Nachlässigkeit und Faulheit führt, das ärgste Verbrechen im Kriege. Darum bringe ich diese Warnung an. Im vergangenen Herbst wäre eine Naziinvasion in Großbritannien eine mehr oder minder improvisierte Angelegenheit gewesen. Hitler hielt es für eine feststehende Tatsache, daß wir aufgeben würden, sobald Frankreich aufgegeben hatte. Wir aber gaben nicht auf. Er mußte nochmals überlegen. Wenn jetzt eine Invasion durchgeführt wird, dann wird sie mit viel sorgfältiger vorbereiteten Hilfsmitteln, mit besser ausgerüsteten Landungsbooten und dem übrigen Apparat erfolgen. Das alles wird in den Wintermonaten geplant und ausgeführt worden sein. Wir müssen auf Angriffe mit Gas, Fallschirmspringern und Segelflugzeugen gefaßt sein und ihnen mit Standhaftigkeit, Vorbedacht und voller Geschicklichkeit begegnen.

Ich möchte nochmals nachdrücklich betonen, was General Dill sagte und worauf ich selbst im vergangenen Jahr hingewiesen habe. Um den Krieg zu gewinnen, muß Hitler Großbritannien vernichten. Er mag Verwüstung in die Balkanstaaten tragen, er mag große Provinzen aus Rußland herausreißen, er mag an die Kaspische See marschieren, ja, er mag bis an die Tore Indiens marschieren. Das alles wird ihm nichts nützen. Er mag noch viel mehr Unglück über Europa und Asien bringen, er wird seinem Schicksal nicht entgehen. Mit jedem Monat, der vergeht, lernen die vielen stolzen und einst glücklichen Länder, die er jetzt mit brutaler Gewalt und niedriger List zu Boden drückt, das preußische Joch und das bloße Wort Nazi hassen, wie bisher nichts so grimmig und allgemein von Menschen gehaßt wurde. Und die ganze Zeit wird die Herrin der See und der Luft, das britische Empire – ja, in einem gewissen Sinn die ganze englisch sprechende Welt – mit dem Schwert der Gerechtigkeit hinter ihm her sein.

Vor kurzem gab Präsident Roosevelt seinem Gegner bei der letzten Präsidentenwahl ein Einführungsschreiben an mich. Darin schrieb er mit eigener Hand einen Vers von Longfellow, weil er »auf Ihr Volk paßt wie auf uns.« Das ist der Vers:

Sail on, O Ship of State!
Sail on, O Union, strong and great!
Humanity with all its fears,
With all the hopes of future years,
Is hanging breathless on thy fate!*

Welche Antwort soll ich, in Ihrem Namen, diesem großen Mann geben, der zum drittenmal zum Oberhaupt eines Volkes von hundertdreißig Millionen gewählt wurde? Das ist die Antwort, die ich Präsident Roosevelt geben werde: Setzt euer Vertrauen in uns. Glaubt an uns, segnet uns, und mit Gottes Hilfe wird alles gutgehen.

Wir werden nicht nachlassen und nicht schwanken; wir werden nicht schwach und nicht müde werden. Weder die plötzliche Erschütterung der Schlacht noch die langdauernden Prüfungen des Wachens und der Anspannung werden uns den Mut rauben. Gebt uns das Werkzeug, wir werden die Arbeit tun.

* Segle hin, o Schiff des Staates!
Segle hin, o Union, stark und groß!
Die Menschheit mit all ihrer Furcht,
Mit all ihren Hoffnungen auf kommende Jahre,
Klammert sich atemlos an dein Geschick!

Westward, look

27. April 1941, Rundfunk

Im Frühjahr 1941 verschlechterte sich die Kriegslage. Italien war in den Krieg eingetreten, und die deutsche Wehrmacht hatte den Balkan erobert. In dieser düsteren Zeit verwies Churchill erneut auf die Unterstützung aus den USA und verhieß eine bessere Zukunft mit zwei Versen aus dem bekanntesten Gedicht des englischen Poeten Arthur Hugh Clough (1819–1861) »Say but the struggle naught availeth« – »Sag nicht, daß der Kampf umsonst war«.

Ich wurde in der vergangenen Woche gefragt, ob ich wisse, daß im Land eine gewisse Unruhe wegen des Ernstes der Kriegslage herrsche. Deswegen dachte ich, es wäre das beste, ich würde selbst nachsehen, wie groß diese »Unruhe« sei, und ging in einige unserer großen Städte und Häfen, die am schwersten bombardiert worden waren und an ein paar Stellen, wo die ganz armen Leute es am schlimmsten gehabt hatten. Ich kam nicht allein beruhigt, sondern auch erfrischt zurück. Wenn man die Amtsräume in Whitehall und ihr Gewirr von Betriebsamkeit und Druck verläßt und hinaus an die Front geht – womit ich die Straßen und Kais von London, Liverpool, Manchester, Cardiff, Swansea oder Bristol meine –, so ist es genauso, als ob man aus einem Treibhaus auf die Brücke eines kämpfenden Schiffes käme. Es ist ein Stärkungsmittel, und ich möchte jedem, der an Reizbarkeit leidet, empfehlen, so oft er es braucht, davon eine kräftige Dosis zu nehmen.

Es ist wahr, ich habe viele schmerzliche Bilder der Verwüstung gesehen, schöne Bauten und Grundstücke von Landhäusern zu Schutthaufen zusammengeschlagen. Aber gerade an den Plätzen, wo die Bosheit unseres grausamen Feindes am schlimmsten gewütet hat, wo die Feuerprobe für Männer, Frauen und Kinder am härtesten war, dort fand ich ihren Mut im Ertragen am stärksten und herrlichsten. Der Geist, der aus den Leuten sprach, war so lauter und hoch, daß er die Menschheit und ihre Leiden über das Maß materieller Tatsachen hinaus in die fröhliche Heiterkeit zu heben schien, von der wir glaubten, sie gehöre einer besseren Welt als unserer an.

Von ihrer Freundlichkeit mir gegenüber kann ich nicht sprechen, denn ich hätte sie mir so nie träumen lassen und kann sie auch nie verdienen. Ich kann Ihnen bloß die Versicherung geben, daß ich und meine Kollegen, oder besser Kameraden – denn das sind sie –, jedes Stückchen Leben und Kraft, entsprechend den Fähigkeiten, die uns gegeben wurden, daran setzen werden, dieses Volk nicht im Stich zu lassen oder seiner ehrlichen und vollen Achtung ganz unwürdig zu sein. Die britische Nation ist erregt und bewegt wie nie zuvor in ihrer langen, ereignisreichen, berühmten Geschichte, und es ist keine abgenutzte Redensart, zu sagen, sie sei entschlossen, zu siegen oder zu sterben.

Was für ein Triumph über das Schlimmste, was Feuer und Bomben anrichten können, ist doch das Leben dieser zerschossenen Städte. Was für ein Beweis für die Wirksamkeit freier Einrichtungen. Was für ein Prüfstein für den Wert unserer lokalen Behörden, der Einrichtungen, Gewohnheiten und Verbindungen, die wir stetig aufgebaut haben. Diese Feuerprobe hat in einem gewissen Sinn die Männer und Frauen Großbritanniens neu belebt. Die erhabenen, aber auch schrecklichen und schwermütigen Erfahrungen und Gefühlsregungen des Schlachtfeldes, die durch Jahrhunderte den Soldaten und Seeleuten vorbehalten waren, teilt nun, zu ihrem Heil oder ihrem Verderben, die gesamte Bevölkerung. Alle sind stolz darauf, im feindlichen Feuer zu stehen. Alte Männer, kleine Kinder, die verkrüppelten Veteranen früherer Kriege, betagte Frauen, der gewöhnliche, schwerbedrückte Bürger oder Untertan des Königs, wie er sich zu nennen liebt, die handfesten Arbeiter, die Hämmer schwingen und Schiffe beladen, geschickte Handwerker, die Mitglieder jeder Art des A. R. P.-Dienstes sind stolz darauf, zu spüren, daß sie mit unseren kämpfenden Männern in einer Front stehen, wenn eine große Sache, eine der größten, durchgefochten wird, wie diese durchgefochten wird, bis an das Ende. Das ist das erhabene Heldenzeitalter unserer Geschichte, und der Schein des Ruhmes liegt auf allen.

Sie können sich vorstellen, wie tief ich meine Verantwortung diesen Menschen gegenüber fühle, die Verantwortung, das meine dazu zu tun, um sie sicher aus diesem langen, erschreckend düsteren Tal zu führen, durch das wir jetzt marschieren, und ihre Opfer und Anstrengungen nicht vergebens zu verlangen.

In dieser schweren Zeit, in der es soviel Kampf gibt, in der so viele kritische und komplizierte Manöver durchgeführt werden, dachte ich, sei es vor allem wichtig, daß unsere Politik und unser Verhalten den höchsten Anforderungen entsprächen, daß die Ehre für uns richtungweisend sei. Nur wenige können sich vorstellen, wie gering die Streitkräfte waren, mit denen General Wavell, der ausgezeichnete Truppenführer, dem wir in guten Tagen zujauchzten und den wir in schlimmen unterstützen werden – wie gering die Streitkräfte waren, welche den Hauptteil der italienischen Massen in Libyen gefangennahmen. Bei keinem der aufeinanderfolgenden Siege konnte General Wavell in der Wüste mehr als zwei Divisionen, oder ungefähr 30 000 Mann, unterhalten oder ins Gefecht bringen. Als wir Benghasi erreichten und alles, was von Mussolinis Divisionen noch übrig war, auf der staubigen Straße nach Tripolis zurückflutete, wurde ein Appell an uns gerichtet, dem wir nicht widerstehen konnten. Über diesen Appell will ich nun sprechen.

Sie werden sich erinnern, wie der italienische Diktator im November über Griechenland, das ihm nichts getan hatte, herfiel, wie er ohne Grund und ohne vorherige Warnung in das Land einbrach und wie die griechische Nation ihren klassischen Ruhm wieder lebendig werden ließ und die italienischen Armeen im Geschwindschritt zurückjagte. Inzwischen zeigte Hitler plötzlich, daß er, der bisher seinen Weg schleichend und heimlich fortgesetzt hatte, indem er Ungarn, Rumänien und Bulgarien, eines nach dem anderen, dopte, vergiftete und fesselte, seinem Mitverbrecher zu Hilfe kommen wollte. Die fehlende Einigkeit unter den Balkanstaaten hatte es ihm ermöglicht, in deren Mitte eine gewaltige Armee aufzubauen. Während fast alle griechischen Truppen damit zu tun hatten, die Italiener zu schlagen, tauchte die furchtbare deutsche Kriegsmaschine mit einem Mal an der anderen Grenze auf. In dieser tödlichen Gefahr wandten sich die Griechen an uns um Unterstützung. So angespannt unsere Hilfsmittel auch waren, wir konnten nicht nein sagen. Sie erklärten, für ihren Heimatboden kämpfen zu wollen, selbst wenn keiner ihrer Nachbarn mit ihnen gemeinsame Sache machen wollte, selbst wenn wir sie ihrem Schicksal überlassen würden. In einer feierlichen Zusicherung hatte Großbritannien ihnen vor dem Krieg Hilfe zugesagt. Das konnten wir nicht tun. Dagegen sprechen Gesetze. Gesetze, deren Bruch für die Ehre des Britischen Empire, ohne die wir diesen drückenden Krieg zu gewinnen nie hoffen können, ohne die wir ihn nicht zu gewinnen verdienen, verhängnisvoll werden könnte. Eine militärische Niederlage oder Fehlberechnung läßt sich wiedergutmachen. Das Kriegsglück ist unbeständig und wankelmütig. Aber eine schmähliche Tat würde uns der Achtung, die wir jetzt in der ganzen Welt genießen, berauben, und das würde ins Mark unserer Kraft treffen.

Im letzten Jahr haben wir durch die Art, wie wir alles ertrugen und wie wir uns betrugen, einen mächtigen Einfluß auf die Gefühle der Leute in den Vereinigten Staaten gewonnen. Niemals, niemals in unserer Geschichte hat man uns jenseits des Ozeans so bewundert und geachtet. In der großen Republik, die jetzt in harter Arbeit und in voller Anspannung der seelischen Kräfte steht, pflegt man die vielen triftigen und gewichtigen Argumente zu gebrauchen von den amerikanischen Interessen, von der amerikanischen Sicherheit, die auf der Vernichtung Hitlers, seiner widerwärtigen Bande und ihrer noch widerwärtigeren Lehren beruhen. Auf lange Sicht aber – glauben Sie mir, ich weiß es – wird das Verhalten der Vereinigten Staaten nicht von den methodischen Berechnungen von Profit und Gewinn diktiert werden, sondern vom sittlichen Gefühl und von dem hellen Aufflammen des Entschlusses, der die Herzen der Menschen und Nationen emporhebt und aus den geistigen Grundlagen des menschlichen Lebens selbst kommt.

Wir unserseits waren natürlich verpflichtet, dem griechischen Hilferuf bis zur äußersten Grenze unserer Leistungsfähigkeit zu entsprechen. Wir legten den Fall den Dominions Australien und Neuseeland vor. Ihre Regierungen, die keineswegs das Wagnis übersahen, stimmten mit uns überein. So wurde in Erfüllung unseres Versprechens ein wesentlicher Teil mobiler Verbände der Nilarmee nach Griechenland gesandt. Zufällig waren die zur Verfügung stehenden und für diese Aufgabe am besten geeigneten Divisionen aus Neuseeland und Australien, und ungefähr die Hälfte der Truppen, die an dieser gefährlichen Expedition teilnahmen, kamen aus dem Mutterland. Die deutsche Propaganda versucht Unfrieden zwischen uns und Australien zu stiften, indem sie zu verstehen gibt, wir hätten australische Truppen zu Aufgaben herangezogen, die wir der britischen Armee nie zugemutet hätten. Ich überlasse es Australien, sich mit dieser Schmähung zu befassen.

Betrachten wir nun, was geschah. Natürlich wußten wir, daß die Streitkräfte, die wir nach Griechenland schicken konnten, allein nicht genügten, um die Flut der deutschen Invasion einzudämmen. Es bestand aber berechtigte Hoffnung, Griechenlands Nachbarn würden durch unsere Intervention veranlaßt werden, Griechenland beizuspringen, solange noch Zeit war. Wie das beinahe zustande gekommen wäre, wird man eines Tages erfahren. Die Tragödie Jugoslawiens bestand darin, daß dieses prächtige Volk eine Regierung besaß, die hoffte, durch Unterwerfung unter den Willen der Nazis ein würdeloses Vorrecht zu erkaufen. Als dann die Bevölkerung Jugoslawiens merkte, wohin man sie führte, und sich selbst in einem Aufruhr der Empörung erhob, da rettete sie die Seele und die Zukunft ihres Landes: Es war aber bereits zu spät, das Land selbst zu retten. Es war keine Zeit mehr, die Armeen zu mobilisieren. Das Volk wurde von den unbarmherzigen, gänzlich mechanisierten Hunnen niedergeschlagen, bevor es die Armeen ins Feld stellen konnte. Großes Unheil brach über den Balkan herein. Jugoslawien wurde geschlagen. Bloß in den Bergen wird der Widerstand noch fortgesetzt. Die Griechen wurden überwältigt. Ihre siegreiche Armee in Albanien wurde abgeschnitten und zur Kapitulation gezwungen. Die Anzacs (Australian and New Zealand Army Corps) und ihre britischen Kameraden mußten sich einen Weg zurück zur Küste bahnen, wobei sie ihr Mal auf allen denen hinterließen, die sie daran hinderten.

Ich wende mich von dem steinigen Weg, den wir zu beschreiten haben, ab, um einen Augenblick lang eine Erleichterung zu genießen. Sie alle werden wohl in der Zeitung gelesen haben, daß der italienische Diktator in einer besonderen Kundmachung der italienischen Armee in Albanien zu den Lorbeeren gratulierte, die sie durch ihren Sieg über die griechische Armee errungen habe. Das ist bestimmt ein Weltrekord an Lächerlichkeit und Verächtlichkeit. Der verprügelte Schakal Mussolini, der, nur um die eigene Haut zu retten, ganz Italien zu einem Vasallenstaat des Hitlerschen Reiches gemacht hat, springt an dem deutschen Tiger empor und heult – nicht allein vor Appetit, das wäre noch verständlich, sondern sogar aus Triumph. Verschiedene Dinge treffen verschiedene Leute auf verschiedene Art. Aber ich bin sicher, daß es viele Millionen im Britischen Empire und in den Vereinigten Staaten gibt, die ein neues Lebensziel darin sehen, diesen abgeschmackten Betrüger bei der endgültigen Abrechnung der öffentlichen Gerechtigkeit und der allgemeinen Verachtung zu übergeben.

Während diese schmerzlichen Ereignisse auf der Balkanhalbinsel und in Griechenland geschahen, erlitten unsere Streitkräfte in Libyen eine ärgerliche und uns hemmende Niederlage. Die Deutschen rückten rascher und mit stärkeren Kräften vor, als wir oder unsere Generäle erwartet hatten. Der Hauptteil unserer Panzertruppen, die entscheidenden Anteil an der Niederlage der Italiener gehabt hatten, mußte wieder aufgefüllt werden, und die einzige Panzerbrigade, die für genügend stark gehalten wurde, um die Front bis ungefähr Mitte Mai zu halten, wurde geschlagen und ihre Fahrzeuge von etwas stärkeren deutschen Panzerstreitkräften zum großen Teil vernichtet. Unsere Infanterie, die nur Divisionsstärke hatte, mußte auf viel größere Empireverbände zurückfallen, die im Nildelta gesammelt worden waren und dort verpflegt und unterhalten werden können.

Tobruk – die Festung Tobruk – die eine Flankenbedrohung jedes deutschen Vorstoßes nach Ägypten darstellt, ist fest in unserer Hand. Dort schlugen wir viele Angriffe zurück, fügten dem Feind schwere Verluste zu und machten viele Gefangene. So stehen die Dinge in Ägypten und an der libyschen Front.

Wir müssen nun darauf gefaßt sein, daß der Krieg im Mittelmeergebiet, zur See, in der Wüste und vor allem in der Luft viel ungestümer, wechselvoller und ausgedehnter werden wird. Wir haben die Italiener aus der Cyrenaika verjagt, und jetzt obliegt es uns, diese Provinz von den Deutschen zu säubern. Diese Aufgabe wird schwerer und nicht im Handumdrehen zu erfüllen sein. Sie wissen, ich versuche nie zu beweisen, daß Niederlagen Siege seien. Ich habe den Deutschen als Krieger nie unterschätzt. Vor einem Monat sagte ich Ihnen, die ununterbrochene Reihe rascher Siege, die wir über die Italiener davongetragen haben, könnte vielleicht nicht fortgesetzt werden und wir müßten Rückschläge erwarten. Im Kriege ist nur eines gewiß, nämlich daß er voll Enttäuschungen und reich an Mißgriffen ist. Es bleibt jedoch abzuwarten, ob nicht die Deutschen einen Mißgriff getan haben, als sie die Balkanstaaten zu Boden traten und einen Strom von Blut und Haß zwischen sich und den Völkern Griechenlands und Jugoslawiens schufen. Ebenso bleibt es abzuwarten, ob sie mit ihrem Versuch, in Ägypten einzufallen, nicht einen Mißgriff getan haben, wenn man ihre Kräfte und die Nachschubmöglichkeiten bedenkt. Aus Erfahrung habe ich den Grundsatz gewonnen, niemals den Ausgang von Schlachten vorherzusagen, die erst ausgefochten werden müssen. Eines aber möchte ich sagen: Es täte mir sehr leid, wenn die Rollen der Kämpfer im Mittleren Osten vertauscht wären und wenn General Wavells Armeen an Stelle der deutschen Eindringlinge stünden. Das ist bloß meine persönliche Meinung, und ich würde es gut verstehen, wenn Sie anderer Ansicht sind. Neue Gefahren neben denen, die Ägypten bedrohen, können sich für uns im Mittelmeergebiet ergeben. Der Krieg kann sich auf Spanien und Marokko ausdehnen. Er kann sich auch nach Osten auf die Türkei und Rußland ausdehnen. Die Hunnen können eine Zeitlang ihre Hand auf die Kornkammern der Ukraine und die Ölquellen des Kaukasus legen. Sie können das Schwarze Meer beherrschen. Sie können die Kaspische See beherrschen. Wer weiß es? Wir werden unser Bestes tun, um ihnen zu begegnen und sie zu bekämpfen, wo immer sie auch hingehen mögen. Nur etwas ist sicher und feststehend in dem riesigen Wirrwarr, und niemand wird darüber im unklaren sein. Hitler kann weder im Osten noch im Mittleren Orient oder im Fernen Osten vor der strafenden Gerechtigkeit sicher sein. Um diesen Krieg zu gewinnen, muß er diese Insel durch eine Invasion erobern, oder er muß das rettende Tau durchschneiden, das uns mit den Vereinigten Staaten verbindet.

Wir wollen diese beiden Möglichkeiten betrachten, wenn Sie mir noch ein paar Minuten gönnen wollen. Als ich das letztemal, Anfang Februar, zu Ihnen sprach, glaubten viele die Prahlereien der Nazis, daß die Invasion nahe bevorstünde. Bis jetzt hat sie nicht begonnen, und mit jeder Woche werden wir zur See und in der Luft stärker, und die großen Armeen, die nun unsere Insel schützen, nehmen an Zahl, Qualität, Ausbildung und Ausrüstung zu. Wenn ich die Lage, die heute in der Heimat herrscht, mit der im vergangenen Sommer vergleiche, dann fühle ich – selbst unter Berücksichtigung einer viel sorgfältigeren mechanischen Vorbereitung auf seiten des Feindes –, daß wir für vieles dankbar sein müssen. Und wenn wir keinen Augenblick in unseren Anstrengungen und unserer Wachsamkeit nachlassen, dann können wir, glaube ich, sicher sein, uns zu bewähren. Mehr zu sagen wäre prahlerisch. Weniger zu glauben wäre aber töricht.

Wie steht es nun mit unserem Rettungsseil über den Atlantik? Was geschieht, wenn so viele unserer Handelsschiffe versenkt werden, daß wir die Nahrungsmittel, die wir für unser tapferes Volk benötigen, nicht mehr hereinbringen können? Was geschieht, wenn der Nachschub an Kriegsmaterial und Waffen, den die Vereinigten Staaten uns in derart riesigen

Mengen zu senden trachten, zum größten Teil unterwegs versenkt wird? Was geschieht dann? Im Februar, wie Sie sich erinnern werden, drohte uns dieser schlechte Mensch in einem seiner wahnsinnigen Ausbrüche, die Zahl und Leistung seiner U-Boote würden ebenso erschreckend zunehmen wie die Angriffe aus der Luft; und zwar nicht nur auf unsere Insel, sondern dank den französischen und norwegischen Häfen, die ihm zur Verfügung stehen, und dank der Weigerung Irlands, uns seine Basen zur Verfügung zu stellen, auch auf unsere Schiffahrt bis tief hinein in den Atlantik. Wir trafen und wir treffen alle nur möglichen Maßnahmen, um diesem tödlichen Angriff zu begegnen, und kämpfen gegen ihn mit aller Gewalt. Das ist, was wir die Schlacht um den Atlantik nennen. Sie muß, wenn wir weiterleben wollen, zur See ebenso entscheidend gewonnen werden, wie wir die Schlacht um England im vergangenen August und September in der Luft gewinnen mußten.

Wunderbare Leistungen wurden von unserer Flotte und unserer Luftwaffe vollbracht; von den Hunderten von Minenräumbooten, die mit ihren erstaunlichen Vorrichtungen unsere Häfen offen halten, trotz allem, was der Feind unternehmen mag; von den Männern, die unsere riesige Handelsflotte bauen und reparieren; von den Männern, die sie laden und löschen; und, ich brauche es wohl nicht erst zu sagen, von den Offizieren und Mannschaften der Handelsflotte, die sich bei jedem Wetter in die ärgste Gefahr begeben, um für das Leben ihrer Heimat und für eine Sache, die sie verstehen und der sie dienen, zu kämpfen. Wenn Sie bedenken, wie leicht es ist, ein Schiff auf See zu versenken, und wie schwer es ist, eines zu bauen und zu schützen; wenn Sie sich daran erinnern, daß wir nie weniger als zweitausend Schiffe auf dem Meere haben, von denen drei- bis vierhundert in der Gefahrenzone fahren; wenn Sie an die großen Armeen denken, die wir im Osten unterhalten und verstärken müssen und an unseren die Welt umspannenden Verkehr – wenn Sie sich das alles vor Augen halten, wundert es Sie dann, daß die Schlacht um den Atlantik im Denken aller, die für den Sieg verantwortlich sind, den ersten Platz einnimmt?

Deswegen war es mir eine unbeschreibliche Erleichterung, von den gewaltigen Entscheidungen zu hören, die der Präsident und das Volk der Vereinigten Staaten kürzlich getroffen haben. Die amerikanische Flotte und die Flugboote haben Befehl erhalten, die Gewässer der Westlichen Hemisphäre abzupatrouillieren und die friedlichen Schiffe aller Nationen, die sich außerhalb der Kampfzone befinden, vor lauernden U-Booten und Kaperschiffen der beiden Angreiferstaaten zu warnen. Dadurch können wir Briten uns viel stärker auf den Schutz der unserer Heimat näherliegenden Routen beschränken und die U-Boote viel wirksamer treffen. Schon vor einiger Zeit fühlte ich, daß etwas in der Art geschehen müsse. Der Präsident und der Kongreß der Vereinigten Staaten, die sich vor kurzem durch den Kontakt mit ihren Wählern stärkten, haben feierlich Hilfe für Großbritannien in diesem Krieg gelobt, weil sie unsere Sache als gerecht ansehen und weil sie wissen, daß ihre eigenen Interessen und ihre eigene Sicherheit in Gefahr gerieten, sobald wir vernichtet würden. Sie haben große Gesetzesvorlagen angenommen. Sie haben einen großen Teil ihrer gigantischen Industrie auf die Erzeugung des uns nötigen Kriegsmaterials umgestellt. Sie gaben oder liehen uns von ihren eigenen wertvollen Waffen. Ich kann nicht glauben, sie würden es zulassen, daß die hohen Ziele, die sie sich selbst gestellt haben, vereitelt und die Erzeugnisse ihrer Geschicklichkeit und ihrer harten Arbeit auf den Grund des Meeres geschickt werden. Der U-Boot-Krieg, wie ihn Deutschland führt, widerspricht völlig den internationalen Vereinbarungen, die auch von Deutschland vor ein paar Jahren bereitwillig unterzeichnet wurden. Es gibt keine wirkliche Blockade, sondern bloß unbarmherzigen Mord und Marodieren über weite, unterschiedslose Teile des Meeres, die gänzlich unter der Kontrolle der deutschen Seemacht stehen. Wenn ich vor einigen Wochen sagte: »Gebt uns das Werkzeug und wir werden die Arbeit tun«, da meinte ich, *gebt* es uns: rückt es in unsere Reichweite – und das sind, wie es scheint, die Amerikaner jetzt im Begriffe zu tun. Darum bin ich nun auch fest überzeugt, daß die Schlacht um den Atlantik – wenn sie auch noch lange und schwer sein wird und ihr Ausgang keineswegs feststeht –, in eine zwar noch ärgere, aber zur gleichen Zeit auch günstigere Phase getreten ist. Bedenken Sie, daß die Vereinigten Staaten nun eng mit uns verbunden sind, daß sie sich zutiefst verpflichtet haben, uns moralische, materielle und in den Grenzen, die ich bereits erwähnte, auch Hilfe zur See zu gewähren.

Darum lohnt es, einen Blick auf die Kräfte zu werfen, die sich in diesem furchtbaren Kampf, aus dem es kein Zurück gibt, auf beiden Seiten des Ozeans gegenüberstehen. Kein vernünftiger und weitblickender Mensch kann zweifeln, daß schließlich die völlige Niederlage Hitlers und Mussolinis gewiß ist, wenn er die einzelnen Entschlüsse, die von den britischen und amerikanischen Demokratien gefaßt wurden, in Betracht zieht. Es gibt weniger als siebzig Millionen bösartiger Hunnen – einige davon sind zu heilen, die anderen umzubringen –, von denen viele damit beschäftigt sind, die Österreicher, Tschechen, Polen, Franzosen und die vielen anderen alten Völkerschaften, die sie einschüchtern und plündern, niederzuhalten. Die Völker des Britischen Empires und der Vereinigten Staaten zählen in den Mutterländern beinahe zweihundert Millionen Menschen und ebenso viele in den Britischen Dominions. Sie besitzen unbestreitbar die Herrschaft über die Meere, und bald werden sie auch die entscheidende Überlegenheit in der Luft besitzen. Sie besitzen größeren Reichtum, größere technische Hilfsquellen und produzieren mehr Stahl als der Rest der übrigen Welt. Sie sind entschlossen, es nicht zuzulassen, daß die Sache der Freiheit mit Füßen getreten, noch daß der Strom des Fortschritts dieser Welt von zwei verbrecherischen Diktatoren aufgehalten wird.

Und wenn wir darum auch vieles, was in Europa und Afrika geschieht und in Asien noch geschehen kann, mit Kummer und Sorge betrachten, so dürfen wir darüber nicht unseren Sinn für die Maße verlieren und entmutigt oder alarmiert werden. Wenn wir die Schwierigkeiten, die noch vor uns liegen, mit ruhigen Blicken betrachten, dann können wir aus der Erinnerung an das, was hinter uns liegt, Vertrauen schöpfen. Nichts, was geschehen kann, ist den Gefahren an Schwere zu vergleichen, durch die wir im letzten Jahre gingen. Nichts, was im Osten geschehen kann, ist dem zu vergleichen, was im Westen geschieht.

Als ich das letztemal zu Ihnen sprach, zitierte ich die Verse Longfellows, die Präsident Roosevelt mit eigener Hand mir abgeschrieben hatte. Ich habe heute einige Verse, die zwar weniger bekannt, aber zu unseren Schicksalen ebenso zu passen und ihnen angemessen zu sein scheinen. Und ich glaube, so werden sie auch aufgenommen werden, wo die englische Sprache gesprochen wird oder die Fahne der Freiheit flattert:

For while the tired waves, vainly breaking,
Seem here no painful inch to gain,
Far back, through creeks and inlets making,
Comes silent, flooding in, the main.

And not by eastern windows only,
When daylight comes, comes in the light:
In front the sun climbs slow, how slowly!
But westward, look, the land is bright.*

* Während die müden Wellen sich vergebens brechen
Und keinen heiß umkämpften Zoll zu gewinnen scheinen,
Strömt weit draußen durch Buchten und Baien
Still das Weltmeer ein.

Nicht nur durch Fenster, die nach Osten gehen,
Dringt, sobald der Tag anbricht, Licht herein.
Vor uns hebt langsam sich die Sonne, o wie langsam!
Im Westen aber, sieh, das Land ist hell.

Überfall auf die Sowjetunion

22. Juni 1941, Rundfunk

Als Churchill in den Morgenstunden des 22. Juni 1941 von dem deutschen Angriff auf die Sowjetunion erfahren hatte, arbeitete er den ganzen Tag an einer Rundfunkrede, in der er den Sowjets die Unterstützung Englands versprach. Von seinem Sekretär auf die plötzlich so warmen Worte für den alten Feind Kommunismus angesprochen, erwiderte Churchill: »Falls Hitler eine Invasion der Hölle beginnen sollte, würde ich im Unterhaus dem Teufel zumindest ein positives Zeugnis ausstellen.«

Ich nahm die Gelegenheit wahr, heute zu Ihnen zu sprechen, denn der Krieg hat einen kritischen Zeitpunkt erreicht. Der erste dieser fühlbaren Wendepunkte war vor einem Jahr, als Frankreich unter den deutschen Hammerschlägen zu Boden sank. Der zweite war, als die Royal Air Force die Hunnen bei Tag aus unserem Luftraum vertrieb, womit sie die Naziinvasion dieser Insel verhinderte, solange wir noch schlecht bewaffnet und schlecht vorbereitet waren. Der dritte Wendepunkt war, als der Präsident und der Kongreß der Vereinigten Staaten die Lend-and-Lease Bill zum Gesetz erhoben und damit beinahe 2000 Millionen Sterling von dem Reichtum der Neuen Welt dahingaben, um uns zu helfen, um unsere und ihre Freiheiten zu verteidigen. Das waren die drei kritischen Zeitpunkte. Der vierte ist jetzt gekommen.

Heute um vier Uhr morgens fiel Hitler in Rußland ein. Alle Formalitäten der Treulosigkeit waren genauest eingehalten worden. Ein Nichtangriffspakt wurde unterzeichnet und bestand zwischen den beiden Ländern zu Recht. Deutschland hatte keine Klage wegen Nichterfüllung dieses Vertrages erhoben. Unter dem Deckmantel falscher Vertraulichkeit stellten sich deutsche Armeen von ungeheurer Stärke an einer Front auf, die sich vom Weißen bis an das Schwarze Meer erstreckt. Langsam und methodisch bezogen ihre Luftflotten und Panzerdivisionen Stellung. Dann regneten plötzlich ohne Kriegserklärung, ja sogar ohne Ultimatum, deutsche Bomben auf russische Städte, und deutsche Truppen überschritten die

Grenze. Eine Stunde später rief der deutsche Botschafter, der am Abend zuvor noch seine Freundschafts-, ja beinahe Allianzzusicherungen an die Russen verschwendet hatte, den russischen Außenminister an, um ihm mitzuteilen, daß Deutschland und Rußland sich im Kriegszustand befänden.

Wieder einmal, nur in viel größerem Ausmaß, als wir es bei Norwegen, Dänemark, Holland und Belgien erlebt haben, war jeder unterschriebene Vertrag, war jedes Vertrauen zwischen den Staaten gebrochen worden. Ein Verfahren, das Hitlers Komplize und Schakal Mussolini im Falle Griechenlands getreulich kopiert hatte.

Das alles war für mich keine Überraschung. Ich hatte Stalin klar und präzise vor dem, was kommen würde, gewarnt. Ich habe ihn gewarnt, wie ich andere zuvor gewarnt habe. Ich kann nur hoffen, daß diese Warnung nicht ungehört verhallte. Alles, was wir im Augenblick wissen, ist, daß das russische Volk seinen Heimatboden verteidigt und daß es von seinen Lenkern aufgefordert wurde, Widerstand bis zum äußersten zu leisten.

Hitler ist ein Ungeheuer an Verruchtheit, unersättlich in seiner Blut- und Raubgier. Nicht zufrieden damit, Europa den Fuß auf den Nacken gesetzt zu haben oder es mit den verschiedenen Formen gemeiner Unterwerfung zu terrorisieren, muß er sein Werk des Niedermetzelns und Verwüstens auch an den ungeheuren Massen Rußlands und Asiens üben. Die schreckliche Militärmaschine, die wir und der Rest der zivilisierten Welt in törichter, gedankenloser und unvernünftiger Weise der Nazibande Jahr für Jahr fast aus dem Nichts aufzubauen erlaubten, kann nicht ungenutzt bleiben, wenn sie nicht verrosten oder in Stücke fallen soll. Sie muß ständig in Tätigkeit sein, Menschenleben zermahlen und die Heimstätten und Rechte von Hunderten von Millionen zertrampeln. Überdies muß sie nicht nur mit Fleisch, sie muß auch mit Öl gespeist werden.

Und so muß dieser blutdürstige Straßenjunge für seine mechanisierten Armeen neue Gebiete finden, um metzeln, plündern und verwüsten zu können. Arm wie die russischen Bauern, Arbeiter und Soldaten sind, muß er ihnen ihr tägliches Brot stehlen. Er muß ihre Ernte verschlingen. Er muß ihnen das Öl rauben, mit dem sie ihre landwirtschaftlichen Maschinen treiben. Und so muß er eine Hungersnot wie noch nie zuvor in der Weltgeschichte auslösen. Aber selbst das Blutbad und der Zusammenbruch, den sein Sieg, falls er siegen sollte – er hat noch nicht gesiegt –, über das russische Volk bringen würde, wäre wieder nur ein Schritt zu dem Versuch, die vier- oder fünfhundert Millionen, die in China leben, und die dreihundertfünfzig Millionen, die in Indien leben, in den bodenlosen Abgrund menschlicher Erniedrigung zu stürzen, über dem das teuflische Emblem des Hakenkreuzes prangt. Es ist nicht zuviel gesagt, wenn wir hier an diesem Sommerabend behaupten, daß das Leben und das Glück von noch tausend Millionen Menschen von der brutalen Nazigewalt bedroht sind. Wir halten schon den Atem an. Aber nun will ich Ihnen noch etwas zeigen, das hinter dem allem liegt, etwas, das Großbritanniens und der Vereinigten Staaten Leben berührt.

Das Naziregime läßt sich von den schlimmsten Erscheinungen des Kommunismus nicht unterscheiden. Es ist bar jedes Zieles und jedes Grundsatzes, es sei denn Gier und Rassenherrschaft. Es übertrifft jede Form menschlicher Verworfenheit an Grausamkeit und wilder Angriffslust. Niemand war ein folgerichtigerer Gegner des Kommunismus als ich in den letzten fünfundzwanzig Jahren. Ich nehme kein Wort von dem zurück, was ich darüber gesagt habe. Aber dies alles verblaßt vor dem Schauspiel, das sich nun abspielt. Die Vergangenheit mit ihren Verbrechen, ihren Narrheiten und ihren Tragödien verschwindet im Nu. Ich sehe die russischen Soldaten an der Schwelle des Landes stehen, das ihre Väter seit undenklichen Zeiten bebaut haben. Ich sehe sie ihre Heimstätten schützen, in denen Mütter und Frauen beten – es gibt Zeiten, in denen jeder betet – für die Sicherheit ihrer Lieben, für die Heimkehr des Ernährers, des Kämpfers und Verteidigers. Ich sehe die zehntausend Dörfer Rußlands, in denen die Existenzmittel dem Boden so hart abgerungen wurden, in denen aber noch immer die ursprünglichsten Freuden des Menschen herrschen, in denen Mädchen lachen und Kinder spielen. Über sie hinweg sehe ich die Nazi-Kriegsmaschine ihren scheußlichen Angriff vortragen, mit ihren säbelrasselnden, Hacken zusammenschlagenden, stutzerhaften preußischen Offizieren, ihren geschickten Fachleuten, die eben erst ein Dutzend Länder eingeschüchtert und in Fesseln gelegt haben. Und ich sehe auch die stumpfe, gedrillte, fügsame, rohe Masse der Hunnensoldateska daherkommen wie einen Schwarm wimmelnder Heuschrecken. Ich sehe die deutschen Bomber und Jäger am Himmel, noch leidend von manchem britischen Hieb, aber voll Freude über das, was sie eine leichtere und sicherere Beute glauben.

Hinter all diesem Gefunkel, hinter all diesem Sturm sehe ich die kleine Gruppe schurkischer Menschen, die diese Sturzflut von Schrecken planen, organisieren und auslösen. Und dann kehre ich im Geiste zurück in die Tage, als die russischen Heere unsere Verbündeten gegen denselben Todfeind waren, als sie mit so großer Tapferkeit und Standhaftigkeit kämpften und einen Sieg erringen halfen, dessen Früchte zu teilen sie aber – nicht durch unsere Schuld – völlig ausgeschlossen waren. Ich habe das alles mitgemacht, und sie werden mir verzeihen, wenn ich diesen Gefühlen Ausdruck gab und alte Erinnerungen aufrührte.

Doch nun muß ich den Entschluß der Regierung Seiner Majestät bekanntgeben – und ich bin sicher, dieser Entschluß wird von den großen Dominions in gebührender Weise geteilt werden –, denn wir müssen jetzt offen reden, ohne auch nur einen Tag zu verlieren. Ich habe die Erklärung abzugeben, aber können Sie daran zweifeln, wie unsere Politik sein wird? Wir haben nur eine Absicht, wir haben nur ein einziges, unverrückbares Ziel: Wir sind entschlossen, Hitler und jede Spur des Naziregimes zu vernichten. Und davon wird uns nichts abhalten – nichts. Wir werden niemals mit Hitler oder irgendeinem aus seiner Bande verhandeln oder unterhandeln. Wir werden ihn bekämpfen zu Lande, wir werden ihn bekämpfen zur See, wir werden ihn in der Luft bekämpfen, bis wir mit Gottes Hilfe die Erde von seinem Schatten und die besiegten Völker von seinem Joch befreit haben. Jeder Mensch und jeder Staat, der gegen das Nazitum kämpft, wird unsere Hilfe haben. Jeder Mensch und jeder Staat, der mit Hitler marschiert, ist unser Feind. Das richtet sich nicht nur gegen bestehende Staaten, sondern auch gegen das elende Gezücht der Quislinge, das sich selbst zum Werkzeug des Naziregimes macht, gegen die eigenen Landsleute, gegen die eigene Heimat. Sie – diese Quislinge – werden, genau wie die Naziführer, sofern nicht von ihren eigenen Landsleuten über sie verfügt wird, was Unannehmlichkeiten ersparen würde, am Morgen des Sieges alliierten Gerichten übergeben werden. Das ist unsere Politik, das ist unsere Erklärung. Daraus folgt, daß wir jede nur mögliche Hilfe Rußland und dem russischen Volk gewähren werden. Wir werden auch an alle unsere Freunde und Alliierten in der ganzen Welt appellieren, denselben Kurs einzuschlagen und ihn, wie wir, getreu und standhaft bis ans Ende durchzuhalten.

Wir haben der Regierung Sowjetrußlands jede technische und wirtschaftliche Unterstützung angeboten, die ihr dienen kann und die in unserer Macht steht. Wir werden Deutschland bei Tag und Nacht in immer größerem Ausmaß bombardieren, wir werden von Monat zu Monat eine immer größere Bombenlast abwerfen und dem deutschen Volk jeden Monat eine stärkere Dosis des Elends zu kosten geben, das es über die Menschheit gebracht hat. Es ist erwähnenswert, daß allein am gestrigen Tage die Royal Air Force in Kämpfen über französischem Gebiet mit geringen eigenen Verlusten 28 Kampfmaschinen der Hunnen herunterholte. Im Luftraum über demselben Frankreich, das diese überfallen und geschändet haben und das sie halten wollen. Das ist aber nur ein Anfang. Immer rascher baut sich unsere Luftwaffe bis zur vollen Stärke auf. In weiteren sechs Monaten wird die Hilfe an Kriegsmaterial aller Art, und vor allem an schweren Bombern, die wir aus Amerika erhalten, ins Gewicht zu fallen beginnen.

Dies ist kein Klassenkrieg, sondern ein Krieg, an dem das ganze britische Empire und der Commonwealth of Nations ohne Unterschied der Rasse, des Glaubens oder der Partei beteiligt ist. Es steht mir nicht zu, darüber zu sprechen, was die Vereinigten Staaten tun werden. Nur das eine möchte ich sagen: Falls Hitler sich einbildet, sein Angriff auf Rußland würde das geringste Abweichen von den Zielen oder ein Nachlassen der Anstrengung in den großen Demokratien zur Folge haben, die das Urteil über ihn gesprochen haben, dann hat er sich jämmerlich getäuscht. Im Gegenteil, wir werden gestärkt und ermutigt an die Befreiung der Menschheit von seiner Tyrannei gehen. Wir werden stärker und nicht schwächer in unserem Entschluß und in unseren Mitteln werden.

Es ist nicht die Zeit, über die Narrheit der Länder und Regierungen, die es zugelassen haben, daß sie eines nach dem anderen niedergeschlagen wurden, moralische Betrachtungen anzustellen, während sie durch einiges Handeln sich selbst und die Welt vor dieser Katastrophe gerettet hätten. Als ich aber vor einigen Minuten von Hitlers Blutgier und seinen hassenswerten Trieben sprach, die ihn in das russische Abenteuer gelockt haben, sagte ich, es läge noch ein tieferes Motiv hinter seiner Freveltat. Er will Rußland zerstören, weil er hofft, daß er dann die Hauptmacht seiner Armee und seiner Luftwaffe aus dem Osten zurückziehen kann, um sie gegen diese Insel zu werfen. Denn er weiß, sie muß er erobern oder die Strafe für seine Verbrechen erleiden. Sein Überfall auf Rußland ist nur das Vorspiel zu einem Invasionsversuch der britischen Inseln. Er hofft zweifellos, das alles würde noch vor Einbruch des Winters getan sein und er könnte Großbritannien überwältigen, bevor die Flotte und die Luftmacht der Vereinigten Staaten sich einmengen. Er hofft noch einmal, nur in größerem Ausmaß als je zuvor, einen seiner Feinde nach dem anderen vernichten zu können, womit er so lange Glück und Erfolg gehabt hat, und daß dann der Schauplatz für den letzten Akt bereitstünde, ohne den alle Eroberungen nichts wären – nämlich die Unterwerfung der gesamten westlichen Hemisphäre unter seinen Willen und sein System.

Daher ist die Gefahr Rußlands unsere Gefahr und die Gefahr der Vereinigten Staaten. Und die Sache jedes Russen, der für seinen Herd und sein Heim kämpft, ist die Sache der freien

Menschen und der freien Völker in jedem Teil der Erde. Wir wollen die Lehre aus dieser grausamen Erfahrung ziehen. Wir wollen unsere Anstrengungen verdoppeln und mit vereinter Kraft kämpfen, solange wir noch Leben und Kraft haben.

Ein langer und schwerer Krieg

26. Dezember 1941, US-Kongreß, Rundfunk

Mit der deutschen Kriegserklärung an die USA am 11. Dezember 1941 hatte Großbritannien nach der Sowjetunion einen weiteren starken Kriegsverbündeten gewonnen. Auf Churchills triumphierende Rede vor beiden Häusern des US-Kongresses wurde mit stehenden Ovationen reagiert.

Ich fühle mich sehr geehrt durch die Einladung, die Kammer des Senats zu betreten und zu den Vertretern der beiden Häuser des Kongresses zu sprechen. Die Tatsache, daß meine amerikanischen Vorfahren durch viele Generationen eine Rolle im Leben der Vereinigten Staaten gespielt haben und daß ich, ein Engländer, hier in Ihrer Mitte begrüßt werde, macht dieses Erlebnis zu einem der erregendsten und aufregendsten meines Lebens, das lang und nicht ganz ereignislos war. Ich wünschte bloß, meine Mutter, deren Andenken ich durch den Schleier der Jahre hindurch in Ehren hielt, könnte hier sein, um es zu erleben. Dabei muß ich daran denken, daß ich vielleicht von selbst hier hereingekommen wäre, falls mein Vater Amerikaner und meine Mutter Britin gewesen wäre, statt umgekehrt. Dann wäre es nicht das erstemal, daß Sie meine Stimme hören. In diesem Fall hätte ich keine Einladung gebraucht. Hätte ich sie aber gebraucht, dann wäre sie wahrscheinlich nicht einstimmig erfolgt. Darum ist es vielleicht besser so, wie es ist. Indessen darf ich gestehen, daß ich mich in einer gesetzgebenden Versammlung, in der englisch gesprochen wird, keineswegs wie ein Fisch auf dem Trockenen fühle.

Ich bin aus dem Unterhaus hervorgegangen. In meinem Vaterhaus wurde ich dazu erzogen, an die Demokratie zu glauben. »Vertraue dem Volk« – das war seine Botschaft. Ich sah ihn oft, wenn er bei Versammlungen und in den Straßen von Gruppen von Arbeitern freudig begrüßt wurde, damals in den aristokratischen Tagen der viktorianischen Zeit, als, wie Disraeli sagte, die Welt wenigen gehörte, sogar sehr wenigen. So stimmte ich mein ganzes Leben mit den Strömungen überein, die auf beiden Seiten des Atlantik gegen Privileg und Monopol anstürmten, und steuerte voll Vertrauen auf das Ideal von Gettysburg zu: »einer Regierung des Volkes durch das Volk und für das Volk«. Ich verdanke meinen Aufstieg lediglich dem Unterhaus, dessen Diener ich bin. In meiner Heimat, ebenso wie in Ihrer, sind Männer des öffentlichen Lebens stolz darauf, Diener des Staates zu sein, und sie würden sich schämen, seine Herren zu sein. Das Unterhaus könnte mich jeden Tag, wenn es denkt, daß das Volk es will, durch eine einfache Abstimmung aus dem Amt entfernen. Darüber aber mache ich mir keine Sorgen. Tatsächlich bin ich sicher, es wird meinen Aufenthalt hier vollkommen billigen, zu dem mir der König die Erlaubnis gab, damit ich den Präsidenten der Vereinigten Staaten treffen könne, um mit ihm die Ausarbeitung unserer militärischen Pläne und die vertraulichen Sitzungen der hohen Offiziere beider Länder zu besprechen, die für eine erfolgreiche Kriegsführung unerläßlich sind.

Zuerst möchte ich Ihnen sagen, wie sehr ich von der Weite des Blicks und dem Sinn für das Maß, die ich hier überall, wo ich hinkam, antraf, beeindruckt und ermutigt wurde. Wer die Größe und Einheitlichkeit der Grundlagen der Vereinigten Staaten nicht kennt, hätte leicht erwarten können, eine aufgeregte, wirre, egozentrische Atmosphäre zu finden, in der alle Geister nur mit den neuen, erschreckenden und schmerzlichen Episoden des plötzlichen Krieges, der Amerika traf, beschäftigt seien. Denn schließlich wurde Amerika das Ziel eines Angriffs der drei schwerstbewaffneten Diktaturstaaten. Die größte Militärmacht Europas, die größte Militärmacht Asiens und auch Italien haben Ihnen den Krieg erklärt, und ein Streit hat sich angesponnen, der nur mit ihrer oder unserer Niederwerfung beendet werden kann. Aber hier in Washington fand ich in diesen denkwürdigen Tagen eine olympische Seelenstärke, die, fern von aller Selbstgefälligkeit, bloß der Deckmantel eines unverrückbaren Vorsatzes ist und der Beweis eines festen, wohlgegründeten Vertrauens in den Ausgang. Wir in Großbritannien fühlten in unseren düstersten Tagen genauso. Auch wir waren sicher, am Ende würde alles gut werden. Ich bin überzeugt, Sie unterschätzen die Schwere der Prüfung, der Sie und wir unterzogen werden sollen, nicht. Die Kräfte sind riesenhaft, die gegen uns angetreten sind. Sie sind böse und hart. Die verruchten Männer und ihre Parteien, die ihre Völker auf den Weg des Krieges und der Eroberung gestoßen haben, wissen, daß sie zu furchtbarer Rechenschaft gezogen werden, wenn es ihnen nicht gelingt, die Völker, die sie angriffen, mit Waffengewalt niederzuschlagen. Sie werden vor nichts haltmachen. Sie haben Unmengen an Waffen aller Art aufgehäuft. Sie haben bis ins letzte ausgebildete, disziplinierte Heere, Flotten und Luftwaffen. Sie haben Pläne und Absichten, die lange geprüft wurden und reiften. Sie werden vor nichts haltmachen, was rohe Gewalt und Verräterei einem eingeben kann.

Gewiß sind unsere Reserven an Menschen und Material viel größer als die ihren. Aber bloß ein Teil unserer Reserven ist bis jetzt mobilisiert und erschlossen, und wir beide haben noch viel zu lernen in der blutigen Kunst des Krieges. Daher liegt zweifellos eine Zeit der Drangsal vor uns. In dieser Zeit werden wir einigen Boden verlieren, der nur schwer und mit vielen Kosten wiederzugewinnen sein wird. Viele Enttäuschungen und unliebsame Überraschungen warten auf uns. Viele davon werden uns treffen, bevor unsere gesamte latente Macht sich entfaltet haben kann. Beinahe zwanzig Jahre lang lehrte man unsere Jugend, der Krieg sei ein Unglück – was wahr ist –, und er würde nie mehr wiederkommen, was sich als falsch erwiesen hat. Beinahe zwanzig Jahre lang lehrte man die Jugend Deutschlands, Japans und Italiens, der Angriffskrieg sei die edelste Pflicht des Bürgers und er sollte, sobald die nötigen Waffen und die Organisation geschaffen worden sei, begonnen werden. Sie haben Krieg angezettelt und geplant. Wir haben die Pflichten und Aufgaben des Friedens erfüllt. Das war natürlich für uns in Großbritannien und jetzt für Sie ein Nachteil, den allein Zeit, Mut und eifrige, unermüdliche Anstrengungen wieder beheben können.

Wir müssen aber wirklich dankbar dafür sein, daß uns soviel Zeit gegönnt war. Wenn Deutschland die Invasion der britischen Inseln nach dem Zusammenbruch Frankreichs versucht hätte, wenn Japan dem britischen Empire und den Vereinigten Staaten ungefähr zur gleichen Zeit den Krieg erklärt hätte, dann weiß niemand, welche Katastrophen und Kämpfe über uns hereingebrochen wären. Aber jetzt, Ende Dezember 1941, hat unsere Verwandlung aus einem die Bequemlichkeit liebenden Friedenszustand zum totalen Kriegseinsatz sehr große Fortschritte gemacht. Der breite Strom von Kriegsmaterial hat in Großbritannien bereits eingesetzt. Ungeheures wurde unternommen, um die amerikanische Industrie auf Krieg umzustellen, und jetzt, da sich die Vereinigten Staaten im Kriege befinden, können jeden Tag Aufträge gegeben werden, die in einem Jahr bis achtzehn Monaten Ergebnisse für das Kriegspotential zeitigen, die alles übersteigen, was in den Diktaturstaaten bisher gesehen oder vorausgesehen wurde. Vorausgesetzt, daß jede Anstrengung unternommen wird, daß nichts zurückgehalten wird, daß die ganze Kraft der Arme und der Hirne, die ganze Männlichkeit, Tapferkeit und alle zivilen, wertvollen Eigenschaften der englisch sprechenden Welt mit ihrer ganzen Schar treu und freundschaftlich verbundener Gemeinwesen und Staaten sich nur der schlichten und höchsten Aufgabe widmet – dies alles vorausgesetzt, glaube ich, dürfen wir mit gutem Grund hoffen, das Ende des Jahres 1942 werde uns in einer entschieden besseren Lage als der jetzigen finden, und das Jahr 1943 werde uns die Möglichkeit bieten, die Initiative in gewaltigem Ausmaß zu ergreifen.

Einige mögen wohl erschreckt oder für den Augenblick bedrückt sein, wenn ich, ebenso wie Ihr Präsident, von einem langen und schweren Krieg spreche. Aber unsere Völker ziehen die Wahrheit vor, wie betrüblich sie auch sein mag. Und schließlich, wenn wir das edelste Werk der Welt tun, indem wir nicht nur den eigenen Herd und das eigene Heim verteidigen, sondern auch die Freiheit anderer Länder, dann rückt die Frage, ob die Befreiung im Jahre 1942, 1943 oder 1944 kommt, von selbst auf den ihr zukommenden Platz in den erhabenen Maßen der Menschheitsgeschichte. Ich bin sicher, daß wir heute, daß wir jetzt Herren unseres Schicksals sind; daß die Aufgabe, die uns gestellt wurde, unsere Kräfte nicht übersteigt und daß die Ängste und die harte Mühe nicht mehr sind, als wir ertragen können. Solange wir an unsere Sache und an den unbesieglichen Willen glauben, wird uns das Heil nicht versagt werden. Wie der Psalmist sagt: »Schlechte Botschaften werden ihn nicht erschrecken; sein Herz ist fest, er baut auf den Herrn.« Und nicht alle Botschaften werden schlecht sein.

Ganz im Gegenteil, mächtige Schläge wurden dem Feind bereits versetzt. Die ruhmreiche Verteidigung des heimatlichen Bodens durch die russische Armee und das russische Volk hat der Nazityrannei und dem System bereits tiefe Wunden geschlagen, die nicht nur im Leib der Nazis schwären, sondern auch den Geist der Nazis zutiefst erregen werden. Der Prahler Mussolini hat sich bereits verdrückt. Er ist nun nicht mehr als ein Lakai, ein Knecht; ein bloßes Werkzeug des Willens seines Herrn. Er hat viel Leid und viel Böses über sein fleißiges Volk gebracht. Er hat sein afrikanisches Imperium verloren, Abessinien ist frei. Unsere Armeen im Orient, die so schwach und schlecht ausgerüstet waren, als Frankreich uns verließ, kontrollieren jetzt das gesamte Gebiet von Teheran bis Benghasi und von Aleppo und Zypern bis zu den Quellen des Nils.

Viele Monate widmeten wir uns der Vorbereitung der Offensive in Libyen. Die wichtige Schlacht, die während der letzten sechs Wochen in der Wüste im Gange war, wurde von beiden Seiten hitzig ausgefochten. Wegen der Nachschubschwierigkeiten an den Flanken der Wüste konnten wir dem Feind niemals Verbände entgegenstellen, die ihm zahlenmäßig gewachsen waren. Wir mußten uns ganz auf unsere zahlenmäßige und qualitative Überlegenheit an Tanks und Flugzeugen, sowohl britischer wie amerikanischer Herkunft, verlassen. Dadurch haben wir zum erstenmal den Feind mit gleichwertigen Waffen bekämpft. Zum erstenmal ließen wir die Hunnen die Schärfe der Werkzeuge fühlen, mit denen sie Europa versklavt haben. Die bewaffneten Streitkräfte des Feindes in der Cyrenaika betrugen ungefähr 150 000 Mann, von denen rund ein Drittel Deutsche waren. General Auchinleck nahm sich vor, diese bewaffnete Streitmacht völlig zu vernichten. Ich habe allen Grund zu der Annahme, daß diese Absicht vollkommen durchgeführt werden wird. Ich freue mich, Ihnen, den Mitgliedern des Senats und des Repräsentantenhauses, in dem Augenblick, in dem Sie in den Krieg eintreten, den Beweis liefern zu können, daß wir mit geeigneten Waffen und geeigneter Organisation die Nazibarbaren aufs Haupt schlagen können. Was Hitler in Libyen widerfährt, ist bloß ein Muster und ein Vorgeschmack dessen, wie wir auf ihn und seine Komplizen einschlagen müssen, in jedem Teil der Welt, wohin der Krieg uns führt.

Auch von dem blauen Wasser kommen uns gute Botschaften. Das Rettungstau des Nachschubs, das unsere beiden Nationen über den Ozean hinweg verbindet, ohne welches alles ins Stocken geriete, funktioniert noch immer; allem, was der Feind auch unternehmen kann, zum Trotz. Es ist eine Tatsache, daß das britische Empire, von dem vor achtzehn Monaten viele dachten, es sei zusammengebrochen und erledigt, jetzt unvergleichlich stärker ist und jeden Monat stärker wird. Und die beste aller Botschaften ist schließlich für mich, wenn ich so sagen darf, daß die Vereinigten Staaten, die nun einiger denn je sind, das Schwert für die Freiheit gezogen und die Scheide fortgeworfen haben.

Alle diese ungeheuren Tatsachen ließen die unterjochten Völker Europas das Haupt wieder erheben, ließen sie wieder hoffen. Für immer haben sie die schmähliche Versuchung, sich in den Willen des Eroberers zu schicken, von sich gewiesen. In die Herzen von Millionen und aber Millionen Männern und Frauen ist Hoffnung wieder eingekehrt, und mit dieser Hoffnung brennt die Flamme des Zorns gegen den brutalen, verderbten Angreifer; und noch heißer brennt das Feuer des Hasses und der Verachtung für die schmutzigen Quislinge, die er sich gekauft hat. In einem Dutzend alter, hochberühmter Staaten, die jetzt unter dem Nazijoch liegen, erwarten die Massen, erwarten alle Klassen und Glaubensbekenntnisse die Stunde der Befreiung, in der auch sie wieder eingreifen und ihre Schläge wie Männer austeilen können. Die Stunde wird schlagen, und ihr feierlicher Schlag wird verkünden, die Nacht sei vorüber, die Morgendämmerung sei angebrochen.

Der lange und im geheimen vorbereitete Angriff Japans stellte unsere beiden Länder vor schwerwiegende Probleme, auf die wir nicht völlig vorbereitet sein konnten. Wenn Leute mich fragen – wie es in England ihr Recht ist zu fragen –, warum wir in Malaya und Ostindien nicht mit modernen Flugzeugen und Waffen aller Art reichlich versehen waren, dann kann ich nur auf die Siege hinweisen, die General Auchinleck im libyschen Feldzug errungen hat. Hätten wir unsere langsam zunehmenden Vorräte zwischen Libyen und Malaya aufgeteilt, dann hätten wir auf beiden Kriegsschauplätzen daran Mangel gelitten. Wenn die Vereinigten Staaten an verschiedenen Punkten des Pazifiks im Nachteil waren, dann wissen wir, daß es in nicht geringem Ausmaß von der Hilfe herrührt, die sie uns an Kriegsvorräten für die Verteidigung der britischen Inseln und für den Feldzug in Libyen angedeihen ließen und vor allem von dem Beistand in der Schlacht um den Atlantik, von der alles abhängt und die im vollen Ausmaß und mit gutem Erfolg weitergeht. Natürlich wäre es, wie ich offen zugebe, viel besser gewesen, wenn wir genug Mittel gehabt hätten, um an allen bedrohten Punkten die volle Stärke zu haben. Bedenkt man aber, wie langsam und widerwillig wir Vorbereitungen im großen Maßstab getroffen haben und wieviel Zeit derartige Vorbereitungen in Anspruch nehmen, dann haben wir kein Recht zu erwarten, daß wir uns in einer solchen Vorzugsstellung befänden.

Die Entscheidung, wie wir über unsere begrenzten Hilfsmittel zu disponieren haben, wurde von Großbritannien in Kriegszeiten, von den Vereinigten Staaten in Friedenszeiten getroffen. Die Geschichte, glaube ich, wird ihr Urteil dahingehend fällen, daß, im ganzen betrachtet – und diese Dinge sind nur zu beurteilen, wenn man sie im ganzen betrachtet –, die Entscheidung richtig war. Jetzt, da wir beisammen sind, jetzt, da wir in rechtschaffener Waffenbrüderschaft verbunden sind, jetzt, da unsere beiden großen Nationen, jede völlig einmütig, alle ihre Lebensenergien in einem gemeinsamen Entschluß zusammengefaßt haben, eröffnet sich ein neuer Ausblick, über dem ein ruhiges Licht glüht und das Dunkel erhellt.

Viele Menschen waren erstaunt, daß Japan sich an einem einzigen Tag in einen Krieg gegen die Vereinigten Staaten und das Britische Empire gestürzt hat. Wir alle fragen uns, warum es für diesen schwerverständlichen Anschlag, mit all seinen mühseligen und verwickelten Vorbereitungen, den es so lange im Sinn hatte, nicht den Augenblick unserer Schwäche vor achtzehn Monaten benutzte. Betrachtet man die Dinge leidenschaftslos, trotz der Verluste, die wir erlitten, und der schweren Verluste, die wir erleiden werden, dann erscheint das Ganze bestimmt als ein vernunftwidriges Unterfangen. Es ist nur klug, wenn man annimmt, es habe sorgfältige Berechnungen angestellt und sähe seinen Weg vor sich. Nichtsdestoweniger gibt es noch eine andere Erklärung. Wir wissen, daß die Politik Japans seit vielen Jahren von Geheimgesellschaften subalterner und jüngerer Offiziere des Heeres und der Flotte beherrscht wird, die ihren Willen den verschiedenen Kabinetten und Parlamenten durch Ermordung eines jeden Staatsmannes aufzwangen, der sich ihrer Aggressionspolitik widersetzte oder sie nicht genügend förderte. Es wäre möglich, daß diese Gesellschaften, geblendet und taumelig gemacht von ihren eigenen Angriffsplänen und der Aussicht auf baldige Siege, das Land gegen seine bessere Einsicht in den Krieg trieben. Sie haben sich damit auf ein recht ansehnliches Unternehmen eingelassen. Nach den Gewalttaten, die sie gegen uns in Pearl Harbour, auf den Inseln des Pazifik, auf den Philippinen, in Malaya und in Holländisch-Ostindien verübten, müssen sie nun wissen, daß der Einsatz, um den sie spielen, der Tod ist.

Wenn wir die Hilfsquellen der Vereinigten Staaten und des Britischen Empire mit denen Japans vergleichen, wenn wir an die Hilfsquellen Chinas denken, das so lange und so tapfer dem Angriff widerstanden hat, wenn wir die Bedrohung Japans durch Rußland ins Auge fassen, dann wird es immer schwieriger, das Vorgehen Japans mit der Vorsicht oder bloß mit dem gesunden Verstand in Einklang zu bringen. Wofür halten sie uns? Vielleicht machen sie sich nicht klar, daß wir nicht nachgeben werden, bis wir ihnen eine Lektion erteilt haben, die sie und die Welt nicht vergessen werden.

Mitglieder des Senats und des Repräsentantenhauses, ich wende mich für einen Augenblick von der Plackerei und den heftigen Erregungen ab und der breiten Grundlage der Zukunft zu. Wir stehen gemeinsam einer Schar mächtiger Feinde gegenüber, die unseren Untergang wollen. Wir verteidigen gemeinsam alles, was freien Menschen teuer ist. Zweimal in einer einzigen Generation ist die Katastrophe eines Weltkrieges über uns hereingebrochen. Zweimal in unserem Leben langte der lange Arm des Schicksals über den Ozean, um die Vereinigten Staaten in die Schlachtfront zu führen. Hätten wir nach dem letzten Krieg zusammengehalten, hätten wir gemeinsam Maßnahmen für unsere Sicherheit getroffen, dann wäre dieser Fluch nicht wieder über uns gekommen.

Sind wir es nicht uns selbst, unseren Kindern und der gequälten Menschheit schuldig, dafür zu sorgen, daß diese Katastrophen uns nicht noch ein drittes Mal in den Abgrund reißen? Es hat sich gezeigt, daß Seuchen, die in der Alten Welt ausbrechen, ihre unheilvollen Verwüstungen auch in die Neue Welt tragen können, denen, wenn sie erst einmal begonnen haben, die Neue Welt sich nicht entziehen kann. Pflicht und Klugheit erfordern gleicherweise, erstens die Herde des Hasses und der Rache ständig und aufmerksam zu überwachen und rechtzeitig zu behandeln und zweitens eine entsprechende Organisation zu schaffen, die dafür sorgt, daß die Seuche in den frühesten Anfängen eingedämmt werden kann, bevor sie sich ausbreitet und auf der ganzen Erde wütet.

Vor fünf oder sechs Jahren wäre es leicht gewesen und hätte keinen Tropfen Blut gekostet, wenn die Vereinigten Staaten und Großbritannien auf die Einhaltung der Abrüstungsklausel in den Verträgen bestanden hätten, die Deutschland nach dem großen Krieg unterzeichnet hatte. Das wäre auch die Gelegenheit gewesen, Deutschland die Rohstoffe zu sichern, die, wie wir in der Atlantik-Charta erklärten, keiner Nation vorenthalten werden sollen, mag sie nun gesiegt haben oder besiegt worden sein. Furchtbare Hammerschläge hat es gebraucht, um uns wieder zusammenzubringen, und wenn Sie mir gestatten, es anders auszudrücken, nur ein Blinder kann nicht gewahr werden, daß hier unten irgendeine hohe Absicht oder ein Plan verwirklicht werden, wobei uns die Ehre zuteil wird, die Diener zu sein. Es ist uns nicht gegeben, in die Geheimnisse der Zukunft zu blicken. Dennoch bekenne ich offen meine Hoffnung und meinen Glauben, die beide fest und unerschüttert sind, daß in kommenden Tagen das britische und amerikanische Volk, um ihrer eigenen Sicherheit willen und zum Besten aller, Seite an Seite in Größe, Gerechtigkeit und Frieden gehen werden.

Ich komme nicht mit Ausflüchten

29. Januar 1942, Unterhaus

Großbritannien verfügte jetzt zwar über zwei mächtige Verbündete, aber die Kriegslage verschlechterte sich zunehmend. In Ostasien hatten die Japaner Malaya überrannt und bedrohten Singapur. In Nordafrika war das deutsche Afrikakorps fast bis an die ägyptische Grenze vorgestoßen. Churchill hielt eine ausgewogene Rede über die Kriegslage, so daß er am Schluß eine Vertrauensabstimmung mit 464 zu 1 Stimmen gewann.

Niemand kann sagen, dies sei keine umfassende und offene Debatte gewesen. Niemand kann sagen, die Kritik sei gehemmt oder unterdrückt worden. Niemand kann sagen, dies sei eine unnütze Debatte gewesen. Ich glaube aber, nur wenige werden nach einiger Überlegung daran zweifeln, daß eine Debatte von so weitreichendem Charakter und so denkwürdiger Bedeutung, in Zeiten eines harten und besorgnisweckenden Krieges, bei dem heutigen Stand der Welt, bei unseren heutigen Beziehungen zu anderen Ländern, eine Debatte, die unsere eigene Sicherheit zutiefst betrifft – nur wenige werden zweifeln, daß diese Debatte mit einem feierlichen und formellen Ausdruck der Ansicht des Unterhauses, sowohl hinsichtlich der Regierung wie auch der Fortführung des Krieges, schließen muß.

In keinem anderen Lande der Welt würde heutzutage eine kriegführende Regierung einer solchen Belastung ausgesetzt werden. Kein Diktaturstaat, der um sein Leben kämpft, würde es wagen, eine solche Diskussion zu gestatten. Sie erlauben nicht einmal die freie Nachrichtenübermittlung an ihre Völker noch den Empfang fremder Radiosendungen, gegen die wir nun so unempfindlich geworden sind. Nicht einmal in der großen Demokratie der Vereinigten Staaten steht die vollziehende Körperschaft Tag für Tag in derselben direkten und unmittelbaren Beziehung zur gesetzgebenden Körperschaft. Der Präsident ist in vieler und entscheidender Hinsicht von der Legislative unabhängig, ist Oberkommandierender aller Streitkräfte der Republik und hat eine festgesetzte Amtszeit, während der seine Machtbefugnis kaum angefochten werden kann. In diesem Lande aber ist das Unterhaus die ganze Zeit Herr über das Leben der Administrative. Gegen seine Entscheidungen gibt es nur eine Berufung, den Appell an das Volk. Dieser Appell ist unter den Bedingungen eines Krieges, wie dieser einer ist, bei einem Stimmregister wie dem unseren und unter ständiger Bedrohung durch Luftangriffe und Invasion nur schwer durchzuführen.

Darum sage ich, daß das Unterhaus eine große Verantwortung trägt. Es ist es sich, dem Volk, dem Empire und der Sache der Welt schuldig, entweder eine arbeitsfähige, andere Administrative zu bestellen, welche die königliche Regierung weiterführen kann, oder die Regierung bei ihren ungeheuren Aufgaben, in allen Prüfungen, die sie erdulden muß, zu unterstützen. Ich selbst fühle die Notwendigkeit dieser Hilfe gegenwärtig besonders stark und ich bin überzeugt, sie wird mir gewährt werden in einer Art, die mir Unterstützung und Beistand ebenso wie Führung und Anregung bietet. Es tut mir leid, daß ich nicht während der ganzen Debatte anwesend sein konnte. Hingegen habe ich jedes Wort gelesen mit Ausnahme dessen, was gesprochen, aber noch nicht gedruckt worden ist. Ich bin bereit, das kann ich dem Haus versichern, vollen Nutzen aus den vielen konstruktiven Gedankengängen zu ziehen, die vorgebracht wurden, selbst wenn sie aus den feindlichsten Teilen des Hauses kommen. Ich werde nicht wie der Heilige sein, den ich einmal zitierte, dessen Namen ich aber unglücklicherweise vergessen habe, der sich weigerte, das Rechte zu tun, weil der Teufel es ihm einflüsterte. Ebensowenig werde ich mich davon abhalten lassen, das nach meiner Überzeugung Rechte zu tun, weil ich in fernerer oder näherer Vergangenheit einmal anders darüber gedacht habe.

Wenn die Ereignisse mit der Geschwindigkeit eines Orkans einander folgen und die Schauplätze verwirrend oft wechseln, dann wäre es verhängnisvoll, die geistige Anpassungsfähigkeit in der Behandlung neuer Situationen zu verlieren, die man oft an mir gerühmt hat und die ein wesentliches Gegenstück zu einem festen, unerschütterlichen Ziel ist. Ich will Ihnen ein

Beispiel nennen. Während meines Aufenthaltes in Amerika traten Ereignisse ein, die in entscheidender Weise die Frage nach der Bestellung eines Produktionsministers verändert haben. Präsident Roosevelt hat Mr. Donald Nelson mit der Aufsicht über das gesamte Gebiet der amerikanischen Produktion betraut. Alle Mittel unserer beiden Länder bilden nun eine Einheit, sowohl hinsichtlich des Schiffsraums, des Kriegsmaterials und des Rohmaterials, und ein ähnliches Amt – ich will nicht sagen mit genau demselben Zweck, aber einem ähnlichen Zweck – muß hier bei uns geschaffen werden, wenn die harmonische Zusammenarbeit zwischen Großbritannien und den Vereinigten Staaten auf ihrem sehr hohen Stand erhalten werden soll. Ich habe es einige Wochen lang genau überlegt. Die festen Ansichten, die hier im Hause zum Ausdruck gebracht wurden, haben – wenn ich ihre Beweisführung auch nicht in jeder Hinsicht teile – die Schlußfolgerungen, mit denen ich aus den Vereinigten Staaten zurückkehrte, gefestigt. Natürlich soll das nicht heißen, daß ich es auch für meine Pflicht ansehen werde, diesen Vorschlag der Krone zu unterbreiten.

Vor zwei Tagen sah ich mich gezwungen, dem Haus eine sehr lange Erklärung zu geben, deren Vorbereitung mich viel Zeit und Mühe zwischen arbeitsreichen Tagen und Nächten gekostet hat. Ich wünsche nicht, sie in wesentlichem Ausmaß zu erweitern. Es wäre mir unmöglich, auf jede Kritik und alle Fragen, die in der Debatte zum Vorschein kamen, zu antworten. Ich habe das Haus verschiedentlich auf die Benachteiligung hingewiesen, die mir, im Gegensatz zu den Leitern anderer Länder, die mit der allgemeinen Führung des Krieges betraut sind, daraus erwächst, daß ich so viele öffentliche Erklärungen abgeben muß. Und wenn wir unsere Lage unseren Freunden ausführlich erklären, dann besteht die Gefahr, sie auch unseren Feinden zu ausführlich zu erklären. Im übrigen hat der Lord-Siegelbewahrer in seiner ausgezeichneten Rede gestern eine Anzahl strittiger Fragen, die sich ergeben haben, bereits beantwortet. Es sind also nur ein paar Punkte, die ich heute behandeln möchte; aber es sind wichtige Punkte.

Der erste ist der Vorteil, der nicht allein Großbritannien, sondern dem Empire aus der Ankunft einer mächtigen amerikanischen Armee und Luftwaffe im Vereinigten Königreich erwächst. Vor allem kommt es dem Wunsch des Volkes und der leitenden Persönlichkeiten der Republik entgegen, daß die große Masse der ausgebildeten und ausgerüsteten Truppen, welche die Vereinigten Staaten unter Waffen haben, so rasch und so eng als möglich mit dem Feind in Fühlung tritt. Dann aber gewährleistet die Anwesenheit dieser Streitkräfte auf unseren Inseln eine größere Bewegungsfreiheit in Übersee, wo wir voll ausgebildete Divisionen der britischen Heimatarmee nach Schauplätzen verschieben können, auf denen wir bereits kämpfen. Die Schwierigkeit, Verstärkungen aus Truppen einer anderen Nation auf Kriegsschauplätze zu werfen, auf denen wir bereits kämpfen, und die ganzen Komplikationen hinsichtlich der Bewaffnung und des Kommandos, die daraus entstehen, werden so vermieden. Die Ankunft der amerikanischen Armee gibt uns also eine Manövrierfähigkeit, die wir bisher nicht besessen haben, und muß unter diesem Gesichtspunkt betrachtet werden. Drittens stellt die Anwesenheit einer großen Streitmacht unbekannter Stärke auf unseren Inseln wie auch die Errichtung eines größeren Brückenkopfes zwischen uns und der Neuen Welt ein zusätzliches Abschreckungsmittel dar, und zwar zu einer Zeit, in der die erfolgreiche Invasion dieser Inseln Hitlers letzte Hoffnung auf einen völligen Sieg ist. Viertens – hier beziehe ich mich auf das über die Hilfe und Unterstützung Australiens und Neuseelands Gesagte – wird die Tatsache, daß es möglich ist, gut ausgerüstete amerikanische Divisionen so leicht und rasch nach diesen Inseln zu senden, es auch ermöglichen, wesentliche Lieferungen an Waffen und Kriegsmaterial, die derzeit auf unsere Rechnung in den Vereinigten Staaten hergestellt werden, auf der anderen Seite der Erde geradewegs nach Australien und Neuseeland zu schicken, um den Gefahren, von denen die beiden Länder durch den japanischen Krieg bedroht werden, zu begegnen. Schließlich kann das Ganze Mr. de Valera keineswegs schaden, es kann ihm vielleicht sogar ganz gut tun.

Denn sicher bietet es Südirland ein Maß von Schutz, wie überhaupt ganz Irland, dessen es sich sonst nicht erfreuen könnte. Ich bin überzeugt, das Haus wird diese Gründe, oder die meisten davon, für gut und genügend erachten.

Die Debatte drehte sich hauptsächlich um die eingestandene Unzulänglichkeit unserer Rüstungen gegen den Angriff unseres neuen, mächtigen Gegners, der seine ganze Stärke, alle seine Energien und sein Rasen gegen uns in Malaya und im Fernen Osten losgelassen hat. Ich möchte dem nicht viel hinzufügen und selbst das Wenige nur als Illustration zu der damit in Zusammenhang stehenden Beweisführung, die ich dem Haus am Dienstag entwickelt habe. Die Reden der beiden ehrenwerten Abgeordneten von Kidderminster (Sir J. Wardlaw-Milne) und Seaham (Mr. Shinwell) haben sich von verschiedenen Gesichtspunkten aus über diese ungemein wichtige Frage verbreitet. Ich behaupte natürlich nicht, daß es keine vermeidbaren Mängel oder Mißgriffe gab oder daß nichts bei der Verwendung unserer Mittel übersehen wurde, wie begrenzt diese Mittel auch waren. Wenn ich auch die volle Verantwortung für die allgemeinen strategischen Dispositionen übernehme, so heißt das nicht, Skandale, Untüchtigkeit oder grobe Vergehen, die Beamte sich da und dort an Ort und Stelle zuschulden kommen ließen, würden nicht genau untersucht oder durch die Unterstützung, die ich den kommandierenden Generälen im allgemeinen gab, gedeckt werden.

Ich behaupte auch keineswegs, es seien auf weniger wichtigen Gebieten keine Fehler begangen worden, und zwar Fehler, für die die Regierung zu tadeln ist. Aber selbst wenn alles tadellos gegangen wäre – was im Kriege selten ist –, dürfte das Haus nicht glauben, daß dies Entscheidendes an den schweren britischen und amerikanischen Verlusten geändert hätte, die unerbittlich aus dem zeitweiligen Verlust der Seeherrschaft im Pazifik und dem Umstand, daß wir auch anderswo ausgedehnte Fronten hatten, resultierten. Aber selbst das ist nicht alles, denn schon vor der Niederlage von Pearl Harbour – ich spreche von der Zeit, die acht bis neun Monate zurückliegt – waren die Möglichkeiten unserer Verteidigung der malayischen Halbinsel durch das Eindringen der Japaner in Französisch-Indochina und den ständigen Aufbau starker Verbände und Stützpunkte in diesem Gebiet schwer beeinträchtigt. Schon damals, als ich mich zu dem Zusammentreffen mit dem Präsidenten nach Neufundland begab, schien die Invasion Siams knapp bevorzustehen. Wahrscheinlich verdanken wir es den Maßnahmen, die der Präsident nach unseren Besprechungen ergriff, daß dieser Angriff so lange aufgeschoben wurde und vielleicht sogar auf unbestimmte Zeit aufgeschoben worden wäre. Unter normalen Umständen, wenn wir in Europa und im Niltal nicht bis zum äußersten engagiert gewesen wären, hätten wir dem Einfall der Japaner in Indochina den stärksten nur möglichen Widerstand von dem Moment an entgegengesetzt, in dem sie anfingen, große Verbände des Heeres und der Luftwaffe aufzubauen. Wir waren aber nicht in der Lage, das zu tun.

Wenn wir mit Japan Krieg begonnen hätten, um es daran zu hindern, über weite Strecken des Ozeans zu kommen und sich in der nächsten Nähe der Malayischen Halbinsel und Singapur festzusetzen, dann hätten wir, vielleicht für lange Zeit, allein alle japanischen Angriffe gegen unsere nur lose miteinander verbundenen Niederlassungen und Besitzungen in dem riesigen Gebiet des Fernen Ostens bekämpfen müssen. Wie ich schon am Dienstag sagte, hatten wir niemals die Kraft, und konnten sie, nur auf uns gestellt, nicht haben, zur selben Zeit gegen Deutschland, Italien und Japan zu kämpfen. Wir konnten den Ablauf der Ereignisse nur mit Unruhe beobachten. Eine Unruhe, die wuchs, je stärker die japanischen Truppenkonzentrationen wurden, und die nur dadurch aufgewogen wurde, daß die Vereinigten Staaten dem Krieg immer näherkamen. Man darf nicht glauben, es seien keine endlosen, wiederholten Konsultationen und Diskussionen von den Stäben, dem Verteidigungs-Ausschuß, von den Ministern, oder Stabsbesprechungen in Singapur abgehalten worden. Der Kontakt mit Australien und Neuseeland, und in geringerem Ausmaß auch mit den Vereinigten Staaten, wurde aufrechterhalten.

Alles das geschah; aber schließlich war eine Gefahr da, und Mittel, ihr zu begegnen, waren noch nicht gefunden. Hätten wir uns in der Zwischenzeit nicht die Frage vorlegen müssen, die das Haus sich selbst stellen muß – und die ich ganz offen beantworten möchte –, ob wir in Hinblick auf die Bedrohung, ganz abgesehen von kleineren Vorsichtsmaßnahmen, von denen einige getroffen und einige nicht getroffen wurden, unsere Hilfeleistung an Rußland nicht herabsetzen müßten? Mit einem Teil dessen, was wir Rußland sandten, wären wir, ich will nicht sagen gesichert gewesen, denn das halte ich nach allem, was zur See geschah, für unmöglich, aber weitaus besser gerüstet gewesen, als wir tatsächlich in Burma und Malaya waren. Der ehrenwerte Abgeordnete von Seaham nannte gestern Zahlen. Er kann von mir nicht erwarten, daß ich diese Zahlen bestätige oder ableugne. Nehmen wir sie aber als Grundlage an, dann wäre uns schon mit der Hälfte davon geholfen gewesen und hätten wir Sir Robert Brooke-Popham geblendet, der immer wieder mehr Nachschub an all den Dingen verlangte, an denen wir Mangel hatten. Wir haben die Lieferungen an Rußland nicht herabgesetzt, und ich glaube, die überwiegende Mehrheit des Hauses und im Lande wird diesem Entschluß zustimmen, auch nach allem, was geschah. Und wenn sie ihn noch einmal fassen müßten, würde er nicht anders ausfallen, obgleich sie nun die Folgen kennen.

Auch ich anerkenne die vitale Bedeutung der Burmastraße und des Kampfes mit allen Mitteln, die in unserer Macht stehen, um eine feste Verbindung mit den chinesischen Armeen und ihrem hervorragenden Leiter Tschiang Kai-shek aufrechtzuerhalten. Nichts stand der Verwendung indischer Truppen in diesem Gebiet im Wege, es sei denn die Notwendigkeit, sie auf anderen Kriegsschauplätzen einzusetzen, und die ungeheuren Schwierigkeiten des Transports nach diesen Gebieten. Soviel über die Politik gegenüber Rußland, die im guten und im schlechten Sinne eine große Rolle in den Gedanken und im Handeln unseres Volkes gespielt hat. Sie spielte auch eine sehr wichtige – wenn auch keineswegs eine entscheidende Rolle – bei der niederschmetternden Niederlage, welche der deutschen Armee zugefügt wurde, und bei der möglicherweise eintretenden Entmutigung des verruchten Regimes, das sich dieser Armee bedient.

Wie aber steht es, wenn wir von Rußland absehen, mit dem Feldzug in Libyen? Aus welchen Gründen wurde diese Operation notwendig? Zuerst mußten wir die Bedrohung des Niltales vom Westen her für eine beträchtliche Zeit ausschalten und haben sie wahrscheinlich auch ausgeschaltet, wodurch wir wichtige Streitkräfte und noch wichtigere Transportmittel freimachten, um der scheinbar bevorstehenden Bedrohung aus dem Norden, vom Kaukasus her, entgegentreten zu können. Zweitens war es die einzige Stelle, an der wir eine zweite Front errichten konnten. Jeder wird sich erinnern, wie angenehm kurz das Gedächtnis auch sein mag, welche ganz natürliche, leidenschaftliche Ungeduld unsere andauernde Untätigkeit in uns erregte, während Rußland von der furchtbaren deutschen Kriegsmaschine in Stücke geschlagen zu werden schien. Wenn unsere Offensive in Libyen im Vergleich zu dem gewaltigen Kampf an der russischen Front auch nur von geringem Ausmaß war, so zog sie zweifellos wichtige deutsche Luftstreitkräfte von dieser Front ab. Sie wurden in einem höchst kritischen Augenblick aus der Schlacht gezogen und nach dem Kriegsschauplatz am Mittelmeer verlegt. Drittens gab uns die Schlacht in der westlichen Wüste Gelegenheit, gegen Deutschland und Italien unter Bedingungen zu fechten, die für beide sehr kostspielig waren. Wenn wir sie irgendwo mit auffallendem Vorteil für uns bekämpfen können, dann ist es in der westlichen Wüste und in Libyen. Denn, wie ich ausführte, gelang es uns nicht nur, zwei Drittel ihrer Afrika-Armee zu vernichten, nebst einer großen Menge Ausrüstung und Flugzeugen, wir nehmen auch einen gewaltigen Zoll von allen ihren Verstärkungen an Mannschaften und Material und vor allem von ihrem begrenzten Schiffsraum im Mittelmeer, das sie gezwungenermaßen durchfahren müssen, um den Kampf weiterführen zu können. Das wird so lange dauern, wie sie auf diesem Kriegsschauplatz kämpfen, und es gibt keinen Teil der Welt, in dem wir die Möglichkeit hätten, mehr Nutzen aus dem Blut und der Tapferkeit unserer Soldaten zu ziehen.

Aus diesen Gründen bin ich überzeugt, daß es eine richtige Entscheidung war – und eine, für die sich alle unsere Fachberater aussprachen –, die Offensive in der westlichen Wüste aufzunehmen und das Äußerste zu tun, um sie zu einem Erfolg zu führen. Wir haben auf diesem Boden bereits in der Cyrenaika gekämpft. Das erste Mal nahmen wir eine Viertelmillion Italiener gefangen, ohne selbst schwere Verluste zu erleiden. Das zweite Mal zählten wir 60 000 Mann, unter denen sich zahlreiche Deutsche befanden, während unsere eigenen Verluste nur ein Drittel so hoch waren. Und selbst wenn wir noch ein drittes Mal zurückgehen müßten, was nach dem taktischen Erfolg, den der feindliche Angriff gegen unsere Panzerbrigade in der vergangenen Woche davontrug, möglich scheint, so besteht kein Grund, warum dieser Feldzug seine Nützlichkeit für den Krieg in Nordost-Afrika verlieren sollte, warum er nicht zu einer schwärenden Wunde und zu einem gefährlichen Aderlaß an den deutschen und italienischen Mitteln werden sollte.

Die Frage lautet: Wäre es richtig gewesen, auf all das zu verzichten, müßig in der westlichen Wüste in der Defensive zu verharren und alle unsere verfügbaren Streitkräfte nach Malaya zu verlegen, um uns gegen einen Krieg mit Japan zu schützen? Einen Krieg, der vielleicht nie stattgefunden hätte und der, wie ich glaube, nur stattfand, weil die zivile Regierung durch einen Staatsstreich des Militärs überwältigt wurde. Das ist Ansichtssache, und es ist für die, die laut und eifrig nach der Eröffnung der Offensive in Libyen schrien, nun recht leicht, sich über unseren Mangel an Voraussicht und Vorbereitungen im Fernen Osten zu verbreiten. Jeder kann sich darüber eine Meinung bilden, und die sind glücklich, die sich diese Meinung nicht bilden müssen, bevor der Ablauf der Ereignisse bekannt ist.

Ich komme nun zu der Schlacht, die in Johore rast. Ich kann nicht sagen, wie sie ausgehen wird und wie der Angriff auf die Insel Singapur ausgehen wird, aber ein ständiger Zufluß an Verstärkungen, sowohl Flugzeugen wie Bodentruppen, strömt seit einigen Wochen auf diese Insel. Die Truppen, die abgingen, waren natürlich innerhalb von ein paar Tagen, manche sogar innerhalb von ein paar Stunden, nachdem Japan den Krieg erklärt hatte, in Bewegung gesetzt worden. Zusammenfassend unterbreite ich dem Haus das Votum, daß die Strategie in großen Zügen und die politische Entscheidung, Rußland zu helfen, eine Offensive in Libyen durchzuführen, und die daraus resultierende Schwächung in den damals noch friedlichen Gebieten des Fernen Ostens in Kauf zu nehmen, richtig waren. Es wird sich zeigen, daß sie für den allgemeinen Verlauf des Krieges von Nutzen waren und in keiner Weise von den unerwarteten und schweren Schlägen zur See und den schweren Verlusten, die wir im Fernen Osten erlitten haben und erleiden werden, beeinträchtigt werden. Dafür verlange ich ein Vertrauensvotum, darauf stütze ich mich.

Hingegen gibt es noch ein Detail mehr taktischer als strategischer Art, über das sowohl hier wie anderswo viele Fragen gestellt wurden, worüber aber nicht leicht Auskunft zu geben ist. Ich meine die Entsendung der »Prince of Wales« im vergangenen November und die Operation, in deren Verlauf die »Prince of Wales« und die »Repulse«, die schon früher ausgefahren war, versenkt wurden. Die Versenkung fand am 9. Dezember statt. Es war die Politik des Kriegskabinetts und des Verteidigungs-Ausschusses, die vom Marinestab angeregt worden war, im Indischen Ozean mit dem Hauptstützpunkt Singapur, ein Schlachtgeschwader aufzubauen, das, wie wir hofften, gemeinsam mit der Flotte der Vereinigten Staaten den Schutz der fernöstlichen Gewässer übernehmen sollte. Ich darf nicht mitteilen, wie es um diese Pläne derzeit steht. Ich kann aber dem Haus die Versicherung geben, daß nichts unterlassen wurde, was in unserer Macht stand, um die schweren Verluste, die wir erlitten, wiedergutzumachen. Mein sehr ehrenwerter Freund, der Abgeordnete von East Edinburgh (Mr. Pethick Lawrence), hat sehr richtig gefragt, warum die »Prince of Wales« und die »Repulse« nach den fernöstlichen Gewässern gesandt wurden, wenn sie nicht genügend durch Flugzeuge geschützt werden konnten. Die Antwort auf diese Frage ist, daß die Entscheidung, die beiden Schiffe nach dem Fernen Osten zu schicken, im voraus getroffen worden war, weil wir dadurch hofften, die Japaner vom Eintritt in den Krieg überhaupt abzuhalten oder, falls die Hoffnung fehlschlüge, die Japaner, mit Rücksicht auf die damalige Lage der starken amerikanischen Flotte in Hawaii, davon abzuhalten, Konvois in den Golf von Siam zu senden.

Nach langer, gewissenhafter Überlegung entschlossen wir uns wegen der Wichtigkeit, zumindest ein Schiff in den fernöstlichen Gewässern zu haben, das jedem feindlichen Schiff gewachsen war – die Amerikaner hatten damals kein neues Schlachtschiff zur Verfügung –, die »Prince of Wales« zu schicken. Überdies war sie auch das einzige Schiff, das wir damals hatten, das zur rechten Zeit an Ort und Stelle eintreffen konnte, um eine abschreckende Wirkung auszuüben. Es war die Absicht, daß diese beiden schnellen Schiffe, deren Ankunft in Cape Town absichtlich nicht geheimgehalten wurde, nicht bloß als Abschreckungsmittel wirken sollten, um Japan am Kriegseintritt zu hindern; sie sollten auch als Abschreckungsmittel für die einzelnen schweren Schiffe des Feindes wirken, damit unsere Schiffe sich die Zeit und den Ort für den Kampf aussuchen könnten. Die Andeutung des ehrenwerten und tapferen Abgeordneten von Epsom (Sir A. Southby), der Marinestab hätte einen Flugzeugträger entsenden wollen, sei aber von mir daran gehindert worden, ist ebenso mutwillig wie unwahr. Es war stets die Absicht, die Fahrt jedes schnellen Schiffs nach dem Fernen Osten durch einen Flugzeugträger begleiten zu lassen. Unglücklicherweise war zu der Zeit, mit Ausnahme eines einzigen Flugzeugträgers in heimischen Gewässern, kein einziges Schiff dieser Art frei. Durch eine Reihe von Zufällen, von denen einige nur wenig zu bedeuten hatten, waren alle, mit Ausnahme des einen der Home Fleet, in Reparatur. Demgemäß kamen die »Prince of Wales« und die »Repulse« in Singapur an und wir hofften, sie würden bald geheime Stützpunkte und das offene Meer gewinnen, wo sie ständig die Bewegungen des Feindes hätten hindern können. Das war die erste Phase der Angelegenheit.

Nun komme ich zu der zweiten Frage, warum die beiden Schiffe, nachdem sie ihre abschreckende Wirkung verfehlt hatten, nachdem das Unglück von Pearl Harbour geschehen war und nachdem die Japaner Krieg angefangen hatten, von Singapur nordwärts gesandt wurden, um der japanischen Landung auf der Halbinsel Kra Widerstand entgegenzusetzen. Admiral Tom Phillips war in seiner Eigenschaft als stellvertretender Chef des Marinestabs mit der Politik, die ich beschrieben habe, vollkommen vertraut und fuhr mit der »Prince of Wales«, um sie durchzuführen. Am 8. Dezember entschied er, nach einer Konferenz mit dem Kapitän und den Stabsoffizieren, daß unter den gegebenen Umständen und im Hinblick auf die Bewegungen japanischer Transporter, die mit nur schwacher Bedeckung auf die Halbinsel Kra zufuhren, eine drastische und rasche Aktion nötig sei. Wäre diese Aktion erfolgreich gewesen, dann hätte die Armee gute Aussichten gehabt, die Landungen zu verhindern und vielleicht sogar die Invasion Malayas gleich in den Anfängen zum Stillstand zu bringen. Der Einsatz war auf beiden Seiten sehr hoch. Der Preis war hoch im Falle des Gewinns, im Falle des Verlusts aber war die Gefahr sehr schwerwiegend. Admiral Phillips war sich des Risikos voll bewußt und unternahm Schritte, um festzustellen, ob ein feindlicher Flugzeugträger in der Nähe sei, wie er auch für den Schutz durch Jagdflugzeuge sorgte, soweit das bei den vorhandenen Jagdflugzeugen mit geringem Aktionsradius möglich war. Erst als er aus dem Hafen ausgelaufen war, erhielt er die Nachricht, ein Schutz durch Jagdflugzeuge sei in dem Gebiet, in dem er zu operieren gedachte, unmöglich. Wegen der schlechten Sicht entschloß er sich aber, sein Vorhaben dennoch auszuführen. Später kehrte er in Übereinstimmung mit schon vorher festgelegten Plänen wieder um, da das Wetter aufklarte und er wußte, daß er gesichtet worden war. Auf der Rückfahrt wurde eine neue Landung weiter im Süden der Halbinsel gemeldet, wodurch Malaya noch ernstlicher bedroht wurde, und so entschloß er sich zur Aufklärung. Bei der Rückkehr von dieser Aufklärung, die negativ verlaufen zu sein schien, wurden die Schiffe angegriffen. Aber nicht, wie angenommen wird, von Torpedo- oder Bombenflugzeugen, die von einem Flugzeugträger starteten, sondern von zweimotorigen schweren Torpedobombern mit besonders großem Aktionsradius, die von 400 Meilen entfernten japanischen Flugfeldern aufgestiegen waren.

Nach Meinung des Board of Admirality, die ich pflichtgemäß wiedergebe, war das Risiko, das Admiral Phillips einging, nach allem, was er vom Feinde wußte, angemessen und vernünftig, wenn man dagegenhält, was auf dem Spiel stand und daß im Falle des Gelingens die ganze Sicherheit Malayas davon hätte abhängen können. Ich habe Bericht über diese Episode erstattet. Zweifellos wird die Admiralität eine eigene Untersuchung einleiten, um sich ein Bild zu machen und die Lehren daraus zu ziehen. Ich brachte es aber nicht über mich, als das Thema zum ersten Mal berührt wurde und meine Informationen noch sehr dürftig waren, das wagemutige Unternehmen Admiral Tom Phillips zu verurteilen, der es durchführte, obwohl er das Risiko kannte, weil der Preis die Versenkung von vielleicht 20 000 Feinden gewesen wäre und weil es uns die ganze Reihe von Unglücksfällen, die seither über uns kamen und noch kommen werden, erspart hätte.

Ich bin am Schluß, und es gibt nichts anderes mehr zu tun als zu handeln. Ich habe versucht, die gesamte Lage dem Haus so klar darzustellen, wie es das Interesse der Allgemeinheit erlaubt, und wir haben die einzelnen Materien umfassend behandelt. Im Namen von Seiner Majestät Regierung beklage ich mich nicht über die Debatte, ich leiste keine Abbitte, ich entschuldige mich nicht, und ich verspreche nichts. Ich habe keineswegs das Gefühl der Gefahr und des uns bevorstehenden Unglücks leichter und schwerer Art gemildert; gleichzeitig muß ich aber meinem Vertrauen Ausdruck verleihen, das nie stärker als in diesem Augenblick war, daß wir diesen Konflikt so enden werden, wie es im Interesse unseres Landes und des künftigen Wohlergehens der Welt liegt. Ich bin zu Ende. Nun möge jeder so handeln, wie er es für seine Pflicht hält, und in Übereinstimmung mit seinem Herzen und seinem Gewissen.

Sieg bei El Alamein

10. November 1942, Mansion House, London

Am 4. November 1942 wurden die Deutschen bei El Alamein vernichtend geschlagen, und drei Tage später war die anglo-amerikanische Landung in Französisch-Nordafrika gelungen. Churchill konnte jetzt für sich reklamieren: »Wir haben eine neue Erfahrung gemacht. Wir haben einen Sieg.«

Mein Lord Mayor, aus Ihrer Rede ersehe ich, Sie seien zu dem Schluß gekommen, daß die Nachrichten von den verschiedenen Fronten in letzter Zeit etwas besser wurden. Die Einzelheiten sind in unseren Kriegen meistens betrüblich, die abschließenden Ergebnisse waren aber bisher immer befriedigend. Über die reißenden Strömungen, die Wirbel um uns bilden, flitzen wir hinweg, und die Flut trägt uns weiter auf ihren breiten, unwiderstehlichen Wassern. Im letzten Kriege war der Weg beinahe bis ans Ende schwierig. Wir erlebten ständig Enttäuschungen und Katastrophen, die viel mehr Blut kosteten als alles, was uns in diesem Krieg widerfahren ist. Schließlich aber brach jeder Widerstand zusammen, und unsere Feinde unterwarfen sich unserem Willen.

Wir haben in diesem Krieg lange nicht so viele Gefangene gemacht wie die Deutschen, aber am Ende werden die deutschen Gefangenen zweifellos ebenso wie das vorige Mal in Scharen einströmen. Ich habe niemals etwas anderes als Blut, Tränen, harte Arbeit und Schweiß versprochen. Jetzt haben wir aber doch etwas Neues erlebt. Den Sieg – einen bemerkenswerten, einen eindeutigen Sieg. Der lichte Glanz hat sich um die Helme unserer Soldaten gelegt und alle unsere Herzen erwärmt und erfreut.

Der verstorbene Herr Venizelos bemerkte, daß England – natürlich hätte er Großbritannien sagen sollen – stets eine Schlacht gewinne, nämlich die letzte. Diesmal scheint es schon etwas früher begonnen zu haben. General Alexander und sein prächtiger Kamerad und Assistent, General Montgomery, haben einen herrlichen, entscheidenden Sieg in der Schlacht um Ägypten – so sollte sie nach meiner Meinung genannt werden – errungen. Rommels Armee wurde geschlagen. In ungeordnete Flucht geschlagen. Als Kampftruppe wurde sie zum größten Teil vernichtet.

Diese Schlacht wurde nicht geschlagen, um Stellungen oder soundso viele Quadratmeilen Wüstenboden zu gewinnen. General Alexander und General Montgomery fochten sie in einem einzigen Gedanken. Sie wollten die feindliche Panzerwaffe vernichten, und zwar an der Stelle vernichten, wo die Katastrophe die weitestreichenden, nicht wiedergutzumachenden Folgen hätte.

Die verschiedensten Elemente füllten an unserer Front ihren Platz aus – indische Truppen, Soldaten des kämpfenden Frankreichs, Griechen, Vertreter der Tschechoslowakei und andere waren beteiligt. Die Amerikaner erwiesen uns in der Luft gewaltige, unschätzbare Dienste. Schließlich aber – als der Ablauf der Schlacht sich wendete – wurde sie fast ausschließlich von Männern britischer Abstammung, aus der Heimat und den Dominions auf der einen Seite und den Deutschen auf der anderen Seite geschlagen. Die Italiener waren ihrem Schicksal überlassen worden. Sie konnten in der wasserlosen Wüste umkommen oder sich ergeben; was sie jetzt tun.

Der Kampf zwischen den Briten und Deutschen war von äußerster Heftigkeit und Wildheit. Es war ein tödliches Ringen. Die Deutschen wurden gerade mit den Waffen aus dem Felde geschlagen, mit denen sie so viele kleine und auch große, aber nicht gerüstete Völker geschlagen hatten. Sie wurden gerade durch den technischen Apparat geschlagen, mit dem sie die Weltherrschaft zu erringen hofften. Das trifft besonders auf die Luftwaffe, die Tanks und die Artillerie zu. Die Deutschen haben dasselbe Maß Feuer und Stahl zurückbekommen, das sie so oft anderen zugemessen hatten.

Das ist aber noch nicht das Ende. Es ist nicht einmal der Anfang vom Ende. Es ist aber, vielleicht, das Ende des Anfangs. Von nun an werden Hitlers Nazis auf gleich gut gerüstete, vielleicht sogar auf besser gerüstete Truppen stoßen. Von nun an werden sie der Luftüberlegenheit gegenüberstehen, die sie so oft gegen andere ohne Gnade angewendet haben, womit sie sich in der ganzen Welt gebrüstet haben und die sie als Instrument gebrauchen wollten, um die anderen Völker zu überzeugen, daß jeder Widerstand sinnlos sei. Wenn ich von der mit flüchtenden deutschen Wagen verstopften Küstenstraße lese, die unter den verheerenden Angriffen der Royal Air Force liegt, dann muß ich mich der Straßen Frankreichs und Flanderns erinnern, die nicht mit kämpfenden Truppen vollgestopft waren, sondern mit hilflosen Flüchtlingen – Frauen und Kindern –, die mit ihren armseligen Karren und Habseligkeiten flüchteten und gnadenlos niedergemetzelt wurden. Ich habe, davon bin ich fest überzeugt, ein menschliches Herz, aber dennoch kann ich, was jetzt geschieht, und wie schmerzlich es auch sein mag, nur als das Walten einer grimmig ihre Rechte fordernden Gerechtigkeit ansehen.

Pflichtgemäß habe ich dem Parlament in nächster Zeit einen umfassenden Spezialbericht über diese Operationen zu geben. Alles, was ich über sie heute sagen will, ist bloß, daß der Sieg, der bis jetzt errungen wurde, alle Aussicht hat, entscheidend und abschließend zu sein, soweit die Verteidigung Ägyptens davon berührt wird.

Diese an sich so wichtige Schlacht um Ägypten wurde als Vorspiel und Gegenstück zu dem bedeutungsvollen Unternehmen geplant und angesetzt, das die Vereinigten Staaten im westlichen Teil des Mittelmeeres durchführen. Ein Unternehmen, das unter amerikanischem Kommando steht, wobei unsere Land-, Luft- und vor allem unsere Seestreitkräfte eine ehrenvolle und wichtige Rolle spielen. Umfassende Berichte über die Vorgänge in Marokko, Algier und Tunis wurden bereits veröffentlicht. Der Präsident der Vereinigten Staaten, als Oberkommandierender der bewaffneten Macht Amerikas, ist der Urheber dieses gewaltigen Unternehmens, und ich war in allem sein rühriger und eifriger Gehilfe.

Sie haben zweifellos die Erklärung Präsident Roosevelts gelesen – der auch die Regierung Seiner Majestät feierlich beigestimmt hat –, wonach die Rechte und Interessen Spaniens und Portugals sowohl von Amerika wie von Großbritannien strikte gewahrt werden sollen. Die einzige Politik, die wir diesen Ländern gegenüber verfolgen, ist die, daß wir sie unabhängig und frei, blühend und in Frieden sehen wollen. Großbritannien und die Vereinigten Staaten werden alles, was sie nur tun können, tun, um das Wirtschaftsleben der Iberischen Halbinsel zu bereichern. Speziell die Spanier verlangen und verdienen nach allen ihren Leiden Frieden und Erholung.

Dabei wenden sich unsere Gedanken zu Frankreich, das seufzend und geknechtet den Deutschen zu Füßen liegt. Viele stellen sich die Frage: Ist es vorüber mit Frankreich? Soll diese lange und ruhmreiche Geschichte, geschmückt mit Taten des Geistes und der Tapferkeit, die soviel Wertvolles zur Kultur und Zivilisation und vor allem zu den Menschenrechten beigetragen hat – soll dies alles nun für immer in den Ozean des Gewesenen hinabsinken, oder wird sich Frankreich wieder erheben und den ihm zukommenden Platz im Aufbau dessen, was eines Tages von neuem die europäische Völkerfamilie sein kann, einnehmen? Ich erkläre Ihnen hier bei diesem wichtigen Anlaß, daß ich an den Wiederaufstieg Frankreichs glaube, selbst wenn verleitete und bestochene Franzosen heute auf ihre Befreier schießen. Solange es Männer wie General de Gaulle und seine Anhänger gibt – und ihrer sind Legion in ganz Frankreich –, solange es Männer wie General Giraud gibt, den tapferen Krieger, den kein Gefängnis halten kann, die für den Namen und die Sache Frankreichs einstehen, solange bin ich überzeugt, daß Frankreich eine Zukunft hat.

Wir haben keinen anderen Wunsch, als Frankreich mitsamt seinem Empire und dem wiedererstandenen Elsaß-Lothringen frei und stark zu sehen. Wir begehren keine französische Besitzung. Wir haben keine Gelüste und keine Ambitionen in Nordafrika oder irgendeinem anderen Teil der Welt. Wir sind nicht um des Gewinnes oder der Expansion willen in diesen Krieg eingetreten, sondern bloß um der Ehre willen, und um unsere Pflicht bei der Verteidigung des Rechts zu erfüllen.

Eines aber möchte ich ganz klar feststellen, falls darüber irgendein Mißverständnis herrschen sollte. Was uns gehört, wollen wir behalten. Ich bin nicht Erster Minister des Königs geworden, um bei der Liquidation des britischen Empires den ersten Platz einzunehmen. Für diese Aufgabe, falls sie je gestellt würde, müßte ein anderer gefunden werden, und solange es eine Demokratie gibt, müßte dann auch, so nehme ich an, das Volk befragt werden. Ich bin stolz darauf, ein Mitglied des ungeheuren Commonwealth, der Gesellschaft der Nationen und Staaten zu sein, die in und um die alte britische Monarchie versammelt sind, ohne die die gute Sache leicht aus dem Angesicht der Erde hätte hinweggewischt werden können. Hier sind wir, hier stehen wir als ein wirklicher Fels des Heils in dieser dahintreibenden Welt.

Es gab eine Zeit, und sie ist noch nicht lange vorüber, da standen wir ein ganzes Jahr lang allein. Diese Tage sind, Gott sei gedankt, vorbei. Nun schreiten wir in großer und tapferer Gesellschaft weiter. Für unsere eigene Vergangenheit haben wir nichts zu fürchten, wir brauchen uns für nichts zu entschuldigen, wir brauchen für nichts Abbitte zu leisten. Unsere Vergangenheit spricht für uns und wird uns Dankbarkeit in den Herzen der freien Männer und Frauen in allen Teilen der Welt gewinnen.

Wir wünschen, wie ich schon sagte, in diesem Krieg keinen Gebietszuwachs und keine wirtschaftlichen Vorteile. Wir sind nur in einer Absicht nach Nordafrika gekommen, Schulter an Schulter mit unseren amerikanischen Freunden und Alliierten, in der einzigen Absicht nämlich, eine vorteilhafte Stelle zu finden, an der wir eine neue Front gegen Hitler und den Hitlerismus errichten können, an der wir die Küsten Afrikas von den Flecken der Nazi- und Faschistentyrannei säubern können, an der wir das Mittelmeer der alliierten See- und Luftmacht öffnen können, um die Völker Europas aus dem tiefsten Elend zu befreien, in das sie ihre eigene Unvorsichtigkeit und die brutale Gewalt des Feindes gestürzt haben.

Die beiden Unternehmungen in Afrika, im Osten und im Westen, waren bloß ein Teil einer einzigen strategischen und politischen Konzeption, an der wir schwer gearbeitet hatten, damit sie zur Ausführung gelange, und in die wir jetzt festes und wohlgegründetes Vertrauen setzen dürfen. Sie waren also zusammen zwei Aspekte eines wichtigen Planes, der gewaltig in seinem Ausmaß, ehrenvoll in seinem Motiv und edel in seiner Zielsetzung war. Die britisch-amerikanischen Kämpfe am Mittelmeer entwickeln sich weiterhin günstig, und das Ganze wird ein neues Band zwischen den englisch sprechenden Völkern und eine Hoffnung für die gesamte Welt werden.

Ich möchte Ihnen einige Verse Byrons ins Gedächtnis rufen, die mir zu dem derzeitigen Geschehen und dem Leitgedanken zu passen scheinen:

Millionen Zungen nennen Dich, und erneut
Von ihrer Kinder Lippen wird es widertönen –
»Hier, wo vereinte Nationen das Schwert gezogen
Haben unsere Landsleute den ganzen Tag gestritten!«

Das ist viel, das ist alles, was bleiben wird.

Mussolinis Sturz

27. Juli 1943, Unterhaus

Mit dem Jahr 1943 begann die Zeit der Triumphe. Sichtbares Zeichen der Auflösung der »Achse« war der Sturz Mussolinis.

Das Haus dürfte mit Zufriedenheit Kenntnis genommen haben von dem Sturz eines der Hauptschuldigen an diesem trostlosen Krieg. Das Ende von Mussolinis langer und harter Herrschaft über das italienische Volk bezeichnet zweifellos die Beendigung einer Epoche im Leben Italiens. Der Schlußstein des faschistischen Gewölbes ist eingestürzt, und man darf, ohne sich in Prophezeiungen ergehen zu wollen, annehmen, daß das ganze faschistische Gebäude in Grund und Boden fallen wird, wenn es noch nicht geschehen ist. Das totalitäre System einer einzigen Partei, die, auf ihre Geheimpolizei gestützt, so gut wie alle Staatsämter und -stellen, selbst die untergeordnetsten, für sich in Anspruch nimmt, Behörden und Rechtswesen der Aufsicht und Beeinflussung der Vollzugsgewalt unterstellt, mit ihrem ganzen Gewebe von Bespitzelung des Privatlebens und Denunziation der Nachbarn untereinander – wenn ein solches System längere Zeit hindurch zur Auswirkung gelangt ist, so beraubt es die breiten Massen jeglichen Einflusses auf die Geschicke des Landes sowie aller unabhängigen Persönlichkeiten, die außerhalb der herrschenden Schicht stehen. Hier liegt meines Erachtens eine Entschuldigung für das italienische Volk, die einzige Entschuldigung, obschon es keine wirklich stichhaltige Entschuldigung für ein Land oder ein Volk geben kann, das sich seine Freiheit und seine angeborenen Rechte aus der Hand winden läßt.

Die von außen kommende Erschütterung des Kriegs hat den Bann gebrochen, der in Italien die Volksmassen so lange, mehr als zwanzig Jahre tatsächlich, in physischer, ja in moralischer Knechtschaft gehalten hat. Wir dürfen wohl vernünftigerweise erwarten, daß große Veränderungen in Italien um sich greifen werden. Welcher Art diese sein, wie diese sich auf die Gewalten der deutschen Besatzung und Herrschaft auswirken werden, dies vorauszusagen ist es zu früh. Mussolinis Missetat und Wahnwitz ist dem italienischen Volk teuer zu stehen gekommen. Es sah im Mai 1940 so ungefährlich und leicht aus, dem zusammenstürzenden Frankreich den Dolch in den Rücken zu stoßen und sich daranzumachen, die Mittelmeerinteressen und den Mittelmeerbesitz Englands an sich zu reißen, das Mussolini zweifellos ganz aufrichtig in Verfall und Niedergang begriffen wähnte. So ungefährlich und leicht schien der Überfall auf das so viel kleinere Griechenland. Aber die Enttäuschungen sind nicht ausgeblieben. Die Ereignisse haben einen andern Lauf genommen. Nach mancherlei gefahrvollen Wendungen des Kriegsglücks und auf langwierigen Wegen der Schicksalsfügung sind die britischen und amerikanischen Heere jetzt, nach Eroberung des italienischen Kolonialreichs in Afrika, Nordafrikas und des Großteils von Sizilien, von See- und Luftmacht unterstützt, mit sehr starken Landungs-Streitkräften, die mit dem modernsten Waffen- und Geräte-Material ausgerüstet sind, an den Pforten des italienischen Festlands angelangt.

Was kann diese gewaltige Heeresmacht Italien bringen? Wenn das italienische Volk sich dafür entscheidet, so bringt sie ihm Erlösung vom Kriege, Befreiung von Knechtschaft und, nach einem gewissen Zeitraum, einen geachteten Platz in dem neuen, wiedererstandenen Europa. Wenn ich von den Szenen höre, die sich in den Straßen der schönen Stadt Palermo beim Einzug der amerikanischen Truppen abspielten, wenn ich die vielerlei ausführlichen Berichte, die mir zugekommen sind, überblicke, so vermag ich nicht daran zu zweifeln, daß der Wunsch des italienischen Volks ganz allgemein dahingeht, von seinen deutschen Zuchtmeistern befreit, von einem weiteren, vollkommen unnützen Leidensweg der Vernichtung verschont zu werden und seine früheren demokratischen und parlamentarischen Einrichtungen wiederaufzunehmen. Das können die Italiener haben. Die Wahl liegt in ihren Händen. Die Deutschen dagegen möchten Italien natürlich zum Schlachtfeld, zu ihrem Vorfeld machen, um dadurch, daß Italien Not leidet, die Verheerungen des Kriegs dem deutschen Vaterland möglichst lange möglichst fern zu halten. Wenn die italienische Regierung und das italienische Volk die Deutschen gewähren lassen, dann haben wir keine Wahl. Dann werden wir Italien weiter von allen Ecken und Enden her mit Krieg überziehen; von Norden wie von Süden her, von der See und aus der Luft wie durch Landungen werden wir es mit immer gesteigerter Gewalt und mit der äußersten Härte die Wucht des Krieges fühlen lassen. Die Befehle dafür sind den Führern der alliierten Truppen bereits erteilt.

Der Entschluß der italienischen Regierung und des italienischen Volks, den Krieg unter dem deutschen Joch fortzusetzen, wird auf seinen allgemeinen Verlauf keinen ausschlaggebenden Einfluß ausüben. Und noch weniger wird er seinen endgültigen Ausgang zu ändern vermögen. Ein solcher wird lediglich die Folge zeitigen, daß in den nächsten paar Monaten Italien vom einen Ende bis zum andern in Trümmer und Asche fallen wird. Von der neuen Regierung weiß ich so gut wie nichts. Ich enthalte mich jeder Meinungsäußerung; es liegt jedoch auf der Hand, daß sie im Hinblick auf das eigene Volk einen sehr weittragenden Entschluß zu fassen hat. Einstweilen werde ich dafür Sorge tragen, daß der Verlauf des vielgestaltigen Entwicklungsprozesses, der zu solcher Entschlußfassung führt, unter keinem andern Druck steht als unter dem einer unausgesetzten Kriegführung. Dieser Prozeß wird schon einige Zeit brauchen. Er mag sich auch in mehreren Übergangsstadien vollziehen. Frühere Erfahrungen zeigen, daß bei großen Wandlungen von Gesinnung und Richtung bei der Regierung eines Volks sich die Zustände sehr oft in rascher Folge ablösen. Darüber kann ich nichts sagen. Bis jetzt ist die italienische Regierung noch nicht an uns herangetreten, und so sind wir auch noch nicht zu neuen Entschlüssen aufgerufen, es seien denn solche, die die Entfesselung einer Feuer- und Stahl-Lawine allergrößten Ausmaßes auf alle irgendwo und irgendwie in Italien sich bietenden militärischen Ziele bezwecken.

Ein Wort der Warnung muß ich doch noch anfügen. Wir wissen nicht, was in Italien geschehen wird; nun da Mussolini verschwunden und die Macht des Faschismus ein für alle Mal unwiederbringlich gebrochen ist, wäre es töricht, wenn wir uns der Mittel beraubten, um mit dem italienischen Volk zu allgemeinen Vereinbarungen zu kommen. Es wäre ein schwerer Fehler, wenn die zu seiner Rettung bereiten Mächte, Großbritannien und die Vereinigten Staaten, in einer Weise vorgingen, die die ganze Struktur und Form des italienischen Staatswesens zu Grunde richten würde, solange die italienischen Angelegenheiten sich in diesem flüssigen knet- und formbaren Zustand befinden. Wir haben keineswegs die Absicht, das Leben Italiens in einen Zustand von Chaos und Anarchie zu stürzen, um dann selbst keinerlei öffentliche Gewalt mehr zu finden, mit der wir zu arbeiten in der Lage wären. Verhielten wir uns so, dann würden wir unsere Heere und unsern Kriegseinsatz mit der Notwendigkeit belasten, das ganze Land Meile für Meile besetzen und jeden einzelnen noch bewaffneten und zusammenhaltenden Truppenkörper in jedem Landstrich, den unsere Wehrmacht betritt, nacheinander zur Waffenstreckung zwingen zu müssen. Riesige Besatzungs-, Ordnungs- und Verwaltungsaufgaben würden uns auferlegt, die nicht nur besorgniserregend viel Kraft, sondern noch mehr Zeit verschlingen würden.

Wir müssen uns hüten, nicht in eine Lage zu geraten gleich der, in die sich die Deutschen in so vielen Ländern verrannt haben, daß sie tagaus, tagein das gesamte Leben höchst volkreicher Gebiete mittels eines Netzes von »Gauleitern« bis ins Kleinste hinein ruhighalten und verwalten müssen, wodurch ihnen die Verantwortung für deren vollständige Erhaltung und Betreuung unter den schweren Umständen dieser Zeit zufällt. Ein solches Vorgehen könnte in praxi leicht dazu führen, daß das Gefühl der Befreiung, das wir dem italienischen Volk wohl bald zu spenden imstande sein werden, sich in dumpfe Unzufriedenheit mit uns und all unserem Tun verkehrt. Sehr bald könnten gar die Retter als Zwingherren betrachtet, ja vom italienischen Volk ebenso oder beinahe ebenso gehaßt werden, wie es seine deutschen Verbündeten haßt. Es ist keineswegs mein Wunsch, im Fall Italien einen Weg einzuschlagen, der zu Hinrichtungskommandos und Konzentrationslagern führen könnte, vor allem aber möchte ich vermeiden, daß wir die Sorge für eine Volksmasse auf unsere Schultern nehmen müssen, die dazu gebracht werden muß, für sich selbst Sorge zu tragen.

So ist in diesem Augenblick der Rat, den ich dem Unterhause, dem englischen Volk wie der britischen Völker- und Reichsgemeinschaft und auch unsern Bundesgenossen geben möchte, ein höchst einfacher. Wir sollten die Italiener, um mich volkstümlich auszudrücken, eine Zeit lang in ihrem eigenen Saft schmoren lassen, ihnen dabei jedoch aufs äußerste einheizen, um die Entwicklung zu beschleunigen, bis wir von ihrer Regierung, oder wer immer über die nötige Vollmacht verfügt, alle für uns unumgänglichen Zugeständnisse zur Weiterführung des Kriegs gegen unsern Haupt- und Erzfeind – nicht Italien, sondern Deutschland – erhalten. Es liegt im Interesse Italiens wie in dem der Alliierten, daß die bedingungslose Kapitulation Italiens in einem Zug und nicht tropfenweise vor sich geht. Ob das zu erreichen ist oder nicht, das weiß ich nicht; doch sollten Leute bei uns daheim wie anderwärts, denen die nötige Kenntnis aller mitspielenden Kräfte oder die Möglichkeit sachgemäßer Bewertung der verschiedenen Fakten und Faktoren natürlicherweise abgehen muß, im Moment mit Rede und Schrift Zurückhaltung üben, sonst vermehren sie bloß die Aufgaben, Mühen und Verluste unserer Truppen, verlängern und vertiefen sie die Unbilden, die nun einmal über die Welt gekommen sind.

Bei all diesen Angelegenheiten gehen wir natürlich in engster Verbindung mit den Vereinigten Staaten vor, unserm gleichberechtigten Partner, unserm guten, tapferen Kameraden bei dieser neuen gewaltigen Unternehmung im Mittelmeer. Auch unsere russischen Freunde werden regelmäßig auf dem laufenden gehalten. Unter den alliierten Befehlshabern auf dem Mittelmeer-Kriegsschauplatz herrscht engstes Einvernehmen über die höchst schwierigen Probleme, welche die unlösliche Verquickung von militärischen und politischen Gesichtspunkten unter diesen Umständen aufwirft; die britischen und amerikanischen Heere unter der gemeinsamen Führung arbeiten denn auch, als stellten sie das Heer einer einzigen Nation dar, ein Heer, das, wie ich dem Haus ins Gedächtnis rufen darf, die Befähigung zur Aufrechterhaltung einer Organisation von einer Kompliziertheit unter Beweis gestellt hat, die ans Wunderbare grenzt. Die beiden Regierungen stehen durch das Außenamt in dauernder Beratung und Verbindung miteinander, ich selbst, vom Kriegskabinett dazu ermächtigt, in fast täglichem Gedankenaustausch mit dem Präsidenten der Vereinigten Staaten. Ich darf der Ansicht Ausdruck geben, daß die Regierung Seiner Majestät ein Recht darauf hat, das unverbrüchliche, unbeeinträchtigte Vertrauen des Parlaments zu beanspruchen. Nach äußerst schwierigen und gefahrvollen Jahren ist unsere Führung des Kriegs wie der Politik von immer zunehmendem Erfolg begleitet, und ich bin überzeugt, es ist nicht der Wunsch des Hauses, daß wir just in diesem besonderen, auf raschen Szenenwechsel eingerichteten Wendepunkt der vollsten Freiheit zum Handeln, wie wir es im Namen und zum Vorteil der Nation für gut finden, beraubt werden. Es ist von ausschlaggebender Wichtigkeit, daß der Regierung auch weiterhin vom Hause vollständige Handlungsfreiheit gewährt, daß kein Versuch gemacht wird, die Verantwortung der Vollzugsgewalt einzuschränken, sowie daß keinerlei unoder vorzeitiges Drängen auf Abgabe von Erklärungen über Staatsgeschäfte von derartiger Tragweite und Verwickeltheit einsetzt.

An meinen verehrten Kollegen, den Führer des Hauses, sind Anfragen bezüglich einer Debatte gerichtet worden. Es ist vielleicht möglich, daß ich noch vor der Vertagung des Hauses eine weitere Erklärung nicht nur über die Lage im Mittelmeergebiet, sondern über den Krieg als Ganzes abzugeben im Stande bin. Falls sich die Möglichkeit dazu ergibt, so bin ich gerne bereit dazu; im Augenblick kann ich es jedoch nicht versprechen, da ich nicht weiß, ob bis zur nächsten Woche ein Punkt erreicht sein wird, von dem aus sich ein allgemeiner Überblick in sachdienlicher Weise gewinnen läßt. Sehr ausführliche, lebendige, ausgezeichnete Darstellungen aller Kampfhandlungen erscheinen in den Blättern. Ein gewaltiges Heer von Berichterstattern folgt den Bewegungen der Truppen; sie nehmen ihre Kameras ins heißeste Kampfgetümmel mit, und so wird die Tagespresse mit einer ungeheuren Fülle von hochinteressantem Material versorgt, das nach Qualität wie Exaktheit auf sehr hohem Niveau steht. Im gegenwärtigen Zeitpunkt vermöchte ich all dem recht wenig hinzuzufügen, es sei denn natürlich, ich stellte die Dinge unter dem Blickwinkel dar, unter dem ich und meine Kollegen sie betrachten, und verliehe den verschiedenen Fakten und Faktoren ihre eigentliche Gewichtsverteilung, d. h. die Gewichtsverteilung, die wir nach unserem ja nicht unfehlbaren Urteil für die eigentliche halten.

Ich möchte mir noch ein weiteres Wort der Warnung anzufügen erlauben, das meiner Meinung nach in einer Zeit, da wir ganz natürlicherweise in einer Hochstimmung sind, nicht unangebracht ist. Was bedeutet Italien als Kriegsfaktor? Italien stellt oder besser: stellte etwa, sagen wir, ein Zehntel der Macht Deutschlands dar. Die deutsche Zwingherrschaft wird jetzt von allen Seiten aufs heftigste berannt und belagert. Gewaltige Schlachten an der Russenfront, Schlachten, die den Umfang aller Kampfhandlungen, in die wir und die Amerikaner bisher zu Lande verwickelt waren, weit überschreiten, haben der deutschen Wehrmacht im Monat Juli erneut tiefe Wunden geschlagen. Die systematische Zertrümmerung der deutschen Städte wird erbarmungslos und mit stets zunehmender Wucht fortgesetzt. Der Geist des Aufruhrs erhebt in den unterjochten Ländern immer höher das Haupt. Die deutsche Herrschaft kann sich vom Nordkap in Norwegen bis zur Insel Kreta nur mittels scheußlicher, schonungsloser Grausamkeiten, Vergeltungsmaßnahmen und Massenschlächtereien halten. Die Hoffnungen der Deutschen, der U-Boot-Krieg werde eine Wendung des Kriegsglücks herbeiführen, sinken so rasch wie die U-Boote selber.

Das ganze Zukunftsbild für Partei und Regime der Nazis, ihr ganzes sozusagen ideologisches Zukunftsbild, wird von dem, was jetzt in Italien geschehen ist und noch geschehen wird, verwirrt und getrübt; der Sturz, die Niederwerfung des ersten der Diktatoren und Kriegsmacher in Staub und Schande klingt in den Ohren der übrigen gleich dem Geläut des Totenglöckleins.

Trotz alledem dürfen wir uns von dieser günstigen Wendung in unserm Geschick nicht blind machen lassen für das ungeheure Maß der Aufgabe, die noch vor uns liegt, der Anstrengungen, die wir noch zu leisten, der Entbehrungen und Widerwärtigkeiten, die wir noch auf uns zu nehmen und noch zu überwinden haben werden. Die deutsche Volkskraft ist immer noch mächtig. Die deutschen Heere, so ernstlich sie von den drei russischen Feldzügen angeschlagen sind, stehen noch unversehrt und gänzlich ungebrochen da. Hitler hat noch 300 Divisionen, ohne die der Vasallenstaaten, unter seinem Befehl. Drei Viertel davon sind einsatzfähig, und ihr Großteil ist noch immer gut ausgerüstet. Gerade jetzt schlagen wir uns mit einigen von diesen Divisionen in Sizilien herum, und wir haben festzustellen, daß sie in wohlvorbereiteten Stellungen hartnäckigen Widerstand leisten. In Deutschland selbst hält die Macht der Regierung jegliche Regung des deutschen Lebens unter ihrem Griff und Einfluß. Die Hilfsquellen von einem Dutzend Ländern befinden sich zur Ausbeutung in Hitlers Händen. Die Ernteaussichten sollen laut Berichten recht gut sein. Einem verhaßten Alpdruck gleich lastet die Kriegsmaschine der Nazis auf Europa, die wir indes von Grund auf zerstören werden; doch eben dieses unser höchstes Ziel müssen wir uns bei der Behandlung der italienischen Angelegenheit stets vor Augen halten. Sowohl unsere Strategie als unsere Politik sind, das darf ich wohl zu behaupten wagen, durch die Ereignisse gerechtfertigt worden, und ich hoffe, dem Parlament im Laufe der nächsten Monate weitere überzeugende Beweise für diese Behauptung bieten zu können. Wir können es uns jedoch nicht leisten, irgendeinen schwerwiegenden Fehler, der sich durch besonnene Voraussicht vermeiden läßt, zu begehen, und wir können es uns auch nicht leisten, die düstere Fahrt, auf der wir bis zum Ende ausharren werden, durch vermeidbare Fehlleistungen zu verlängern.

Anglo-amerikanische Einigkeit

6. September 1943, Harvard University, Boston

Präsident Roosevelt hatte dafür gesorgt, daß der Auftritt Churchills in Harvard, bei dem ihm die Ehrendoktorwürde verliehen wurde, mit allem Pomp und aller Farbe, die an britischen Universitäten Standard sind, inszeniert wurde. Für Churchill hatte man eigens eine Oxford-Robe aufgetrieben. Die Rede war ein feierlicher Aufruf zur Union der englisch sprechenden Völker. Sie endete mit einer typischen Churchill-Aussage, dem Bekenntnis zum Stolz, in einer so spannenden Zeit und prägenden Epoche der Menschheitsgeschichte zu leben.

Einer Feier dieser Art wohnte ich zum letzten Mal im Frühjahr 1941 bei, als ich in meiner Eigenschaft als Kanzler der Universität Bristol an den Botschafter der Vereinigten Staaten, Winant, sowie in absentia an Präsident Conant, unsern Präsidenten, der hier bei der heutigen Feier den Vorsitz führt, den Ehrendoktortitel verlieh. Damals wütete der »Blitz«, und gerade die Nacht vorher hatte er Bristol schwer getroffen. Mehrere hundert Menschen waren getötet oder verletzt worden. Viele Häuser waren zerstört. In der Nähe der Universität brannten noch immer Gebäude, und viele der leitenden Persönlichkeiten der Universität, die bei der Feier mitwirkten, hatten ihre Talare über verschmutzte und durchnäßte Uniformen angezogen; alles ging jedoch tadellos und würdig unter genauer Einhaltung der alten Bräuche vonstatten.

Nun befinde ich mich also heute wieder einmal in akademischen – Hainen ist, denke ich, das richtige Wort –, wo Wissen gehäuft, zum Lernen angespornt, Denken gehegt und Tugend gepflegt wird. Hier in den weiten Vereinigten Staaten können wir auf die Welt blicken mit all ihren Wundern und all ihrem Weh. Was aber erblicke ich, wenn ich durch eure Straßen gehe, wenn ich mich in dieser großen Versammlung umschaue?

Überall sehe ich Uniformen. Ich höre, daß fast die gesamten Kräfte der Universität der Vorbereitung der amerikanischen Jugend für das Schlachtfeld zugeführt worden sind. Zu diesem

Zweck sind alle Klassen und Lehrpläne umgewandelt, ja, die heiligsten Überlieferungen hinsichtlich Ferien und Freizeit sind hinweggefegt worden und aufgegangen in einem Ganzjahrs- und Ganztagsbetrieb zur Ausbildung von Soldaten und Technikern für die Kampffronten.

Zweimal habe ich es nun erlebt, daß das Schicksal seinen langen Arm ausgestreckt hat über die Meere hinweg, um das ganze Leben und die ganze Manneskraft der Vereinigten Staaten in einen Kampf auf Leben und Tod hineinzureißen. Es hätte keinen Sinn, Reden zu führen wie: »Wir mögen das nicht; wir haben keine Lust dazu; unsere Vorfahren haben Europa verlassen, um diesem Gezänk zu entgehen; wir haben eine neue Welt gegründet, die mit der alten keinen Zusammenhang hat.« Das alles hat keinen Sinn. Schonungslos reckt sich der lange Arm aus, und das Dasein, die Umwelt, der Horizont eines jeden ist einem plötzlichen, unwiderstehlichen Wandel unterworfen. Wie lassen sich diese merkwürdigen Tatsachen erklären, Herr Präsident, und welchen tieferen Gesetzen entsprechen sie? Ich möchte hier nur eine Erklärung vorbringen – es gibt deren noch andere, aber eine wird genügen. Der Preis der Größe heißt Verantwortung. Wenn das amerikanische Volk, im Kampf mit der Wildnis, alle Hände voll mit seinen Geschäften, in einer Geistesverfassung von Mittelmäßigkeit als ein für den Gang der Welt unbeträchtlicher Faktor weiter dahingelebt haben würde, so hätte es wohl im Schutz seiner Meere übersehen und unbehelligt bleiben können: aber man kann nicht aufsteigen zu einer Gemeinschaft, die in vielerlei Hinsicht die führende in der Kulturwelt ist, ohne daß man in ihre Probleme verwickelt, von ihren Krämpfen geschüttelt und von ihren Antrieben durchpulst wird.

Das amerikanische Volk kann der Weltverantwortung nicht entrinnen. Obwohl wir in einer so aufgewühlten Zeit leben, daß Voraussagen kaum gemacht werden können, so können wir doch dessen ganz sicher sein, daß diese Entwicklung sich mit jedem Schritt, den die Vereinigten Staaten zu Reichtum und Macht vorwärts tun, sich verstärken wird.

Wir haben das Fliegen erlernt. Welch wundersame Wandlungen ergeben sich aus dieser neuen Errungenschaft! Der Mensch hat sich aus der Kameradschaft mit seinem getreuen Freund, dem Roß, gelöst und hat sich ins Himmelsblau aufgeschwungen mit den Adlern; Adlern, deren Herz ein Höllenbrand (Gelächter) ..., ich meine: ein Verbrennungsmotor ist.* Wo sind nun die weiten Weltmeere, die sternübersäten Wüsten? Vor unsern Augen schrumpfen sie zusammen. Selbst bejahrte Parlamentarier wie ich sehen sich gezwungen, einen hohen Grad von Beweglichkeit anzunehmen.

Der Jugend Amerikas jedoch wie der Jugend Englands sage ich: »Ihr könnt nicht haltmachen.« Wo wir jetzt sind, da gibt's kein Verweilen. Wir haben jetzt auf unserer Reise einen Stand erreicht, wo keine Rast erlaubt ist. Wir müssen vorwärts. Weltanarchie oder Weltordnung heißt die Losung. In all dem Leid und Streit, die unser Zeitalter bezeichnen, findet ihr in der britischen Völkergemeinschaft und im Britischen Reich gute Kameraden, mit denen euch noch andere Bande verknüpfen als Staatsraison und politische Notwendigkeiten. In hohem Maße sind es Bande des Bluts und der Geschichte. Ich als Sprößling beider Welten, ich bin mir ihrer selbstverständlich bewußt.

Recht, Sprache, Schrifttum – das sind ansehnliche Faktoren. Gemeinsame Anschauungen über das, was recht ist und sich ziemt, die ausgesprochene Achtung für »fair play«, insbesondere gegenüber Armen und Schwachen, ein strenges Gefühl für Gerechtigkeit ohne Ansehung der Partei, über allem aber die Hiebe zur persönlichen Freiheit oder, wie Kipling es ausdrückt: »Zu leben erlaubt, nach niemands Verlaub, dem Gesetz untertan« – das sind die gemeinsamen Anschauungen zu beiden Seiten des Ozeans unter den englischsprechenden Völkern. Und an diesen Anschauungen halten wir so fest wie ihr.

* Unübersetzbares Wortspiel, dem die – gewollte – Verwechslung von »infernal« und »internal« zugrunde liegt.

Wir führen nicht einfach Krieg mit Völkern als solchen. Unser Feind ist die Tyrannis, wie immer herausgeputzt oder vermummt sie sein mag, welche Sprache immer sie spricht, sei es nach außenhin, sei's nach innen, ständig müssen wir auf der Hut sein, ständig gewappnet und wachsam, stets bereit, ihr an die Gurgel zu springen. Allerwege gehen wir zusammen. Wir gehen aber und kämpfen nicht nur in diesem Augenblick Schulter an Schulter unter dem feindlichen Feuer auf dem Schlachtfeld und in der Luft, sondern auch im Bereich der Gedanken, die sich dem Recht und der Würde des Menschen weihen.

Gerade im Augenblick sehen wir den Ausschuß der vereinigten britischen und amerikanischen Generalstäbe, der unmittelbar unter dem Präsidenten und mir als dem Vertreter des englischen Kriegskabinetts arbeitet, in ununterbrochener, angespannter Tätigkeit. Dieser Ausschuß mit seinem gut eingespielten Apparat von Stabsoffizieren aller Grade verfügt über alle uns zu Gebote stehenden Hilfsmittel und setzt britische wie amerikanische Truppen, Schiffe, Flugzeuge und allen sonstigen Rüstungsbedarf ein, als seien es die Mittel eines einzigen Staats oder Volks.

Ich möchte nicht sagen, daß es unter diesen Autoritäten ihres Fachs keine Meinungsverschiedenheiten gäbe. Es wäre ja unnatürlich, wenn es dergleichen nicht gäbe. Darum eben ist es nötig, daß alle zwei, drei Monate eine Zusammenkunft aller ausschlaggebenden Persönlichkeiten stattfindet. Alle diese Männer kennen einander, trauen einander, schätzen einander, und die meisten von ihnen haben lange miteinander gearbeitet. Wenn sie zusammentreten, so ackern sie alles mit rückhaltloser Offenheit und in klarer, unverblümter Aussprache durch, und ein paar Tage danach hat der Präsident ihren aufrichtigen, einhelligen Rat bei der Hand.

Das ist eine großartige Einrichtung. Im vorigen Krieg war nichts dergleichen vorhanden. Niemals bestand dergleichen zwischen Verbündeten. Ein Gegenstück dazu in noch engmaschigerer Form besteht im Hauptquartier General Eisenhowers an der Mittelmeerfront, wo alles kunterbunt gemischt ist und Soldaten vom Oberkommandierenden oder dessen Stellvertreter, General Alexander, eingesetzt werden ohne den entferntesten Gedanken daran, ob es Engländer, Amerikaner oder Kanadier sind, sondern lediglich nach Maßgabe des für den Kampf Erforderlichen.

Es wäre nun meinem Dafürhalten nach sehr töricht und unbedacht von seiten unserer beiden Regierungen oder auch nur einer von ihnen, diesen ganz reibungslos arbeitenden und unendlich machtvollen Apparat aufzulösen, sobald der Krieg vorüber ist. Um unserer eignen wie um der Sicherheit der übrigen Welt willen sind wir verpflichtet, ihn nach dem Krieg weiter bestehen und in Betrieb zu lassen – für eine Reihe von Jahren wohl noch, nicht nur bis wir irgendeine Weltordnung zur Erhaltung des Friedens geschaffen haben, sondern auch bis wir wissen, daß diese Ordnung uns wirklich den Schutz verleiht, den wir gegen Gefahr und Angriff brauchen, einen Schutz, den wir jetzt schon in zwei Weltkriegen erkämpfen mußten.

Ich bin natürlich nicht in der Lage, darüber zu urteilen, ob dies in den Vereinigten Staaten eine Parteienfrage werden wird, und ich nehme mir nicht heraus, auf diesen Punkt einzugehen. Ich bin jedoch überzeugt, daß in England keine Parteienfrage daraus gemacht wird. Wir dürfen keine der Sicherheiten fahren lassen, die wir zur Erhaltung unseres Lebens und unserer Freiheiten für notwendig befunden haben, bevor wir dessen nicht ganz gewiß sind, daß wir etwas an ihre Stelle zu setzen haben, was uns eine ebenso feste Gewähr gibt.

Der große Bismarck – denn es gab einmal große Männer in Deutschland – soll gegen sein Lebensende hin die Bemerkung gemacht haben, der mächtigste Faktor im Gesellschaftsleben der Menschheit zu Ende des neunzehnten Jahrhunderts sei der Umstand gewesen, daß das englische und das amerikanische Volk die gleiche Sprache redeten. Das war ein hochbedeutsamer Ausspruch. Jedenfalls war es dies, was uns in den Stand gesetzt hat, in einer engen und einhelligen Verbindung, wie sie nie bisher zwischen Bundesgenossen erreicht wurde, den Krieg zu bestehen.

Dieses Geschenk der gemeinsamen Sprache ist ein unbezahlbares Erbe, das eines Tages wohl einmal zur Begründung einer gemeinsamen Staatsbürgerschaft führen mag. Ich stelle mir gern vor, daß Engländer und Amerikaner sich frei über unsrer beider weiträumiges Land bewegen und ihnen dabei kaum der Gedanke kommt, Fremde füreinander zu sein. Aber ich sehe nicht ein, warum wir nicht versuchen sollten, unsere gemeinsame Sprache noch weiter über den Erdball zu verbreiten und uns, ohne irgendwen in selbstsüchtiger Weise übervorteilen zu wollen, diese unschätzbare Annehmlichkeit, dieses Erstgeburtsrecht zunutze zu machen.

Vor einigen Monaten veranlaßte ich das englische Kabinett zur Ernennung einer ministeriellen Kommission zur Abklärung und Berichterstattung über Basic English. Ich gebe Ihnen hier den Plan. Es gibt noch andere Pläne; dieser hier jedoch ist ein sorgfältig ausgearbeiteter Vorschlag für eine Weltsprache, die eine umfassende Anwendung im Geschäftsleben und zum Gedankenaustausch gestattet. Sie ist zusammengedrängt in ungefähr 650 Haupt- und etwa 200 Zeitwörter oder andere Satzteile – nicht mehr also tatsächlich, als auf eine Seite eines einzigen Blatts Papier geht.

Welche Freude war es für mich, als ich jüngst eines Abends den Präsidenten der Vereinigten Staaten ganz unerwartet über die Verdienste des Basic English sprechen hörte, und ist es nicht ein merkwürdiges Zusammentreffen, daß ich mit dem Gedanken an diese Dinge nun in Harvard eintreffe, um der schon so lange vorliegenden Einladung zur Entgegennahme dieses Diploms nachzukommen, mit der Präsident Conant mich beehrt hat? Denn Harvard hat zur Förderung der Verbreitung von Basic English mehr getan als jede andere amerikanische Universität. Das erste Werk über Basic English wurde gemeinsam von zwei Engländern geschrieben, nämlich von Ivor Richards, der jetzt in Harvard lehrt, und C. K. Ogden von der Universität Cambridge in England.

Die Harvarder Kommission für das Studium der englischen Sprache hat sich durch Forschung wie praktische Arbeit, besonders durch Einführung des Basic English in Latein-Amerika, ausgezeichnet; und diese Kommission arbeitet jetzt, wie ich höre, daran, an den Sekundarschulen in Boston den Gebrauch von Basic English beim Unterricht der Schriftsprache für amerikanische Kinder sowie beim Vorbereitungsunterricht der fremden Einwanderer für die Erlangung des Bürgerrechts einzuführen.

Meine Herren, ich spreche Ihnen meine Hochachtung aus. Ich möchte nicht übertreiben, aber Sie stellen die Hauptströmung dessen dar, was ein mächtiger, frucht- und gesundheitsbringender Fluß werden kann. Für uns alle wäre es gewiß eine große Annehmlichkeit, uns frei in der Welt umherbewegen zu können – wozu uns die Entwicklung der Kenntnis von der Welt mehr denn je instand setzt –, frei durch die Welt zu schweifen und dabei überall ein, sei es noch so primitives, Mittel der Verständigung und des Gedankenaustauschs vorzufinden. Wäre das nicht auch von Vorteil für viele Völker und eine Hilfe für den Aufbau unseres neuen Bauwerks zur Erhaltung des Friedens? Große Möglichkeiten bestehen hier, und ich sage: »Machen wir uns gemeinsam dran! Gehen wir wieder los wie bei der Boston Tea Party!«*

Gehen wir ans Werk, wie wir es bei andern Angelegenheiten und Maßnahmen zu ähnlichem Zweck und Ziel tun – gehen wir ans Werk, niemand zuleide und allen zuliebe. Solches Vorhaben bietet weit besseren Lohn, denn anderen Völkern ihre Provinzen und Länder wegzunehmen oder sie auszubeuten und dabei halbtot zu schinden. Die Weltreiche der Zukunft sind die Weltreiche des Geistes.

Ja, Herr Präsident, es wäre beklagenswert, wenn die, denen die Pflicht obliegt, große Nationen durch diesen jammervollen, zähen Krieg hindurchzuführen, ihre Geistes- und Tatkraft ablenken ließen von der Aufstellung der Pläne, die der Erfüllung unserer redlichen Vorsätze ohne unnütze Verlängerung von Blutvergießen und Verwüstung gelten.

* Anspielung auf die Vorgänge, die – im Dezember 1773 – zum Ausbruch des amerikanischen Unabhängigkeitskriegs führten.

Wir haben indes auch die Pflicht, solange unser Leben und unsere Kraft dazu ausreichen und soweit es ohne Schädigung unserer allen andern vorangehenden militärischen Aufgaben geschehen kann, einen Blick vorauszuwerfen auf jene mit Sicherheit sich einstellenden Tage, da wir endlich Satan niedergeschlagen und den Fuß auf seinen Nacken gesetzt haben und da wir uns samt den andern großen Bundesgenossen mit einem Mal als die Herren und die Diener der Zukunft erkennen. Mannigfache Pläne zur Aufrichtung der Weltsicherheit unter Wahrung der nationalen Rechte, Überlieferungen und Gewohnheiten befinden sich in Bearbeitung und Prüfung.

Wir verfügen bereits über die gute Arbeit, die vor einem Vierteljahrhundert von denen geleistet wurde, welche nach dem vorigen Krieg den Völkerbund ersannen und ihn in die Tat umzusetzen versuchten. Es wird behauptet, der Völkerbund habe versagt. Wenn dem so ist, so ist es in der Hauptsache darum geschehen, weil er verlassen und später verraten wurde; weil die, die seine besten Freunde waren, auf lange Zeit hinaus an einem oberflächlichen Pazifismus krankten; weil die Vereinigten Staaten, die zu ihm den Anstoß gegeben hatten, von ihm abkamen; weil in einer Zeit, da Frankreich ausgeblutet war, da in England Sorg- und Kopflosigkeit herrschten, in Deutschland, Italien und Japan eine ungeheuerliche Saat von Angriffslust in die Halme schoß.

Aus bitterer Erfahrung haben wir gelernt, daß stärkere, wirksamere, strengere Welteinrichtungen zur Wahrung des Friedens und zur Unterbindung von Anlässen zu künftigen Kriegen geschaffen werden müssen. Zu dieser Aufgabe müssen sich die stärksten der Siegernationen zusammentun, und es müssen sich ihnen jene anschließen, die die Last und Glut dieser Zeit durchgekostet und die Schläge des Unglücks durchlitten haben. Was diese Aufgabe, die schöpferische Aufgabe angeht, so sind die einen für einen Weltrat mit ihm untergeordneten Räten der einzelnen Länder oder Erdteile, andere dagegen hätten lieber eine etwas davon abweichende Organisation.

All diese Dinge liegen uns am Herzen trotz des Krieges, von dem niemand sagen kann, ob er bereits seinen Höhepunkt erreicht hat, und der für uns Engländer und Amerikaner jetzt vielleicht in seinen schärfsten und kostspieligsten Abschnitt eintritt. Aber ich kann Ihnen sagen: Welche Form auch immer Sie dem System für die Weltsicherheit geben, wie immer die Völker auch gruppiert und eingereiht sein mögen, welche Abstriche von der einzelstaatlichen Souveränität auch immer zugunsten eines umfassenderen Gesamtgebildes gemacht werden: nichts von all dem wird richtig in Gang kommen oder für längere Zeit im Gang bleiben, wenn sich nicht das britische und das amerikanische Volk gemeinsam dafür einsetzen.

Wenn wir zusammenhalten, so ist nichts unmöglich. Wenn wir uns trennen, wird alles mißraten. Darum predige ich dauernd die Lehre von der brüderlichen Vereinigung unserer beiden Völker, nicht weil ich für eines von ihnen die Erringung irgendwelcher gierig erstrebter Vorteile materieller Art bezwecke, nicht aus Sucht nach Gebietserweiterung oder aus Lust am eitlen Prunk irdischer Herrschaft, sondern um des Dienstes an der Menschheit und um der Ehre willen, die aus dem treuen Dienst an einer guten Sache fließt.

Gestatten Sie mir auch zu erwähnen, wie stolz wir eigentlich sein müßten, Junge wie Alte, in dieser gewaltigen, aufwühlenden, umgestaltenden Epoche der Menschheitsgeschichte zu leben, und welch einen Glücksfall für die Welt es bedeutet, daß, als die große Prüfung über sie kam, eine Generation vorhanden war, die Schreckensherrschaft nicht zu besiegen und viehische Gewalt nicht zu unterwerfen vermochte. Mögen alle, die hier versammelt sind, sich – im Sinne der Liederworte, die wir soeben gesungen haben – ins Gedächtnis rufen, mögen wir alle, die wir hier versammelt sind, dessen eingedenk sein, daß wir auf der Bühne der Geschichte stehen und daß unser Verhalten, gleichviel, an welcher Stelle und welche Rolle wir zu spielen haben, sei sie nun groß oder klein, nicht nur vor dem Urteil der Geschichte, sondern auch vor dem unserer eigenen Nachkommen zu bestehen haben wird.

Erheben wir uns zur ganzen Höhe unserer Pflicht und unseres Vermögens, und danken wir Gott für den Seelenlohn, den er jeder Art tapfer und treu geleisteten Dienstes gewährt.

Dem Sieg entgegen

22. Februar 1944, Unterhaus

Diesen Kriegsbericht Churchills durchzieht der Optimismus, daß der Zeitpunkt des endgültigen Sieges über Deutschland nicht mehr fern ist.

Dies ist keine Zeit zur Trauer oder zur Freude. Es ist eine Zeit zur Vorbereitung, zur Anstrengung und zum Entschluß. Noch ist Krieg. Ich habe niemals den Standpunkt vertreten, daß das Ende des Krieges in Europa nahe bevorsteht oder daß Hitler bald zusammenbrechen wird, und habe niemals Zusicherungen gegeben oder auch nur behauptet, daß das Jahr 1944 das Ende des europäischen Krieges bringen wird. Ich habe aber auch nie das Gegenteil behauptet. Im großen ganzen weisen meine Informationen darauf hin – und ich habe eine ganze Menge Informationen –, daß Hitler und seine Polizei noch die volle Kontrolle ausüben und daß die Nazi-Partei und die Generäle sich entschlossen haben zusammenzuhalten. Die Kampfstärke der deutschen Armee beträgt ungefähr 300 Divisionen, von denen allerdings viele nicht die volle Kampfstärke aufweisen. Der Kampfwert der Truppen ist hoch. Der deutsche Generalstab, den wir nach dem letzten Krieg aufzulösen versäumten, stellt einen Orden dar, der viele tausend aufs beste ausgebildeter Offiziere umfaßt und ein lange und ohne Unterbrechung gelehrtes Dogma vertritt. Er besitzt große Geschicklichkeit, sowohl was die Verwendung der Truppe im Gefecht betrifft, wie auch ihre rasche Verschiebung von einem Ort zum andern. Die jüngsten Ereignisse in Italien können darüber keinen Zweifel aufkommen lassen.

Es ist wahr, daß die Ergebnisse unserer Bombardierungen eine bemerkenswerte Wirkung auf Deutschlands Produktion von Kriegsmaterial ausgeübt haben. Im Volke erzeugten sie eine dumpfe Niedergeschlagenheit, die wiederum auf die Produktion von Kriegsmaterial und alle A.R.P.-Dienste zurückwirkt. Die blendenden Siege unserer Sowjet-Verbündeten an der Ostfront fügen dem Feinde ungeheure Verluste zu. Der Umstand, daß derart viele feindliche Divisionen nach Italien und Jugoslawien abgezogen wurden, während andere große Truppeneinheiten in Frankreich und den Niederlanden aus Furcht vor einer Invasion gebunden werden, hat zu diesen Siegen beigetragen. Überdies haben die anglo-amerikanischen Bombardierungen in Deutschland, die faktisch mehr als drei Millionen Deutsche völlig in Anspruch nehmen, nebst den übrigen britischen und amerikanischen Unternehmungen vier Fünftel des Bestandes an deutschen Jagdfliegern an die britisch-amerikanische Front abgezogen. Ich glaube, auch ein großer Teil der deutschen Bomber steht gegen uns und unseren amerikanischen Verbündeten im Einsatz.

Auch das war eine Hilfe für die Sowjet-Union. Diese Feststellung muß man, glaube ich, machen, um den Westlichen Alliierten Gerechtigkeit widerfahren zu lassen. Und sie nimmt den russischen Waffen keineswegs etwas von ihrem Ruhm. Wenn man die allgemeine Basis des heutigen Geschehens überblickt, dann muß man sich auch vor Augen halten, daß die deutschen Truppen, die sich nach Westen zurückziehen, viele Gelegenheiten zur Frontverkürzung finden werden und daß sie, sobald sie sich einmal entschließen, ihre Verluste auf dem Balkan oder der italienischen Halbinsel abzuschreiben, eine beträchtliche Anzahl Divisionen zur Verstärkung ihrer Hauptreserve freibekommen werden. Es liegt mir fern, irgendwelche prahlerischen Darstellungen der Rolle machen zu wollen, die diese Insel im Kriege spielt. Indessen dürften die Interessen unseres gesamten Bündnisses darunter leiden, wenn die übrigen Partner in Unkenntnis des britischen Anteils an den großen Dingen bleiben, die sich nun ereignen werden. Und auch die Dominions haben das Recht zu wissen, daß das Mutterland seine Rolle erfüllt.

Ich halte es daher für meine Pflicht, ein paar Tatsachen festzustellen, die vielleicht nicht allgemein bekannt sind. So zum Beispiel versenkten Schiffe der Royal Navy und Flugzeuge der Royal Air Force, das heißt die Streitkräfte des Mutterlandes allein, seit dem 1. Januar 1943 bis zum heutigen Zeitpunkt, Mitte Februar, mehr als die Hälfte aller Unterseeboote, für deren Versenkung wir durch lebende Gefangene

Beweise haben, und zerstörten mehr als 40 Prozent der großen Anzahl anderer Unterseeboote, für deren Vernichtung wir weder durch Leichen noch durch Trümmer einen schlüssigen Beweis haben. Weiter wurden zur See, abgesehen von den feindlichen Unterseebooten, durch Kampfhandlungen britischer Einheiten allein seit dem 1. Januar 1943 19 feindliche Kriegsschiffe versenkt und eine große Anzahl E-Boote, Begleitschiffe, Minenräumboote und andere Hilfsschiffe. Auch die Versenkung von 316 Handelsschiffen von zusammen 835 000 Tonnen, die in derselben Zeit erfolgte, ist in der Hauptsache Kampfhandlungen britischer Einheiten zuzuschreiben. Im gleichen Zeitraum kamen 7677 Offiziere und Mannschaften der Royal Navy und 4200 Offiziere und Mannschaften der Handelsmarine auf britischen Schiffen ums Leben. Diese Ziffer gibt indessen keineswegs die Gesamtzahl aller Opfer unserer Handelsmarine bis zum jetzigen Zeitpunkt an, denn erst vor ganz kurzer Zeit trat eine Wendung zum Besseren ein. Seit Beginn des Krieges beträgt der Anteil der Seeleute der Handelsmarine, die allein von diesen Inseln kamen und die ihr Leben in Erfüllung der entscheidend wichtigen Pflicht verloren, ungefähr ein Fünftel der Durchschnittszahl der in diesem Dienstzweig tätigen Seeleute. Die Gesamtverluste an Offizieren und Mannschaften der Royal Navy betragen seit Kriegsausbruch genau 30 Prozent des Vorkriegsbestandes oder in Zahlen 41 000 Tote von 133 000 Mann, die den Gesamtbestand bei Beginn des Krieges ausmachten. Seit dem 1. Januar 1943 haben die Schiffe der Royal Navy in 716 Einsätzen die feindlichen Küsten bombardiert. Im gleichen Zeitabschnitt gingen 95 Kriegsschiffe verloren oder wurden für länger als ein Jahr dienstuntauglich, schwer dienstuntauglich.

Wenden wir uns dem Luftkrieg zu, so fiel die Ehre, Berlin zu bombardieren, uns fast allein zu. Bis zum gegenwärtigen Zeitpunkt haben wir den Hauptangriff gegen Deutschland geführt. Die Staffeln der Dominions und Alliierten, die mit der Royal Air Force zusammenwirken, nicht mitgerechnet, haben diese Inseln seit Beginn des Krieges 38 300 Piloten und Bordmannschaften an Toten, 10400 an Vermißten und mehr als 10000 Flugzeuge verloren, während beinahe 900000 Einflüge in das nordeuropäische Kampfgebiet gemacht wurden. Was nun die Armee betrifft, so war die British Army im Jahre 1939 nicht viel mehr als eine Polizeitruppe, und dennoch hat sie in allen Teilen der Welt gefochten – in Norwegen, Frankreich, Holland, Belgien, Ägypten, Eritrea, Abessinien, Somaliland, auf Madagaskar, in Syrien, Nordafrika, Persien, auf Sizilien, in Italien, Griechenland, auf Kreta, in Burma, auf Malaya und in Hongkong. Ich kann in dieser Rede unmöglich alle Feldzüge beschreiben und die unendliche Mannigfaltigkeit der sie kennzeichnenden Einzelheiten; die Geschichte aber wird es verzeichnen, um wieviel größer der Beitrag unserer Soldaten war im Verhältnis zu der uns auf diesen Inseln zur Verfügung stehenden Menschenreserven. Die anglo-amerikanischen Luftangriffe auf Deutschland sind gegenwärtig als unsere hauptsächlichste offensive Kraftanstrengung zu betrachten. Bis gegen die Mitte des Jahres 1943 waren die von uns eingesetzten Streitkräfte an Zahl weitaus überlegen. Als Ergebnis der ungeheuren Transporte, die während des Jahres 1943 über den Atlantik erfolgten, beginnen die Bomber-Streitkräfte der Vereinigten Staaten unsere eigenen zu übersteigen und werden bald noch wesentlich größer sein. Ich freue mich, dies zu sagen.

Die Leistungen der beiden Streitkräfte ergänzen sich sehr gut und sind, jede für sich gemessen an dem Maßstab der Vergangenheit, ungeheuer. Ich will das jüngste Beispiel nehmen. Während achtundvierzig Stunden, beginnend mit dem 20. Februar, 3 Uhr morgens, wurden vier große Angriffe gegen Deutschland unternommen. Der erste richtete sich in der Nacht vom 19. auf den 20. Februar gegen Leipzig. An ihm nahmen beinahe tausend Flugzeuge teil, von denen 79 verlorengingen. Am Sonntag morgen wurde ein gewaltiger amerikanischer Angriff von beinahe 1000 Bombern, die von einer noch größeren Zahl amerikanischer und britischer Jäger, in der Hauptsache amerikanischer Jäger, begleitet wurden, gegen deutsche Städte, darunter auch Leipzig, in vollem Tageslicht geflogen. Die Verluste bei diesem Angriff waren dadurch beträchtlich geringer, da die feindlichen Jäger durch die britischen Kampfhandlungen der vergangenen Nacht bereits zerschmettert worden waren. Die Jäger landen nicht auf ihren eigenen Flugbasen und können deswegen kurz nachher nicht so rasch zum Einsatz gebracht werden. Die volle Wirkung der amerikanischen Präzisions-Bombardierungen war also festzustellen.

Kurz darauf, in der Nacht vom 20. auf den 21., wurde ein anderer britischer Angriff, diesmal gegen Stuttgart, mit sehr starken Kräften – 600 bis 700 Maschinen – durchgeführt. Die Wirkung der Bombardierungen in den vorhergehenden vierundzwanzig Stunden unterstützte diesen Raid in großem Maß. Schließlich flogen amerikanische Streitkräfte am Montag, wieder in voller Stärke, ab und erbrachten den Beweis der Luftüberlegenheit unserer vereinten Kräfte in höchst wirkungsvoller Weise. Zusammen stellen diese vier Luftangriffe, bei denen über 9 000 Tonnen Bomben von den beiden alliierten und den sie ergänzenden Luftstreitkräften abgeworfen wurden, die allerheftigsten Angriffe vor, die bisher gegen Deutschland unternommen wurde und sie beweisen auch den Wert einer in jeder Hinsicht vollen Entfaltung des Luftkrieges. Die Lage wird sich in demselben Maß, in dem unsere Streitkräfte sich entwickeln und die amerikanischen Streitkräfte ihre volle Stärke und Schlagkraft erreichen, bessern.

Im Frühling und Sommer wird die Wucht der gegen militärische Ziele in Deutschland und in den von Deutschland besetzten Ländern gerichteten Angriffe gewaltig zunehmen. Langstreckenbomber werden aus Italien wirksame Einflüge in Süddeutschland machen. Wir erwarten eine sehr große Einschränkung und Verwirrung der gesamten deutschen Kriegsmaterialerzeugung, gleichgültig in wie entfernte Gebiete die Fabriken auch verlegt wurden. Dazu kommt, daß die Präzision der amerikanischen Tagesangriffe außerordentliche Resultate gegen einzelne Ziele hervorbringt, und zwar nicht nur bei klarer Sicht, sondern jetzt, dank der Entwicklung der Navigationshilfsmittel, auch durch Wolken hindurch. Die gesamte

Luftoffensive ist die Grundlage, auf der wir unsere Pläne für eine Invasion aufbauen. Ausmaß und Abstufung der Angriffe wird die Maße all dessen, was wir bisher eingesetzt haben oder uns auch nur vorgestellt haben, weit übersteigen. Der Gedanke, wir sollten die Verwendung dieses besten Instrumentes zur Abkürzung des Krieges einschränken oder weiter beschränken, wird von den Regierungen der Alliierten nicht angenommen werden. Das richtige Verhalten der deutschen Zivilpersonen und Nichtkämpfer besteht darin, die Zentren der Kriegsmaterialerzeugung zu verlassen und sich aufs Land zu flüchten. Wir beabsichtigen, die Produktion von Kriegsmaterial im weitesten Sinn in allen deutschen Großstädten, Städten und Fabrikationszentren unmöglich zu machen.

Die Wiedervergeltung des Feindes war bisher nicht übermäßig, wir müssen aber darauf gefaßt sein, daß sie zunimmt. Hitler muß dringend seine Gegenangriffe übertreiben, um die früher irregeführte Bevölkerung seines Landes versöhnlich zu stimmen. Von den Luftangriffen abgesehen, bereiten die Deutschen an der französischen Küste in ziemlichem Ausmaß neue Angriffsmittel gegen unser Land vor, und zwar entweder ferngesteuerte Flugzeuge, möglicherweise auch Raketen, oder beides zugleich. Wir haben all das lange mit größter Wachsamkeit beobachtet. Wo immer sich Anzeichen solcher Vorbereitungen zeigen, schlagen wir zu, sobald das Wetter einem derartigen Unternehmen günstig ist, und zwar im größtmöglichen Ausmaß, ohne unsere strategische Offensive gegen Deutschland dadurch zu beeinträchtigen. Ein genauer Plan, welche Objekte in erster Linie bombardiert werden müssen, an dem eine große Anzahl außerordentlich geschickter amerikanischer und britischer Offiziere ständig arbeitet, hat, zusammen mit den Richtlinien, welche die vereinten Stabschefs in Washington geben, unseren Einsatz seit einiger Zeit bestimmt; er wird fortlaufend auf unsere strategischen Bedürfnisse und Ziele abgestimmt. Ich glaube nicht, daß eine bessere Einrichtung ersonnen werden kann. Sie ist stets anpassungsfähig genug, um uns eine Abschweifung auf ein besonders verlockendes Ziel, zum Beispiel Sofia, die Hauptstadt des verhaßten Bulgarien, zu gestatten. Natürlich kommt dem Wetter bei der Entscheidung, gegen welche Ziele die Angriffe jedes Tages und jeder Nacht geführt werden sollen, abschließende Bedeutung zu. Das bürdet den Offizieren, die gegenwärtig diese ungeheure Menge Flugzeuge einzusetzen haben, große Verantwortung auf. Der Gebrauch, den wir von unserer Luftwaffe machen, hat auch Einfluß auf die gesamte Kriegslage; durch den Zoll, den er bei Tag und bei Nacht von den feindlichen Jägern fordert, insbesondere aber durch die Tagesangriffe der Amerikaner; denn diese haben mit ihren Formationen fliegender Festungen sehr große Kämpfe gegen die feindlichen Jagdflugzeuge geliefert.

Wir haben bereits gesehen, daß die Deutschen ihr Bauprogramm für Flugzeuge hauptsächlich auf Jagdflugzeuge abgestellt haben, was darauf hinweist, wie sehr sie in der Luft bereits in die Defensive gedrängt wurden. Diese neuen deutschen Jäger werden nun erbarmungslos zerstört, sowohl in der Luft wie auch in den Fabriken, die das Ziel der ständigen Angriffe sind. Wir nehmen jede Gelegenheit wahr und werden sie wahrnehmen, den Feind zu zwingen, seinen Bestand an Jagdflugzeugen zu verbrauchen und zu erschöpfen. Unsere Produktion an Flugzeugen, sowohl Jägern wie auch Bombern, übersteigt in jeder Hinsicht die der Deutschen bereits bei weitem. Die russische Produktion entspricht ungefähr unserer eigenen. Die amerikanische Produktion allein ist doppelt oder dreifach so groß wie die deutsche. Wenn ich Produktion sage, so meine ich damit nicht nur die an Flugzeugen, nicht allein die Produktion von Maschinen, sondern des gesamten riesigen Apparates an Fliegerschulen und Hilfsdiensten, welcher die Luftwaffe bedarf und ohne deren Wirksamkeit sie nicht in Erscheinung zu treten vermag. Was Deutschland erleben wird, wenn seine Verteidigung durch Jagdflieger beinahe vollkommen ausgeschaltet ist und Flugzeuge können überall hinfliegen im ganzen Lande, bei Tag und bei Nacht, ohne etwas anderes als die Flak – die Luftabwehr – fürchten zu müssen, das haben wir bereits gesehen.

Das gleiche gilt von der Luftmacht Japans. Auch sie bleibt jetzt zahlenmäßig zurück und wird zerstört, und die japanische Produktion an Flugzeugen ist unverhältnismäßig klein, gemessen an der der Großmächte, die Japan angefallen hat. Während ich früher, wenn ich zu dem Hause sprach und versuchte, eine allgemeine Darstellung des Krieges nach Aufbau und Maß zu geben, immer den Kampf gegen die Bedrohung durch Unterseeboote in die erste Reihe rückte, so gebe ich heute mit Absicht den großen Entwicklungen, die bei der Luftwaffe erreicht wurden oder zu erwarten sind, den Vorrang. Die Luftwaffe hatten die beiden Raubstaaten zum Hauptwerkzeug der Eroberung gewählt. Auf diesem Gebiete wollten sie triumphieren. Mit dieser Methode wollten sie die Völker ihrem Gesetz unterwerfen. Ich will nicht lange moralisieren, ich will nur sagen, daß es eine wunderliche, strenge Gerechtigkeit in dem langen Auf und Ab der Ereignisse gibt.

Unsere zweite große, gemeinsam mit den Amerikanern unternommene Offensive wird in Italien durchgeführt. Viele Leute waren über den Verlauf seit der Einnahme von Neapel im Oktober enttäuscht. Er hängt mit dem außerordentlich schlechten Wetter zusammen, das den Winter in diesem vermeintlich sonnigen Land kennzeichnet und das in diesem Jahr schlimmer als gewöhnlich war. Zweitens aber hängt er in noch viel stärkerem Maße damit zusammen, daß die Deutschen sich schrittweise in Italien zurückgezogen haben und sich entschlossen, die größten Anstrengungen zu machen, um Rom zu halten. Im Oktober begannen sie eine Anzahl Divisionen aus dem Po-Tal nach Süden zu verschieben und südlich von Rom eine Winterlinie zu errichten, um dem Vormarsch der Fünften und der Achten Armee unter General Alexander entgegenzutreten und ihn zu verzögern. Dadurch mußten wir in einer außerordentlich gebirgigen Gegend, die der Verteidigung jeden Vorteil bietet, frontal vorrücken. Alle Flüsse verliefen im rechten Winkel zu unserem Marsch, und die heftigen Regengüsse, die dieses Jahr abnorm stark waren, verwandelten die Flüsse oftmals in reißende Ströme; sie schwemmten die Notbrücken, die das Militär geschlagen hatte, fort, wodurch manchmal die angreifenden Truppen auf dem jenseitigen Ufer ohne Verstärkung und Nachschub blieben.

Zu den erwähnten Schwierigkeiten kam noch hinzu, daß wir genötigt waren, große Mengen Vorräte und Fahrzeuge aller Art in Italien anzulegen. Außerdem hat die strategische Luftwaffe, die für den Angriff auf Süddeutschland ausgebaut wurde, an unser Transportsystem außerordentlich große Anforderungen gestellt, denen der Vorrang zukam, und zwar insbesondere Anforderungen an die Transportmittel, nach denen die größte Nachfrage herrschte. Es wurde aber eine ungeheure Menge Arbeit geleistet, deren Ergebnisse später zutage kommen werden. Von den Alliierten haben wir natürlich die größte Armee in Italien. Andererseits ist aber die amerikanische Luftwaffe im Mittelmeer größer als die britische, und beide zusammen besitzen nach unserer Meinung sowohl quantitativ wie auch qualitativ eine gewaltige Überlegenheit über den Feind. Natürlich besitzen wir auch die unumschränkte Herrschaft über die See, auf der ein amerikanisches Geschwader wirksam mit der britischen Flotte zusammenarbeitet. Bei dieser Sachlage wollten viele Leute gerne wissen, warum es nicht möglich war, ein amphibisches Umfassungsmanöver, sei es an der Ost- oder Westseite Italiens, durchzuführen, um den Vormarsch der Armee zu erleichtern.

Das Bedürfnis darnach war natürlich allen Befehlshabern, den amerikanischen sowohl wie den britischen, klar, die Tunlichkeit der Umsetzung in die Tat aber hing davon ab, wie dieser Aufwand in das allgemeine Jahresprogramm der Alliierten paßte. Dieses Programm betrifft größere Ergebnisse und Truppenmengen als die, mit denen wir uns in Italien zu befassen haben. Die Schwierigkeiten, die bisher dem Handeln im Wege standen, wurden – ich freue mich, das sagen zu können – auf den Konferenzen in Karthago, zu Weihnachten, und Marrakesch, im Januar, beseitigt. Die Beschlüsse wurden, Schritt für Schritt, von dem Präsidenten der Vereinigten Staaten und den vereinigten Stabschefs gebilligt. Alles, was die Oberste Führung des Krieges tun konnte, wurde in der ersten Woche des Januar getan. Die Vorbereitungen hatten bereits begonnen, in Erwartung der endgültigen Überwindung der

Schwierigkeiten, und der 22. Januar war von General Alexander, der die Verantwortung für die Durchführung des Kampfes trägt, als Tag Null festgesetzt worden. Es war bestimmt nicht leicht, diese beträchtliche Armee – 40 000 oder 50 000 Mann – vor allem bei der Unsicherheit des winterlichen Wetters und bei der nicht vorauszusehenden Stärke der feindlichen Befestigungen, eine solche große Armee auf das Meer hinauszubringen.

Die Operation selbst war ein Beispiel mustergültiger Zusammenarbeit. Die Landung erfolgte eigentlich ohne feindlichen Widerstand. Indessen nahmen die Ereignisse in der Folge nicht den Verlauf, den wir erhofft oder geplant hatten. Am Ende hatten wir eine große Armee gelandet, die mit Mengen von Artillerie, Tanks und Tausenden von Fahrzeugen ausgerüstet war, und unsere Truppen, die landeinwärts vorrückten, kamen mit dem Feind in Gefechtsberührung. Die deutschen Gegenmaßnahmen gegen diesen Einbruch waren bemerkenswert. Hitler hatte sich offenbar entschlossen, Rom mit der gleichen Hartnäckigkeit zu verteidigen, die er bei Stalingrad, in Tunesien und vor kurzem am Dnjepr-Bogen gezeigt hatte. Nicht weniger als sieben deutsche Reservedivisionen wurden rasch aus Frankreich, Norditalien und Jugoslawien herbeigebracht, und ein entschlossener Versuch, unseren Brükkenkopf zu zerstören und uns in die See zu werfen, wurde gemacht. Schlachten von langandauernder, besonderer Heftigkeit und Verbissenheit wurden geschlagen. Zur gleichen Zeit drängt die amerikanische und britische Fünfte Armee mit aller Kraft nach dem Süden. Dort rast eine zweite Schlacht.

An beiden Fronten fanden in der letzten Woche äußerst schwere, anhaltende Kämpfe statt, über die ausführliche Berichte täglich in der Presse und den amtlichen Kommuniqués erschienen. Bis zu diesem Augenblick hat der Feind sehr schwere Verluste erlitten, ohne den Widerstand der Truppen in dem Brückenkopf erschüttern zu können. Die sich gegenüberstehenden Kräfte sind zahlenmäßig ungefähr gleich, wobei wir ein deutliches Übergewicht an Artillerie und Panzern haben, und selbstverständlich spielt, sobald das Wetter günstig ist, unsere Luftwaffe eine bedeutende Rolle. General Alexander, der wahrscheinlich mehr Kämpfe gegen Deutsche gesehen hat als jeder andere lebende britische Befehlshaber – General Freyberg, der ebenfalls im Kampf steht, ausgenommen – sagt, daß die Erbitterung und Heftigkeit der Kämpfe im Brückenkopf und bei Monte Cassino alles bisher Dagewesene übersteigt. In einer Botschaft an mich gebrauchte er sogar das Wort »fürchterlich«. An der Südfront, der Cassino-Front, kämpfen britische, amerikanische, indische, französische und polnische Truppen wie auch Truppen aus den Dominions, Schulter an Schulter in prächtiger Kameradschaft. Ihre Kommandanten bauen auf den schließlichen Erfolg. Ich kann nicht mehr sagen, als ich gesagt habe, denn ich möchte keine sanguinischere Voraussage machen als die, daß die Kommandanten auf den Enderfolg bauen. Und auch die Truppen sind von höchstem, offensivem Kampfgeist erfüllt.

Hitlers Entschluß, in den Süden von Italien achtzehn Divisionen mit allen zu ihrem Unterhalt nötigen Mannschaften zu entsenden, die zusammen wahrscheinlich ungefähr eine halbe Million Deutsche ergeben, und eine zweite große Front in Italien zu errichten, kommt, vom strategischen Gesamtplan aus betrachtet, den Alliierten nicht ungelegen. Wir müssen die Deutschen irgendwo bekämpfen, oder wir müssen stillstehen und den Russen zuschauen. Die Abnutzungsschlacht in Italien bindet Truppen, die bei anderen größeren Operationen nicht verwendet werden können, zu denen sie ein eindrückliches Vorspiel bildet. Wir haben in Afrika genügend Streitkräfte zur Verfügung, die in den Kampf eingreifen können, sobald wir sie über das Mittelmeer gebracht haben. Mit dem herannahenden Frühling dürfte sich das Wetter bessern, und wenn erst der Himmel wieder klar ist, wird die alliierte Luftmacht voll in Erscheinung treten.

Im vergangenen Jahr, heute vor einem Jahr, am 22. Februar – ich erinnere mich daran, ich lag krank im Bett – war ich sehr beunruhigt über die Lage in Tunesien, wo wir gerade eine unangenehme Schlappe am Kasserine-Paß erlitten hatten. Damals setzte ich mein Vertrauen in General Alexander und die britischen, amerikanischen und französischen Truppen, die an der Schlacht beteiligt waren – und das tue ich auch jetzt.

In den Besprechungen in Kairo und während meines erzwungenen Aufenthaltes in den Ruinen von Karthago konnte ich auf schriftlichem Wege mit dem Präsidenten und unserem Kriegskabinett die Umbildung der Kommandostellen für unsere gemeinsamen Operationen im Mittelmeerraum und anderswo in Ordnung bringen. Der Grundsatz, der zwischen zwei Alliierten, die so eng zusammenarbeiten wie wir und die Vereinigten Staaten, befolgt werden muß, ist offensichtlich der, daß der Befehlshaber die Nationalität der Mehrzahl der Truppen auf dem betreffenden Kriegsschauplatz haben soll. In General Maitland Wilson und General Alexander haben wir zugleich den Oberkommandierenden im Mittelmeerraum und den Befehlshaber der kämpfenden Truppe in Italien. Wir und unser amerikanischer Verbündeter haben volles Vertrauen in diese beiden Offiziere, unter deren Führung die amerikanischen Generäle Devers und Clark, der überaus kühne und tapfere Führer der Fünften Armee, die entsprechenden amerikanischen Truppenführer sind. In Großbritannien wiederum, wo Truppen für zukünftige Operationen von größter Wichtigkeit zusammengezogen werden, trat General Eisenhower, mit dem ich so lange, so glücklich und so erfolgreich zusammengearbeitet habe, an die Spitze der Kriegführung, gemeinsam mit Luftmarschall Tedder als seinem Vertreter und dem prächtigen amerikanischen Stabschef, dem zuverlässigen General Bedell Smith. Das sind die Hauptfiguren dieses Kommandos, unter dem viele ausgezeichnete Befehlshaber dienen, sowohl britische wie auch amerikanische, einschließlich General Montgomery. Diese Offiziere werden, wenn die Zeit gekommen ist, gemäß den getroffenen Abmachungen unsere Armeen zur Befreiung Europas führen.

Da in Amerika bestimmte Erklärungen abgegeben wurden – nichtamtliche Erklärungen – über die relative Stärke der von hier aus zum Einsatz gelangenden Armeen, halte ich es für nötig festzustellen, daß die britischen und amerikanischen Armeen bei Beginn des Kampfes ungefähr gleich stark sein werden. Bei Andauer der Kämpfe aber wird durch den ständigen ungeheueren Zustrom amerikanischen Materials diesem natürlich die zahlenmäßige Überlegenheit zufallen, was nach den großen Hilfsquellen, die Amerika an Menschenkraft zur Verfügung stehen, zu erwarten ist. Ein Material, das Amerika vor allem so rasch als möglich an den Feind bringen will. Daher ist es recht, daß das Oberste Kommando an Amerika übergeht. Hier möchte ich einen Augenblick abschweifen, um zu betonen, wie vollkommen die Zusammenarbeit zwischen den Befehlshabern der britischen und amerikanischen Armeen funktioniert. Bisher wurde nichts Ähnliches unter Alliierten erlebt. Zweifellos ist die Sprache eine große Hilfe, aber es ist mehr als bloß das. Bei allen früheren Bündnissen haben die Stäbe getrennt in den einzelnen Abteilungen gearbeitet, und die Verbindung wurde durch Verbindungsoffiziere hergestellt. In Afrika aber baute General Eisenhower einen einheitlichen Stab auf, in dem jeder Platz mit dem Mann besetzt wurde, den man für den besten hielt, und jeder einzelne hatte die seinem Rang entsprechende Befehlsgewalt, gleichgültig, zu welchem Lande er gehörte. Die gleiche Einheitlichkeit und Brüderlichkeit wurde auch unter den Truppen hergestellt, die hier in diesem Lande zusammengezogen werden. Ich habe keinen Zweifel, daß dies von höchstem Nutzen sein wird und in der Geschichte der Bündnisse einmalig dasteht.

Ich muß mich jetzt von den gegenwärtigen militärischen Operationen den Geschehnissen in Europa zuwenden, die alle militärischen Fragen überaus stark beeinflussen. Im gegenwärtigen Krieg gegen die Tyrannei der Nazis gab es zumindest einen gemeinsamen Grundsatz in ganz Europa, und unter den besiegten Völkern gibt es eine Einigkeit im Haß und im Wunsch, sich gegen die Deutschen zu erheben, wie sie bisher noch gegen kein Volk erlebt wurde. Die Folgen einer Niederlage sind schrecklich. Nach dem blitzartigen Auftreten der Katastrophe, nach dem betäubenden Schlag, den klaffenden Wunden, brechen die zerstörenden Auswirkungen der Niederlage herein. Das Zentrum des nationalen

Lebens ist vernichtet, und jede gesunde, normale Kontrolle hört auf. Nur wenige Gemeinschaften vermögen die Bedingungen einer Unterjochung zu ertragen. Unbezähmbare Patrioten schlagen verschiedene Wege ein, Quislinge und Kollaborationisten nehmen überhand; Freischarführer, von denen jeder seinen eigenen Anhang hat, streiten und kämpfen. In Griechenland und Jugoslawien führen bereits Parteien Bürgerkrieg miteinander, und zwar, da der Haß sie antreibt, mit viel größerem Ingrimm, so wie er Kriegen, die dem gemeinsamen Feind gelten, vorbehalten bleiben sollte. Inmitten dieser verschiedenen Kräfte spinnt der deutsche Unterdrücker seine Intrigen mit zynischer Unbarmherzigkeit und gnadenloser Grausamkeit.

Es ist schwer genug, die Politik des eigenen Landes zu verstehen, und es ist beinahe unmöglich, diejenige fremder Länder zu verstehen. Der sicherste und gesündeste Weg für uns ist, alle Parteien und Parteiungen leidenschaftslos nach ihrer Bereitschaft und ihrer Fähigkeit, die Deutschen zu bekämpfen und so die Last der alliierten Truppen zu erleichtern, zu beurteilen. Jetzt ist nicht der Zeitpunkt, die eine oder andere Seite nach ideologischen Gesichtspunkten zu bevorzugen, und wir, die Regierung Seiner Majestät, haben uns derartige Vorlieben keineswegs erlaubt. Daher arbeiten wir gegenwärtig in Italien mit der Regierung des Königs und Badoglios; in Jugoslawien gewähren wir Marschall Tito unsere Hilfe; und in Griechenland tun wir, was wir können, um eine Aussöhnung herbeizuführen oder zumindest ein brauchbares Abkommen zwischen den einander entgegenstehenden Gruppen, obwohl ein britischer Offizier von der E.L.A.S. genannten Guerillaorganisation ermordet worden ist. Mit Erlaubnis des Hauses will ich über jedes dieser unglücklichen Länder ein Wort sagen und auch über die Grundsätze, die uns leiten und denen wir folgen werden.

In Italien unterzeichneten wir den Waffenstillstand auf der Grundlage einer bedingungslosen Kapitulation mit König Viktor Emanuel und Marschall Badoglio, welche die rechtmäßige Regierung Italiens waren und noch sind. Auf ihren

Befehl ergab sich uns die italienische Flotte, nicht ohne Gefährdungen und Verluste, und auch alle italienischen Truppen und Flieger, die nicht unter der Herrschaft der Deutschen stehen, gehorchten den Befehlen der Krone. Seither haben diese italienischen Streitkräfte nach bestem Können mit uns zusammengearbeitet, und an die 100 italienische Kriegsschiffe leisten wertvolle Dienste im Mittelmeer und im Atlantik. Italienische Truppen sind in unsere Front in Italien eingerückt und kämpfen noch immer zusammen mit unseren Soldaten, obwohl sie bei einer Gelegenheit schwere Verluste erlitten haben. Eine viel größere Anzahl aber ist hinter der Front in den für die alliierten Armeen unerläßlichen Dienstzweigen tätig. Auch italienische Flieger kämpfen an unserer Seite.

Die Schlacht in Italien wird aus den Gründen, die ich bereits dargelegt habe, lange dauern und schwer sein. Ich bin auch noch nicht überzeugt, daß gegenwärtig eine andere Regierung in Italien gebildet werden könnte, die des Gehorsams der italienischen bewaffneten Streitkräfte ebenso sicher wäre. Sollte die gegenwärtige Schlacht erfolgreich verlaufen und sollten wir in Rom einziehen – und ich bin fest überzeugt, daß es so kommen wird –, dann steht es uns noch immer frei, die gesamte politische Situation Italiens zu diskutieren, und wir können das dann mit viel mehr Vorteilen tun als im gegenwärtigen Zeitpunkt. Von Rom aus kann eine italienische Regierung auf breiterer Basis am besten gebildet werden. Ob eine so gebildete Regierung den Alliierten ebenso von Nutzen sein wird wie die derzeitige, vermag ich nicht zu sagen. Selbstverständlich könnte eine neue Regierung versuchen, ihre Stellung dem italienischen Volk gegenüber dadurch zu verbessern, daß sie den Forderungen, die durch die Interessen der alliierten Armeere bedingt werden, so weit wie möglich Widerstand leistet. Es täte mir leid, wenn es in einem Zeitpunkt, in dem die Schlacht ihrem Höhepunkt zustrebt und hin und her schwankt, zu einem Unruhe schaffenden Wechsel käme. Wer einen heißen Kaffeetopf halten muß, tut besser daran, den Henkel nicht früher abzubrechen, bevor er sicher ist, daß er einen anderen ebenso passenden und brauchbaren bekommt oder zumindest bevor er weiß, daß ein Geschirrtuch zur Hand ist.

Die Vertreter der italienischen Parteien, die sich vor vierzehn Tagen in Bari versammelten, brennen natürlich darauf, die Regierung Italiens zu werden. Sie würden aber keine Autorität haben, weder durch Wahl noch durch die Verfassung, solange der König nicht abdankt oder sein Nachfolger sie auffordert, das Amt zu übernehmen. Und es ist auch keineswegs sicher, daß sie irgendwelche wirkliche Befehlsgewalt über die italienische bewaffnete Macht hätten, die jetzt mit uns kämpft. Italien liegt unter seinem Elend und seinem Unglück darnieder. Die Lebensmittel sind knapp; der Schiffsraum, um Lebensmittel ins Land zu bringen, wird von unseren sich stets mehr ausbreitenden militärischen Operationen völlig in Anspruch genommen. Wir dürften dieses Jahr einen Tonnagezuwachs von 12 000 000 Tonnen erhalten haben, und dennoch haben wir noch immer Mangel; denn unsere großen Operationen beanspruchen jedes Schiff, sobald es einläuft, und die Verschickung von Lebensmitteln macht Schwierigkeiten.

Es wäre ein Irrtum zu glauben, daß die politischen Voraussetzungen und Kräfte in Italien vorhanden sind, die in ungeschlagenen Ländern so heilsam wirken oder in Ländern, die nicht vom Krieg vernichtet oder durch eine lang anhaltende faschistische Herrschaft erstickt wurden. Den Weg, den wir einzuschlagen haben, werden wir viel klarer vor uns sehen, sobald wir die Hauptstadt besetzt haben, und dann werden uns auch viel mehr Möglichkeiten zu Gebote stehen. Daher ist die Politik, die die Regierung Seiner Majestät gemeinsam mit der Regierung der Vereinigten Staaten sich vorläufig einzuschlagen entschlossen hat, die Schlacht um Rom zu gewinnen und dann, wenn wir in Rom sind, weiterzusehen. Auf der anderen Seite der Adria, in den weit ausgedehnten Gebirgsgegenden Jugoslawiens, Albaniens und Griechenlands, ein Gebiet, das sich 800 Meilen vom Norden nach dem Süden und 300 oder 400 Meilen vom Osten nach dem Westen erstreckt, nimmt der prachtvolle Widerstand gegen die deutschen Eindringlinge an Ausdehnung und Heftigkeit immer mehr zu.

Durch die Kapitulation Italiens – mit der Großbritannien, glaube ich, einiges zu tun hat, denn wir haben seit dem Sommer 1940 gegen die Italiener gekämpft – haben zweiundsechzig italienische Divisionen aufgehört, ein Faktor der feindlichen Kriegführung zu sein. Dreiundvierzig wurden von den Deutschen, offensichtlich ohne alle die Sicherungen, die Kriegsgefangenen zukommen, nach Hause geschickt und zu Sklaven gemacht. Zehn wurden von den Guerillas auf dem Balkan aufgelöst und neun, die in Süditalien standen oder auf Korsika und Sardinien, traten zu den Alliierten über. In dieser Situation entschloß sich Hitler, die Balkanhalbinsel gewaltig zu verstärken, und gegenwärtig stehen nicht weniger als zwanzig deutsche Divisionen auf dem Balkan im Kampf. Das heißt also, daß fünfundzwanzig deutsche Divisionen in Italien stehen, davon achtzehn in der gegenwärtigen Schlacht um Rom, während weitere zwanzig über das riesige Gebiet des Balkans verstreut sind. Nun, sie hätten schlechter eingesetzt werden können.

In Jugoslawien haben die Partisanen die Oberhand, trotz der bestialischen, blutigen Grausamkeiten und Vergeltungsmaßnahmen, die von den Deutschen vollführt wurden, und zwar nicht nur gegen Geiseln, sondern auch gegen die Bevölkerung der Dörfer, Frauen und Kinder nicht ausgenommen. Die Deutschen halten die wichtigsten Städte und versuchen den Eisenbahnverkehr aufrechtzuerhalten. Sie können ihre Kolonnen dahin und dorthin im ganzen Lande verschieben. Der Boden, auf dem sie stehen, gehört ihnen, aber nichts sonst. Alles übrige gehört den tapferen Partisanen. Die Verluste der Deutschen waren sehr schwer und übersteigen, soweit es sich um die Kämpfe handelt, die derzeit stattfinden, die Verluste der Partisanen um ein beträchtliches. Die kaltblütige Tötung von Geiseln und Zivilisten erhöht die deutsche Schuld – und auch die Rechnung, die wir mit den Deutschen zu begleichen haben. In Jugoslawien stehen zwei große Gruppen im Feld. Zuerst einmal die Guerilla-Verbände unter General Mihailovitch. Sie waren die ersten, die den Kampf aufnahmen, und repräsentieren in gewissem Ausmaß die Truppen des alten Serbien. Während einiger Zeit nach dem Zusammenbruch der jugoslawischen Armee führten diese Truppen einen Kleinkrieg. Wir waren nicht in der Lage, ihnen irgendwelche Hilfe oder irgendwelchen Nachschub zu schicken, es sei denn das wenige, das wir aus Flugzeugen abwerfen konnten. Die Deutschen vergalten jede Unternehmung der Guerillas durch die Erschießung von Gruppen von 400 bis 500 Personen in Belgrad. Nach und nach geriet General Mihailovitch in eine Lage, es tut mir leid, das sagen zu müssen, in der seine Unterführer Übereinkommen mit den deutschen und italienischen Truppen schlossen. Das kam daher, weil sie in einigen Gebirgsgegenden allein gelassen wurden. Die Folge dieser Übereinkommen aber war, daß sie nur wenig oder nichts gegen den Feind unternahmen.

Indessen erschien ein neuer und noch viel gewaltigerer Kämpfer auf dem Schauplatz. Im Herbst 1941 begannen Marschall Titos Partisanen einen wilden und verbissenen Kampf auf Leben und Tod gegen die Deutschen. Sie rissen den Deutschen die Waffen aus der Hand und nahmen rasch an Zahl zu. Keine noch so blutigen Vergeltungsmaßnahmen gegen Geiseln oder Dörfer schreckten sie ab. Für sie ging es um den Tod oder die Freiheit. Bald fügten sie den Deutschen schwere Wunden zu und wurden Herren über große Gebiete. Mit großem Geschick geführt und nach dem Guerilla-Prinzip organisiert, waren sie ebenso schwer zu fassen wie von tödlicher Wirksamkeit. Sie waren da, sie waren dort, sie waren überall. Die Deutschen führten großangelegte Offensiven gegen sie durch, aber immer kamen die Partisanen, selbst wenn sie umstellt waren, durch, nachdem sie dem Feind schwere Verluste zugefügt und arge Plackerei bereitet hatten. Die Partisanen-Bewegung war den Truppen General Mihailovitchs bald an Zahl überlegen. Nicht nur Kroaten und Slowenen, sondern auch eine große Anzahl Serben schlossen sich Marschall Tito an, der gegenwärtig über mehr als eine Viertelmillion Mann verfügt und große Mengen Waffen, die dem Feind oder den Italienern abgenommen wurden. Diese Männer sind, ohne ihre Eigenschaften als Guerillas zu verlieren, in einer beträchtlichen Anzahl Divisionen und Korps organisiert.

Die ganze Bewegung hat Gestalt und Form angenommen, ohne wie ich schon sagte, die Guerilla-Eigenschaft zu verlieren, ohne die sie wahrscheinlich keinen Erfolg haben könnte. Diese Truppen halten gegenwärtig vierzehn der zwanzig auf dem Balkan stehenden deutschen Divisionen in Schach. Um diese heldenhaften Truppen und auch in ihnen selbst hat sich eine nationale Einigungsbestrebung entwickelt. Das kommunistische Element hat die Ehre, den Anfang gemacht zu haben; sobald die Bewegung aber an Kraft und Zahl zunahm, fand ein ausgleichender, vereinheitlichender Prozeß statt, und nationale Auffassungen stellten sich ein. In Marschall Tito haben die Partisanen einen hervorragenden Leiter gefunden, der sich im Kampf um die Freiheit mit Ruhm bedeckte. Unglücklicherweise, vielleicht auch unvermeidlicherweise, gerieten die neuen Kämpfer in Widerstreit mit denen unter General Mihailovitch. Ihre Unternehmungen störten die Vereinbarungen, die seine Unterführer mit dem Feind getroffen hatten. Er versuchte sie in Zaum zu halten, und mancher tragische Kampf und manche bittere Fehde entstand unter diesen Männern von gleichem Blut und aus dem gleichen Land, die ihr Unglück nur dem gemeinsamen Feind zu verdanken hatten. Gegenwärtig sind die Anhänger Marschall Titos zahlenmäßig den Anhängern General Mihailovitchs, der im Namen der königlich jugoslawischen Regierung handelt, um ein vielfaches überlegen. Tatsächlich sind die Partisanen Marschall Titos derzeit die einzigen, die wirksam gegen die Deutschen kämpfen.

Seit langem habe ich mich für die Bewegung Marschall Titos speziell interessiert, und ich versuchte und versuche es noch immer, ihm mit allen verfügbaren Mitteln Hilfe zu bringen. Einer meiner jungen Freunde, ein Angehöriger des Colleges von Oxford, Hauptmann Deakin, nun Oberstleutnant Deakin, D.S.O., sprang vor beinahe einem Jahr mit dem Fallschirm über Jugoslawien ab und hielt sich acht Monate im Hauptquartier Marschall Titos auf. Einmal wurden beide von ein und derselben Bombe verwundet. Sie wurden Freunde. Bestimmt ist das ein Band zwischen Völkern, aber es ist ein Band, das wir, wie ich zuversichtlich hoffe, nicht in unserer eigenen Verwandtschaft werden einführen müssen. Aus den Berichten von Oberst Deakin gewannen wir ein lebhaftes Bild des ganzen Kampfes und der Persönlichkeit. Im vergangenen Herbst sandten wir eine größere Mission unter der Leitung des tapferen und ehrenwerten Abgeordneten von Lancaster (Brigadier Fitzroy Maclean). Nachdem er mich und den Außenminister in Kairo gesprochen hatte, ist er wieder mit dem Fallschirm in Jugoslawien gelandet. Ich kann dem Haus versichern, daß alles, was in unserer Macht steht, getan werden wird, um Marschall Tito und seiner tapferen Schar zu helfen und sie zu unterstützen. Während meiner Krankheit sandte mir der Marschall eine Botschaft, und seither stand ich fortwährend in angenehmem Briefwechsel mit ihm. Wir haben die Absicht, ihn mit allen Beständen, die wir unter Berücksichtigung unserer Hauptverpflichtungen entbehren können, zu unterstützen.

Wie ist aber nun die Position König Peters und der königlich jugoslawischen Regierung in Kairo? Als Junge von 17 Jahren entwischte König Peter den Klauen des Regenten und fand mit der neuen königlichen jugoslawischen Regierung eine Zuflucht in diesem Lande. Wir können uns keineswegs von ihm lossagen. Zweifellos hat er in den Augen der Partisanen durch die Verbindung mit General Mihailovitch und dessen Unterführern an Ansehen eingebüßt. Wir hier auf diesen Inseln hängen der monarchistischen Staatsform an und haben viele Segnungen der konstitutionellen Monarchie erfahren; wir haben aber nicht die Absicht, unsere Anschauungen der Bevölkerung irgendeines Landes aufzuzwingen. Griechenland, Jugoslawien, Italien – sie alle werden vollkommen frei über die Form ihrer Regierung entscheiden können, und soweit es uns betrifft, wird der Wille des Volkes dann unter verhältnismäßig ruhigen Bedingungen ermittelt werden. In der Zwischenzeit ist die Lage einigermaßen kompliziert; ich hoffe aber, das Vertrauen des Hauses zu besitzen, wenn ich gemeinsam mit meinem sehr ehrenwerten Freund, dem Außenminister dahin wirke, sie nach Möglichkeit zu entwirren, wie auch im Einverständnis mit unseren russischen und amerikanischen Alliierten, die beide, ich freue mich, das sagen zu können, nun Missionen zu Marschall Tito schicken. Ich wollte, das Haus sähe ein, daß unsere Gefühle hier wie auch sonst dem Grundsatz folgen, denen die Treue zu halten, die uns die Treue gehalten haben, und ohne Voreingenommenheit oder Rücksicht auf politische Neigungen darnach zu streben, denen zu helfen, die gegen die Naziherrschaft für die Freiheit kämpfen, und auf diese Weise dem Feind den größten Schaden zuzufügen.

Ich habe nun nach besten Kräften dem Haus den umfassendsten Rechenschaftsbericht über die schwierige und in mancher Hinsicht heikle Lage in Jugoslawien gegeben und möchte ihm gegenwärtig auf keinen Fall etwas hinzufügen. Ich muß meine Worte vorsichtig wählen, denn die Situation ist verworren. Der schlimmste Fall alles dessen, was ich die bösen Folgen der Niederlage nennen möchte, ist Griechenland. Jeder einzelne erinnert sich des Gefühls der Bewunderung, das die heldenhafte Verteidigung Griechenlands, erst gegen Italien und dann gegen den deutschen Eindringling, in der ganzen zivilisierten Welt hervorrief. Es ist wirklich schmerzlich, die Verwirrung und den für alle Beteiligten verderblichen Kampf zu sehen, die in Griechenland ausgebrochen sind und zu denen noch so viele Fälle von Verrat und Gewalttaten kommen. Dies alles gereicht nur den deutschen Eindringlingen zum Vorteil, die voll Verachtung und Selbstzufriedenheit zusehen, wie Griechen Griechen mit der Munition töten, die ihnen geschickt wurde, um Deutsche damit zu töten. Man gewinnt auch den Eindruck, daß einflußreiche Elemente unter den Guerillas weniger daran denken, den ausländischen Feind aus dem Lande zu treiben, als daran, die Macht im Lande an sich zu reißen und die herrschende Partei zu werden, ohne Rücksicht auf die Meinung der großen Masse des Volks, sobald der Krieg nur erst einmal vorüber ist. Ähnlich wie in Jugoslawien ist auch hier die Situation sehr undurchsichtig und schwankend. Zweifellos kann man aber sagen, daß der größte Teil des griechischen Volkes mit Tapferkeit ausharrt und sich nach der Stunde der Befreiung von der harten Knechtschaft und den Fesseln, in die es geworfen wurde, sehnt. Und soweit es uns betrifft, wird es nicht vergeblich warten.

Im Dezember hat mein sehr ehrenwerter Freund, der Außenminister, dem Haus einen umfassenden Bericht über das Zusammentreffen der Regierungschefs in Kairo und Teheran gegeben und über das Zusammentreffen der Außenminister, dem er vorher in Moskau beigewohnt hatte. Die Ereignisse folgen sich heutzutage derart rasch, daß das bereits wie alte Geschichte anmutet und ich dem, was er sagte oder was seither publiziert wurde, nur wenig hinzuzufügen habe. Es war mir eine große Ehre und ein großes Vergnügen, Generalissimus Tschiang Kai-shek kennenzulernen. Der Generalissimus ist eine weltbekannte Erscheinung und die stärkste Hoffnung und der stärkste Kämpfer für China. Auch Madame Tschiang Kai-shek ist eine höchst bedeutende und faszinierende Persönlichkeit. Durch die vollkommene Beherrschung des Englischen und das umfassende Verständnis für den Weltkampf als Ganzes genommen ist sie die beste Dolmetscherin in all den Angelegenheiten, in denen sie selbst eine bemerkenswerte Rolle spielt.

Die meiste Zeit in Kairo, bevor wir Teheran besuchten, war von den Diskussionen in Anspruch genommen, welche Strategie und welche Politik Japan gegenüber zur Anwendung gebracht werden solle; welche Mittel die besten seien, um den Krieg auf dem indischen und pazifischen Kriegsschauplatz mit äußerster Energie zu führen; und selbstverständlich auch darüber, wie diese Pläne mit den Erfordernissen der Kriegsschauplätze am Atlantik und am Mittelmeer in Übereinstimmung zu bringen seien. In Teheran kam die seit langem gewünschte Dreierkonferenz zwischen Präsident Roosevelt, Marschall Stalin und mir endlich zustande. Der persönliche Kontakt, den wir dort aufnehmen konnten, war und wird, davon bin ich überzeugt, sich als förderlich für die gemeinsame Sache erweisen. Es gäbe sehr wenig Differenzen zwischen den drei Großmächten, wenn ihre wichtigsten Vertreter einmal im Monat zusammentreten könnten. Bei solchen Zusammenkünften, mögen sie offiziell oder inoffiziell sein, könnten alle Schwierigkeiten ganz offen vorgebracht werden, und man dürfte sich an die heikelsten Fragen heranwagen, ohne Gefahr zu laufen, daß Mißtöne oder Mißverständnisse entstehen, wie sie nur zu oft entstehen, wenn der schriftliche Verkehr der einzige Verbindungsweg ist. Die räumliche Entfernung aber bereitet Hindernisse, und obgleich ich fest überzeugt bin, es würde im weiteren Verlauf des Krieges möglich sein, noch andere derartige Zusammenkünfte abzuhalten, kann ich dem Haus gegenwärtig keine festen Vorschläge machen.

Wie ich hörte, wurde die Frage gestellt: »Haben sich die guten Beziehungen, die in Moskau und Teheran hergestellt wurden, als haltbar erwiesen, oder haben sie sich in den inzwischen vergangenen Wochen gelockert?« Zum Beispiel wird gefragt, ob die Erklärung der Prawda oder die Artikel, die in verschiedenen Organen der russischen Regierung erscheinen, eine Abkühlung der englisch-russischen oder amerikanisch-russischen Freundschaft bezeichnen und ein Wiederaufleben des Mißtrauens gegen die westlichen Alliierten von seiten Rußlands. (Ein Abgeordneter: »Von seiten Englands.«) Von beiden Seiten. Ich fühle mich vollkommen berechtigt, das Haus über diesen überaus wichtigen Punkt zu beruhigen. Von der Basis, die wir in Moskau und Teheran herstellen konnten, ging nichts verloren. Die drei großen Alliierten sind vollkommen einig in ihrem Kampf gegen den gemeinsamen Feind. Sie sind gleicherweise entschlossen, den Krieg bis zu einem siegreichen Ende fortzusetzen, wie hoch der Preis auch sein mag, und sie sind überzeugt, daß nach der Vernichtung Hitler-Deutschlands ein weites Feld freundschaftlicher Zusammenarbeit vor ihnen liegt. Von dieser andauernden, innigen und ehrenvollen Kameradschaft hängt die Zukunft der Welt ab.

Ich nahm die Gelegenheit wahr, um persönlich mit Marschall Stalin die Frage der Zukunft Polens aufzuwerfen. Ich wies darauf hin, daß Großbritannien in Erfüllung des Hilfsversprechens, das es Polen gegeben hatte, Nazi-Deutschland den Krieg erklärte; daß wir in unserem Entschluß nie wankend geworden waren, selbst in der Zeit, als wir allein standen; und daß das Schicksal des polnischen Volkes in den Gedanken und der Politik der Regierung Seiner Majestät und des britischen Parlamentes obenan steht. Mit großem Vergnügen hörte ich von Marschall Stalin, daß auch er entschlossen sei, ein starkes, völlig unabhängiges Polen als eine der führenden Mächte in Europa zu schaffen. Diese Erklärungen hat er mehrmals öffentlich wiederholt, und ich bin überzeugt, sie stellen die feste Politik der Sowjet-Union dar.

Hier darf ich das Haus daran erinnern, daß wir selbst in der Vergangenheit, namens der Regierung Seiner Majestät, niemals eine bestimmte Grenze Polens garantiert haben. Wir haben die Besetzung Wilnas durch die Polen im Jahre 1920 niemals gutgeheißen. Der britische Standpunkt vom Jahre 1919 findet seinen Ausdruck in der sogenannten Curzon-Linie, wodurch das Problem, auf alle Fälle teilweise, gelöst werden sollte. Ich war immer der Ansicht, alle Fragen der Grenzziehung und -berichtigung sollten bis zum Ende des Krieges aufgeschoben werden; dann könnten die siegreichen Mächte zu formellen und endgültigen Abkommen über das Gefüge Europas als Gesamtheit kommen. Das ist noch immer der Wunsch der Regierung Seiner Majestät. Indessen macht das Vorrücken der russischen Armeen in polnische Gebiete, in denen die polnische Untergrund-Armee tätig ist, es dringend notwendig, eine Art Freundschaftsabkommen zu schließen, um mit den kriegsbedingten Zuständen fertig zu werden und alle Kräfte, die gegen Hitler sind, in die Lage zu versetzen, so nutzbringend wie nur möglich gegen den gemeinsamen Feind zusammenzuarbeiten.

Während der letzten Wochen haben der Außenminister und ich mit der polnischen Regierung in London daran gearbeitet, zu einem brauchbaren Abkommen zu gelangen, an das die bewaffneten Streitkräfte sich halten können und auf das sich, wie ich fest überzeugt bin, ein stets stärker werdendes Verbundensein durch Wohlwollen und Kameradschaft zwischen Russen und Polen gründen ließe. Ich habe starkes Mitgefühl für die Polen, diesen heldenhaften Menschenschlag, deren Nationalgeist Jahrhunderte voll Mißgeschick nicht ersticken können; ich habe aber auch Verständnis für den russischen Standpunkt. Zweimal im Verlaufe unserer Zeit wurde Rußland von Deutschland heftig angegriffen. Viele Millionen Russen wurden hingeschlachtet und weite Strecken der russischen Erde durch den wiederholten Angriff Deutschlands verwüstet. Rußland hat ein Recht, sich gegen künftige Angriffe aus dem Westen zu sichern, und wir alle sind einig mit ihm, daß es diese Sicherung erhalten muß, nicht allein durch die Gewalt seiner Waffen, sondern auch durch die Billigung und Zustimmung der Vereinten Nationen. Die Befreiung Polens wird gegenwärtig von den russischen Heeren vollendet, nachdem diese Millionenverluste bei der Zerschlagung der deutschen Militärmaschine erlitten haben. Ich bin nicht der Meinung, daß die russische Forderung nach Sicherheit die Grenzen des Vernünftigen und Gerechten überschreitet. Marschall Stalin und ich kamen auch überein, daß Polen im Norden und Westen auf Kosten Deutschlands entschädigt werden müsse.

Hierbei möchte ich hervorheben, daß der Ausdruck »bedingungslose Kapitulation« nicht bedeutet, das deutsche Volk würde versklavt oder vernichtet werden. Er bedeutet, daß die Alliierten im Augenblick der Kapitulation den Deutschen gegenüber durch keinen Pakt und keine Verpflichtung gebunden sind. So wird zum Beispiel die Anwendung der Atlantik-Charta auf Deutschland als Rechtsgrund, der die Abtretung von Gebieten an feindliche Staaten oder Grenzberichtigungen verhindert, nicht in Frage kommen. Argumente, wie sie die Deutschen nach dem letzten Krieg vorbrachten, als sie sagten, sie hätten nur auf Grund der Wilsonschen vierzehn Punkte kapituliert, werden von uns nicht zugelassen werden. Bedingungslose Kapitulation bedeutet, daß die Sieger freie Hand haben. Sie bedeutet aber nicht, daß diese das Recht haben, sich barbarisch aufzuführen, oder daß sie den Wunsch haben, Deutschland aus der Reihe der europäischen Nationen zu streichen. Wenn wir an etwas gebunden sind, dann ist es unser eigenes Gewissen der Kultur gegenüber. Wir sind aber den Deutschen gegenüber durch keinen Vertrag gebunden. Das bedeutet »bedingungslose Kapitulation«.

Es könnte sein, daß ich später dem Parlament noch eine weitere Erklärung über Polen abzugeben habe. Für den Augenblick ist, was ich gesagt habe, wie unvollständig es auch sein mag, alles, was die Regierung Seiner Majestät über dieses Thema sagen kann, und ich hoffe, daß man uns in der Debatte nicht stärker unter Druck setzen wird, denn die Dinge sind noch im Fluß.

Ich danke dem Haus sehr dafür, daß es mir seine Aufmerksamkeit geschenkt und viel Rücksicht erwiesen hat. Augenblicklich ist es sehr gefährlich und schwierig, Reden zu halten; denn erstens ist es Zeit zu handeln, statt zu reden; zweitens muß ich die enge Grenze zwischen dem Vorwurf der Selbstgefälligkeit im Inland und der Ermutigung des Feindes im Ausland halten. Man muß die schweren Zeiten, durch die wir noch hindurch müssen, ins Auge fassen, ohne die Soldaten, die die Schlachten von 1944 zu schlagen und zu gewinnen haben werden, zu deprimieren. Davon abgesehen müssen wir uns an eines erinnern. Es gab eine Zeit, als wir allein im Kriege standen und für uns allein sprechen konnten; nun aber stehen wir auf beiden Seiten in engster Verbindung mit unseren großen Alliierten, und jedes Wort, das gesprochen wird, muß in Rücksicht auf sie erwogen werden. Wir haben Zeiten tödlicher Gefahr durchlebt, und ich kann nicht sagen, daß die Gefahren jetzt lebensgefährlich seien. Dennoch sind sie sehr schwer, und wir benötigen die volle Unterstützung und den guten Willen, die uns damals zuteil wurden, als jeder fühlte, daß unsere Existenz als Nation auf dem Spiele stand.

Viele haben das Gefühl, glaube ich, der Weg, diesen Krieg zu gewinnen, sei, die Deutschen niederzuschlagen, sie am Kragen zu nehmen und ihnen von allen Seiten tüchtig zuzusetzen;

ich finde es schwer, das mit christlicher Geduld zu ertragen. Weit weg von uns in den Vereinigten Staaten ist dies auch ein Jahr der Wahlen, das heißt also eine Zeit, in der natürlicherweise auch eine Menge ungehobelter Dinge über Großbritannien gesagt werden muß, eine Zeit, in der in diesem riesigen Staatswesen die Popularität durch eine Zurschaustellung des Amerikanismus in seiner höchsten Form gewonnen werden muß. Wir selbst sind mit den Vorgängen bei einer Wahl wohlvertraut und dürfen es uns nach meiner Meinung nicht gestatten, daß irgend etwas, das dort, während dieser große verfassungsmäßige Akt vor sich geht, gesagt oder geschrieben wird, uns übermäßig trifft. Dies alles aber – die Atmosphäre und die Stimmung in der Heimat – paßt keineswegs allzu gut zu den Verantwortlichkeiten und Lasten, die auf den Ministern Seiner Majestät ruhen und die, wie ich dem Haus versichern kann, höchst fühlbar und schwer sind. Wir stehen am Vorabend der größten kombinierten Operationen, die je in der Geschichte von zwei Alliierten geplant wurden. In vielen Teilen dieses Landes herrscht der Wunsch, den alten Streit zwischen den verschiedenen Parteien wieder aufleben zu lassen. Auch in dem anglo-amerikanischen Bündnis besteht eine Neigung, schlummernde Vorurteile zu wecken und ihnen freien Lauf zu lassen. Dennoch kämpfen und sterben Liberale, Leute der Arbeiterpartei und Tories gemeinsam an der Front, so wie sie zu Hause tausendfach zusammenarbeiten, und die Briten und Amerikaner sind durch die prächtigste Kameradschaft des Krieges miteinander verbunden unter dem Feuer und den Schlägen des Feindes. Ich hoffe, daß das starke Gefühl der Einigkeit uns in diesen Zeiten gewaltiger Anstrengungen und schmerzlicher Opfer nicht verlassen wird, daß wir nicht uneins werden, weder draußen noch in der Heimat, um nicht den paar Leuten zur Beute zu fallen, die in jedem Lande vorhanden sind und um den zermalmenden Götterwagen des Krieges ihre Scherze treiben, bloß um zu sehen, wieviel Spaß oder Ansehen sie aus diesem Verhalten ziehen können.

Eines haben wir vor allem anderen, zu dem wir uns in einem feierlichen Vertrag verpflichtet haben, in Teheran beschlossen: das ist über die Hunnen herzufallen und sie zu vernichten, zu Lande, zur See und in der Luft mit aller Kraft, die wir während des Frühjahrs und des Sommers haben. Dieser Aufgabe müssen wir uns jeden Tag aufs neue weihen. Auf diese Prüfung müssen wir unseren Geist wenden mit aller sittlichen Kraft, die wir besitzen. Die Aufgabe ist schwer, die harte Arbeit dauert lange, und die Prüfungen werden streng sein. Wir wollen unser Bestes an die Erfüllung dieser Pflicht setzen. Vielleicht ist der Sieg nicht mehr fern, und er wird uns am Ende auch nicht versagt bleiben.

Landung in der Normandie

6. Juni 1944, Unterhaus

Mit der anglo-amerikanischen Invasion in der Normandie begann der letzte Abschnitt des Kriegs in Europa. Churchills Bericht über den Erfolg eilte den militärischen Ereignissen noch ein wenig voraus, als er von Kämpfen um Caen sprach. Denn die Schlacht war noch nicht entschieden.

Das Haus sollte, glaube ich, offiziell Kenntnis nehmen von der Befreiung Roms durch die alliierten Truppen unter dem Befehl von General Alexander und den Generälen Clark von der Armee der Vereinigten Staaten und Oliver Leese, welche die Fünfte respektive Achte Armee führten. Dies ist ein denkwürdiges und ruhmreiches Ereignis, das die heftigen Kämpfe der vergangenen fünf Monate in Italien lohnt. Die Landung bei Anzio am 22. Januar hat schließlich Früchte getragen. Erstens wurde Hitler dadurch veranlaßt, acht oder neun Divisionen, die er anderswo hätte brauchen können, in den Süden von Rom zu senden. Zweitens wurden diese Divisionen durch den erfolgreichen Widerstand der Truppen im Brükkenkopf in der wichtigen Schlacht, die sich im Februar entwickelte, zurückgeschlagen und ihre Kraft gebrochen. Die Verluste waren auf beiden Seiten schwer – die Alliierten verloren ungefähr 20000 Mann, die Deutschen 25000 Mann. Daraufhin wurde der Brückenkopf vom Feinde für uneinnehmbar gehalten.

Unterdessen mußte eine Umgruppierung der Hauptmacht vorgenommen werden, bevor die Angriffe wieder aufgenommen werden konnten. Diese Angriffe waren zu Beginn erfolglos, und der Monte Cassino sperrte noch immer das Vorrücken. Am 11. Mai begann General Alexander die gegenwärtige Operation und brach unter unablässigen, heftigen Kämpfen der gesamten Armeen durch die feindlichen Linien in das Liri-Tal durch. Es verdient bemerkt zu werden, daß von rechts nach links gezählt die polnischen, britischen, französischen und amerikanischen Verbände die ihnen gegenüberliegenden Linien in frontalem Angriff durchbrachen. Das ist wichtig für anderes, auf das ich, noch bevor ich mich wieder setze, zu sprechen kommen werde.

In dem Augenblick, der für richtig gehalten wurde, fielen die Truppen im Brückenkopf, die damals beinahe 150 000 Mann stark waren, über die Flanke des sich zurückziehenden Feindes her und bedrohten seinen Rückzug. Die Vereinigung der Hauptarmeen mit den Truppen im Brückenkopf drängte den Feind von seinen wichtigsten Rückzugsstraßen nach Norden ab, wodurch sich ein großer Teil seiner Truppen in ziemlicher Unordnung und unter beträchtlichen Verlusten, vor allem an Material, durch das gebirgige Land zurückziehen mußte. Die alliierten Truppen wurden sehr schnell umgruppiert, wobei besonderes Gewicht auf die linke Flanke gelegt wurde, und marschierten nach Durchschneidung der wichtigen Landstraße bald gegen Rom auf. Die amerikanischen und andere Verbände der Fünften Armee brachen durch die letzte Linie des Feindes und drangen in Rom ein, wo sie von der Bevölkerung mit Freude empfangen wurden. Der Einzug und die Befreiung von Rom bedeuten, daß wir die Macht haben werden, es gegen feindliche Fliegerangriffe zu schützen und vor der Hungersnot zu erretten, von der es bedroht wurde. Hingegen war es niemals General Alexanders oberstes Ziel, Rom zu befreien; wie groß auch die moralischen, politischen und psychologischen Vorteile dieser Episode sein mögen. Die alliierten Truppen, mit den Amerikanern an der Spitze, stoßen in erbarmungsloser Verfolgung des Feindes weiter nach Norden vor. Die Vernichtung der feindlichen Armee war immer und überall das einzige Ziel, und sie wird jetzt auf der ganzen Linie bei ihrem Versuch, nach Norden zu entkommen, in Kämpfe verwickelt. Es steht zu hoffen, daß zu den 20 000 Gefangenen, die wir bereits eingebracht haben, in Zukunft noch neue kommen werden, wodurch die Lage der in Süditalien zusammengedrängten Armee entscheidend beeinflußt werden wird.

Es wäre eitel, schon jetzt unseren Schlußgewinn abschätzen zu wollen. Es ist aber unsere Pflicht, General Alexander unseren wärmsten Dank und unsere Bewunderung zu zollen für die

Geschicklichkeit, mit der er seine Armee, die aus Soldaten so vieler Staaten und Völker besteht, geführt hat, wie auch für seine Ausdauer und Tapferkeit in den langen Perioden, in denen der Erfolg ihm versagt blieb. Die Armee der Vereinigten Staaten besitzt in General Clark einen Truppenführer allererster Güte, und die Qualitäten der alliierten Soldaten zeigten sich in edlem und neidlosem Wetteifer. Die große Stärke der Luftwaffe, die uns zur Verfügung stand, und das Übergewicht an Panzern hat zweifellos in bemerkenswerter und entscheidender Art zu den Erfolgen, die erzielt wurden, beigetragen. Wir müssen die kommenden Entwicklungen auf dem italienischen Kriegsschauplatz abwarten, bevor es möglich ist, das Ausmaß und den Wert unseres Gewinns, wie groß und zeitgerecht sie sicher auch sind, abzuschätzen.

Ich habe dem Haus auch mitzuteilen, daß während der Nacht und in den frühen Morgenstunden die ersten Landungen in beträchtlicher Stärke auf dem europäischen Festland stattgefunden haben. In diesem Fall wurde der Angriff, der zur Befreiung führen soll, gegen die französische Küste gerichtet. Eine ungeheure Armada von über 4000 Schiffen, zusammen mit einigen Tausenden kleinerer Fahrzeuge, setzte über den Kanal. Luftlandetruppen wurden in großer Menge hinter den feindlichen Linien abgesetzt, während die Landungen am Strand gegenwärtig an verschiedenen Punkten weitergehen. Das Feuer der Küstenbatterien wurde zum größten Teil zum Schweigen gebracht. Die im Meer errichteten Hindernisse haben sich als nicht so schwierig erwiesen, wie wir gedacht hatten. Die anglo-amerikanischen Alliierten werden von ungefähr 11000 Flugzeugen erster Linie unterstützt, die je nach den Erfordernissen des Kampfes herangezogen werden können. Selbstverständlich kann ich keine genauen Details geben. Die Berichte treffen in rascher Folge ein. Nach den Berichten der im Kampfe stehenden Befehlshaber verläuft alles planmäßig. Und nach was für einem Plan! Diese ausgedehnte Operation ist zweifellos die komplizierteste und schwierigste Operation, die je stattgefunden hat. Sie rechnet mit Gezeiten, Wind, Wellen, Sicht, sowohl vom Wasser her wie aus der Luft, und dem kombinierten Einsatz von Land-, See- und Luftstreitkräften im engsten Zusammenwirken, unter Umständen, die niemals genau vorausgesehen werden können.

Es besteht bereits die Hoffnung, daß eine wirkliche taktische Überraschung erzielt werden konnte, und wir hoffen, dem Feind im Verlauf des Kampfes noch eine Reihe von Überraschungen zu bereiten. Die Schlacht, die jetzt begonnen hat, wird durch viele Wochen ständig an Ausmaß und Heftigkeit zunehmen, und ich werde nicht versuchen, über ihren Verlauf Spekulationen anzustellen. Das aber möchte ich dennoch sagen: Unter den alliierten Armeen herrscht völlige Einigkeit. Es besteht eine Waffenbrüderschaft zwischen uns und unseren Freunden aus den Vereinigten Staaten. Es besteht völliges Vertrauen in den Oberkommandierenden, General Eisenhower, und in seine Helfer, wie auch in den Kommandanten des Expeditionskorps, General Montgomery. Der Eifer und der Geist der Truppen, die ich in den letzten Tagen sich einschiffen sah, war prachtvoll. Nichts wurde versäumt, was Ausrüstung, Wissenschaft und Vorbedacht dazu tun können, und der ganze Vorgang der Eröffnung dieser großen neuen Front wird mit äußerster Entschlossenheit, sowohl von den Befehlshabern wie von den Regierungen der Vereinigten Staaten und Großbritanniens, denen sie unterstehen, durchgeführt werden.

Später am Tage gab der Premierminister folgende Erklärung ab:

Ich bin in den Zentralen gewesen, in denen die neuesten Nachrichten einlaufen, und ich kann dem Haus melden, daß die Operation in völlig befriedigender Weise verläuft. Viele Gefahren und Schwierigkeiten, die gestern um diese Zeit ungeheuer groß schienen, liegen nun hinter uns. Die Überquerung des Meeres wurde mit viel geringeren Verlusten durchgeführt, als wir gedacht hatten. Der Widerstand der Batterien wurde durch die Bomberangriffe der Luftwaffe stark herabgesetzt, und das überlegene Bombardement unserer Schiffe schränkte das Feuer der Küstengeschütze rasch in einem Maß ein, daß sie kein ernstliches Hindernis mehr boten. Die Landung der Truppen an einer breiten Front, sowohl britischer wie amerikanischer alliierter Truppen – ich werde keine Aufstellung geben, welche Nationalitäten in ihnen vertreten sind –, aber die Landungen entlang der ganzen Front waren erfolgreich, und unsere Truppen sind in einigen Fällen mehrere Meilen ins Landesinnere vorgestoßen. Feste Stellungen sind an einer breiten Front vorhanden.

Das hervorstechendste Charakteristikum war die Landung der Luftlandetruppen, die in weitaus größerem Ausmaß erfolgten als irgend etwas dieser Art, das bisher gesehen wurde. Diese Landungen wurden mit äußerst geringen Verlusten und mit großer Genauigkeit durchgeführt. Ihnen galt unsere besondere Sorge, denn die Lichtverhältnisse in der sehr kurzen Zeit der Dämmerung – gerade vor der Dämmerung – die Sichtverhältnisse entschieden über alles. Tatsächlich hätte in der letzten Minute etwas geschehen können, wodurch die Luftlandetruppen gehindert worden wären, ihre Aufgabe zu erfüllen. Ein besonders großes Risiko mußten wir, was das Wetter anlangte, auf uns nehmen.

Aber General Eisenhowers Mut war allen nötigen Entscheidungen, die in diesen äußerst schwierigen und nicht kontrollierbaren Dingen zu treffen waren, gewachsen. Die Luftlandetruppen haben gut Fuß gefaßt, und die Landungen und der Nachschub kosten viel weniger Verluste – sehr viel weniger Verluste –, als wir erwartet haben. Der Kampf geht an verschiedenen Punkten weiter. Wir haben verschiedene wichtige Brücken, die nicht gesprengt worden waren, in Besitz genommen. Auch im Innern des Landes, in Caen, geht der Kampf weiter. Das alles aber, obgleich es ein sehr wertvoller erster Schritt ist – ein lebenswichtiger, wesentlicher erster Schritt –, gibt noch keinen Hinweis darauf, wie die Schlacht sich in den nächsten Tagen und Wochen entwickeln wird, denn der Feind wird wahrscheinlich jetzt versuchen, sich auf dieses Gebiet zu konzentrieren, und in diesem Fall werden sich bald schwere Kämpfe entwickeln und solange anhalten, als wir Truppen ins Gefecht bringen und nachschieben können.

Wir treten also in eine sehr ernste Zeit. Wir treten aber, Gott sei Dank, mit unseren großen Alliierten, gut gerüstet und in guter Freundschaft in diese Zeit ein.

Der Warschauer Aufstand

5. Oktober 1944, Unterhaus

In einer feierlichen Ansprache gedachte Churchill des heroischen Kampfes der polnischen Untergrundarmee für die Befreiung Warschaus. 40 000 polnische Kämpfer unter General Bor-Komorowski hatten sich am 1. August 1944 gegen die deutsche Besatzung erhoben. Ihre Erwartung war, daß die vor den Toren Warschaus stehende Rote Armee sie unterstützen würde. Sie hatten gehofft, eine nichtkommunistische polnische Regierung ausrufen zu können. Doch Stalin tat nichts, um die Polen zu unterstützen. Der Aufstand endete am 4. Oktober 1944 in einem Meer von Trümmern und Leichen mit der Kapitulation vor der Wehrmacht.

Ich bin sicher, daß ich die Gefühle des Hauses ebenso wie die Gefühle der Regierung Seiner Majestät zum Ausdruck bringe, wenn ich dem heldenhaften Widerstand der polnischen Heimatarmee und der polnischen Zivilbevölkerung von Warschau Ehre erweise. Ihr Widerstand gegen überwältigend stärkere Streitkräfte und unter unvorstellbar schweren Bedingungen hörte am 3. Oktober nach einem Kampf von 63 Tagen auf. Trotz aller Anstrengungen der Sowjetarmee konnte die starke deutsche Stellung an der Weichsel nicht genommen und Hilfe nicht zur Zeit gebracht werden. Britische, amerikanische, polnische und russische Flieger taten, was sie konnten, um den Polen in Warschau beizustehen, und obgleich sie damit dem polnischen Widerstand halfen, länger, als es möglich schien, zu überdauern, konnten sie keine Änderung herbeiführen. In der Schlacht um Warschau wurden dieser vornehmen Stadt schreckliche Schäden zugefügt, und ihre heldenhafte Bevölkerung hat Leiden und Entbehrungen durchgemacht, die selbst im Elend dieses Krieges nicht ihresgleichen haben.

Der Fall von Warschau, zu einer Zeit, in der die alliierten Armeen überall siegreich sind und in der die endgültige Niederlage Deutschlands schon in Sicht ist, muß für alle Polen ein harter Schlag sein. In diesem Augenblick möchte ich allen Polen, die in Warschau fielen, kämpften und litten, unsere Ehrerbietung zum Ausdruck bringen und unser Mitgefühl mit dem ganzen polnischen Volk bei diesem neuen schmerzlichen

Verlust. Unsere feste Zuversicht, daß die Tage seines Leidens rasch zu Ende gehen werden, bleibt unerschüttert. Und wenn der alliierte Endsieg errungen ist, dann wird auch das Heldenlied von Warschau nicht vergessen werden. Es wird eine unvergängliche Erinnerung der Polen und der Freunde der Freiheit in aller Welt sein.

Die Zukunft Polens

15. Dezember 1944, Unterhaus

Churchill war im Oktober 1944 nach Moskau geflogen, um mit Stalin über die Zukunft Osteuropas zu verhandeln. Dabei hatte Churchill vorgeschlagen, den Balkan in Einflußzonen aufzuteilen. Die Prozentsätze für die verschiedenen Länder hatte er auf eine Tischkarte geschrieben, und Stalin hatte sie als Zeichen der Zustimmung abgehakt. Beim Hauptproblem, der Zukunft Polens, hatte es kaum eine Annäherung gegeben.

Bei Eröffnung dieser Debatte sehe ich mich gezwungen, dem Hause nochmals einige Auszüge aus den sorgfältig erwogenen Erklärungen vorzulesen, die ich im Februar, nach meiner Rückkehr aus Teheran, und im Oktober des laufenden Jahres abgegeben habe. Ich stütze mich auf diese Erklärungen; als ich sie gestern nacht zur Vorbereitung dieser Debatte nochmals durchlas, fand ich es sehr schwierig, sie in irgendeiner Art und Weise zu verbessern oder abzuändern. Das mag ein Zeichen meiner geistigen Unproduktivität sein; es gibt mir selbst aber einiges Vertrauen, daß ich das Haus nicht in die Irre geführt habe, noch mich selbst durch den unliebsamen und nicht vorherzusehenden Verlauf der Ereignisse zum Narren machen ließ. Nicht oft wünscht man etwas zu wiederholen, das man vor zwei Monaten gesagt hat, und noch weniger etwas, das man zehn Monate vorher gesagt hat. Ich aber möchte es tun, denn in keiner anderen Art und Weise und mit keinen anderen Worten, die ich mir ausdenken könnte, vermöchte ich dem Hause die harten Tatsachen des polnischen Problems vor Augen zu führen.

Am 22. Februar sagte ich:

»In Teheran nahm ich die Gelegenheit wahr, um persönlich mit Marschall Stalin die Frage der Zukunft Polens aufzuwerfen. Ich wies darauf hin, daß Großbritannien in Erfüllung des Hilfsversprechens, das es Polen gegeben hatte, Nazi-Deutschland den Krieg erklärte; daß wir in unserem Entschluß nie wankend geworden waren, selbst in der Zeit, als wir allein standen; und daß das Schicksal des polnischen Volkes in den

Gedanken und in der Politik der Regierung Seiner Majestät und des britischen Parlamentes obenan steht. Mit großem Vergnügen hörte ich von Marschall Stalin, daß auch er entschlossen war, ein starkes, völlig unabhängiges Polen als eine der führenden Mächte in Europa zu schaffen. Diese Erklärungen hat er mehrmals öffentlich wiederholt, und ich bin überzeugt, sie stellen die feste Politik der Sowjetunion dar. Hier darf ich das Haus daran erinnern, daß wir selbst in der Vergangenheit, namens der Regierung Seiner Majestät, niemals eine bestimmte Grenze Polens garantiert haben. Wir haben die Besetzung Wilnas durch die Polen im Jahre 1919 niemals gutgeheißen. Der britische Standpunkt im Jahre 1919 findet seinen Ausdruck in der sogenannten Curzon-Linie, wodurch das Problem, auf alle Fälle teilweise, gelöst werden sollte. Ich war immer der Ansicht, alle Fragen der Grenzziehung und -berichtigung sollten bis zum Ende des Krieges aufgeschoben werden; dann könnten die siegreichen Mächte zu formellen und endgültigen Abkommen über das Gefüge Europas als Gesamtheit kommen. Das ist noch immer der Wunsch der Regierung Seiner Majestät. Indessen macht das Vorrücken der russischen Armeen in polnische Gebiete, in denen die polnische Untergrundarmee tätig ist, es dringend notwendig, eine Art Freundschaftsabkommen zu schließen, um mit den kriegsbedingten Zuständen fertig zu werden und alle Kräfte, die gegen Hitler sind, in die Lage zu versetzen, so nutzbringend wie nur möglich gegen den gemeinsamen Feind zusammenzuarbeiten.«

»Während der letzten Wochen« – ich möchte das Haus daran erinnern, daß ich das am 22. Februar sagte – »haben der Außenminister und ich mit der polnischen Regierung in London daran gearbeitet, zu einem brauchbaren Abkommen zu gelangen, an das die bewaffneten Streitkräfte sich halten können und auf das sich, wie ich fest überzeugt bin, ein stets stärker werdendes Verbundensein durch Wohlwollen und Kameradschaft zwischen Russen und Polen gründen ließe. Ich habe starkes Mitgefühl für die Polen, diesen heldenhaften Menschenschlag, deren Nationalgeist Jahrhunderte voll Mißgeschick nicht ersticken können; ich habe aber auch Verständnis für den russischen Standpunkt. Zweimal im Verlaufe unserer Zeit wurde Rußland von Deutschland heftig angegriffen. Viele Millionen Russen wurden hingeschlachtet und weite Strecken der russischen Erde durch den wiederholten Angriff Deutschlands verwüstet. Rußland hat ein Recht, sich gegen künftige Angriffe aus dem Westen zu sichern, und wir alle sind einig mit ihm, daß es diese Sicherung erhalten muß, nicht allein durch die Gewalt seiner Waffen, sondern auch durch die Billigung und Zustimmung der Vereinten Nationen. Die Befreiung Polens wird gegenwärtig von den russischen Heeren vollendet, nachdem diese Millionenverluste bei der Zerschlagung der deutschen Militärmaschine erlitten haben. Ich bin nicht der Meinung, daß die russische Forderung nach Sicherheit die Grenzen des Vernünftigen und Gerechten überschreitet. Marschall Stalin und ich kamen auch überein, daß Polen im Norden und Westen auf Kosten Deutschlands entschädigt werden müsse.«

Das sagte ich vor beinahe einem Jahr. Ich habe vom Standpunkt der Regierung Seiner Majestät aus daran nichts zu ändern. Am 27. Oktober, viel später also, berichtete ich über meinen letzten Besuch in Moskau und sagte:

»Die vordringlichste und brennendste Frage war natürlich Polen; und hier spreche ich wiederum von Hoffnung, von einer durch Vertrauen gestärkten Hoffnung.«

Ich fürchte, das trifft gegenwärtig nicht im selben Grade zu.

»Denn die Hoffnung fahren zu lassen, hieße in diesem Fall, sich der Verzweiflung hinzugeben. Hier gibt es zwei kritische und entscheidende Streitfragen. Die erste betrifft die Ostgrenze Polens gegen Rußland und die Curzon-Linie, wie sie genannt wird, und die Gebiete, die im Norden und Westen zu Polen geschlagen werden sollen. Das ist die erste Streitfrage. Die zweite ist die Beziehung der polnischen Regierung zu dem Lubliner Befreiungskomitee. Über diese beiden Punkte, ganz abgesehen von vielen damit zusammenhängenden Punkten, hielten wir mit beiden Parteien eine Reihe Konferenzen ab...«

»Ich würde dem Haus gerne sagen, wir seien zu einer Lösung dieser Probleme gelangt. Und es liegt auch bestimmt nicht daran, daß wir sie nicht genügend energisch suchten. Dennoch bin ich fest überzeugt, daß wir einer Lösung beider Streitfragen viel näher gekommen sind.«

Dieser Teil ist im Lichte der Ereignisse erneut zu überprüfen.

»Ich hoffe, Herr Mikolajczyk wird bald nach Moskau zurückkehren, und es wäre eine schwere Enttäuschung für alle aufrichtigen Freunde Polens, falls es zu keinem brauchbaren Abkommen kommt, das es ihm ermöglicht, eine polnische Regierung auf polnischem Boden zu bilden. Eine Regierung, die von allen daran interessierten Großmächten, ja von allen Regierungen der Vereinten Nationen anerkannt werden kann, die bisher nur die polnische Regierung in London anerkennen. Wenn ich auch die Schwierigkeiten, die noch zu überwinden sind, nicht unterschätze, so ist es doch ein Trost, zu wissen, daß Großbritannien und Sowjetrußland wie zweifellos auch die Vereinigten Staaten fest entschlosssen sind, ein starkes, freies, unabhängiges, souveränes Polen neu zu schaffen; ein Polen, das gegenüber den Alliierten loyal und seinem großen Nachbar und Befreier Rußland gegenüber freundschaftlich gesinnt ist. Wenn ich speziell für die Regierung Seiner Majestät sprechen soll, dann muß ich sagen, es ist unser unverrückbares, ständiges Ziel, das polnische Volk möge nach allen Leiden und Schicksalsschlägen eine dauernde Heimat und einen Ruheplatz in Europa finden, der, wenn er auch nicht völlig mit den Grenzen Polens vor dem Krieg übereinstimmt, dennoch den Bedürfnissen des polnischen Volkes angepaßt und nicht schlechter an Art und Qualität sein wird – wenn man alles in allem nimmt – als das, was Polen vorher besessen hat.«

»Es sind kritische Tage, und es wäre sehr schade, falls Zeit durch Unentschlossenheit und sich lange hinziehende Verhandlungen vergeudet werden würde. Hätte die polnische Regierung den Rat, den wir ihr zu Beginn dieses Jahres gaben, angenommen, dann wäre es zu der neuen Komplikation, die durch die Bildung des polnischen Nationalen Befreiungskomitees in Lublin entstand, nicht gekommen. Und alles, was eine Regelung noch länger hinausschiebt, kann nur die Spaltung zwischen den Polen in Polen erhöhen und die gemeinsame Aktion, welche die Polen, die Russen und die übrigen Alliierten gegen Deutschland unternehmen, hemmen. Deswegen sage ich, ich hoffe, daß keine Zeit durch Fortsetzung dieser Diskussionen verlorengeht, und daß sie rasch zu einem wirksamen Abschluß kommen.«

Die Hoffnungen, die ich damals im Oktober auszudrücken für angemessen und notwendig fand, schwanden. Als Herr Mikolajczyk Moskau verließ, hoffte ich, er würde in einer Woche oder in einem nicht viel längeren Zeitraum dorthin mit der Vollmacht der polnischen Regierung in London zurückkehren, um einer Festsetzung der polnischen Grenzen auf Grundlage der Curzon-Linie und ihrer südlichen Verlängerung, der sogenannten »Curzon-Linie A«, zuzustimmen, die auf russischer Seite auch die Stadt Lemberg umfaßt. Ich hatte mehrere Male Herrn Mikolajczyks Aufmerksamkeit auf die Gefahren eines Aufschubes gelenkt. Wäre er in der Lage gewesen, nach den sehr freundschaftlichen Besprechungen, die zwischen ihm und Marschall Stalin stattfanden, und auch nach den Besprechungen, die er mit dem Lubliner Nationalen Befreiungskomitee hatte, zurückzukehren; wäre er in der Lage gewesen, mit Zustimmung seiner Kollegen zurückzukehren, dann glaube ich, daß die Schwierigkeiten, die der Bildung einer polnischen Regierung in Übereinstimmung mit dem Lubliner Komitee entgegenstanden, wohl zu überwinden gewesen wären. In diesem Falle stände er jetzt an der Spitze einer polnischen Regierung auf polnischem Boden, die von allen Vereinten Nationen anerkannt wäre, und würde den Vormarsch der russischen Armeen abwarten, die immer tiefer in Polen eindringen, indem sie das Land von den Deutschen befreien. Und er wäre bei Erfüllung seiner Aufgabe auch der Freundschaft und Hilfe Marschall Stalins sicher. Auf diese Weise hätte er jederzeit die Verbindung zwischen der polnischen Untergrundbewegung und den vorrückenden Russen herstellen und eine Regierung in den befreiten Gebieten errichten können, je mehr Land befreit wurde.

Ich habe die größte Achtung vor Herrn Mikolajczyk und seinen fähigen Kollegen, die mit uns in Moskau zusammentrafen, den Herren Romer und Grabski. Ich bin davon überzeugt, sie haben mehr Anrecht als jeder andere polnische Führer, den Platz des verstorbenen Generals Sikorski einzunehmen. Nach endlosen Diskussionen über die Rückkehr Mikolajczyks aus Moskau – in einige davon wurden auch wir mit hineingezogen –, mißlang es den Polen vollkommen, ein Übereinkommen zu erzielen. Demzufolge schieden Mikolajczyk, Romer und eine Anzahl anderer polnischer Minister am 24. November aus der polnischen Regierung aus, die beinahe völlig neu gebildet wurde, und zwar in einer Form, die ich in vieler Hinsicht nicht begrüßen kann. Herr Mikolajczyk und seine Freunde bleiben nach Ansicht der Regierung Seiner Majestät die einzige Hoffnung, die Polen in allernächster Zukunft hat.

Hätte die polnische Regierung, genau wie ich sagte, zu Anfang dieses Jahres der Grenzziehung zugestimmt, dann hätte es niemals ein Lubliner Komitee gegeben, dem sich Rußland verpflichtet hat; und so sage ich jetzt, hätte Herr Mikolajczyk Anfang November rasch nach Moskau zurückkehren können, wie er hoffte und erwartete, und zwar mit Vollmachten ausgerüstet, ein Abkommen hinsichtlich der Grenze zu treffen, dann würde Polen jetzt den rechten Platz in den Reihen der Mächte einnehmen, die gegen Deutschland streiten, und es genösse die volle Unterstützung und Freundschaft Marschall Stalins und der Sowjetregierung. Auch diese Möglichkeit besteht gegenwärtig nicht. Diese Aussicht wurde ebenfalls zunichte. Es gemahnt an die Geschichte von den sibyllinischen Büchern, deren Preis stets gleich blieb, während sich ihre Anzahl verminderte, bis sie schließlich zu den allerungünstigsten Bedingungen gekauft werden mußten. Die Prüfung Mikolajczyks war sehr schwer und schmerzlich. Er wurde hin- und hergerissen zwischen der Liebe zu seinem Land und dem brennenden Wunsch, mit dem mächtigen Nachbar zu einer Einigung zu gelangen, was vielen seiner Landsleute höchst verhaßt war. Angesichts des verbissenen und unbeugsamen Widerstandes seiner Londoner Kollegen, deren Veto dem früheren Liberum Veto, das eine so große Rolle beim Untergang Polens gespielt hatte, ähnlich war, entschloß sich Herr Mikolajczyk, aus dem Amt auszuscheiden. Seither ist fast ein Monat vergangen, und ich stelle mir vor, daß die Aussichten für eine Aussöhnung zwischen der polnischen Regierung und dem Lubliner Komitee, hinter dem die Sowjetregierung steht, endgültig geschwunden sind; obgleich sie vielleicht wieder zum Vorschein kommen mögen, wenn Herr Mikolajczyk imstande ist, mit voller Amtsbefugnis für die Geschicke der polnischen Nation zu sprechen.

Die Folgen des Schwindens der Hoffnungen auf ein brauchbares Abkommen zwischen Rußland und den Polen wurden den britischen Augen verhüllt durch die Tatsache, daß die russischen Armeen an der langen Weichsel-Front regungslos blieben; wenn sie aber vorrücken, und sie werden vorrücken und die Deutschen aus großen Teilen Polens vertreiben, dann wird das von dem Lubliner Komitee verwaltete Gebiet anwachsen, und seine Beziehungen zur Sowjetregierung werden stärker und inniger werden. Ich weiß nicht, welches Mißgeschick aus dieser Entwicklung entstehen wird. Das Fehlen eines Abkommens mag für Polen bedrückend sein, und die Beziehungen und Mißverständnisse zwischen den vorrückenden russischen Armeen und der polnischen Untergrundbewegung werden vielleicht Formen annehmen, die allen, denen das dauernde Wohl Polens und seiner Beziehungen zu Rußland am Herzen liegt, schmerzlich sind. Natürlich beeinflußt die Tatsache, daß ein Ministerpräsident abdankt und eine neue Regierung gebildet wird, die formellen diplomatischen Beziehungen zwischen Staaten nicht. Wir anerkennen noch die polnische Regierung in London als die Regierung Polens, wie wir es getan haben, seit sie zu Beginn des Krieges an unsere Küsten kam. So wurde es auch bis zu dieser Zeit von allen übrigen Vereinten Nationen, mit Ausnahme Rußlands, gehalten, das die Macht ist, die am meisten davon betroffen wird und deren Heere als die ersten im Herzen Polens stehen werden. Es ist eine Quelle des Kummers für mich, daß alle diese Kräfte nicht rascher gegen den gemeinsamen Feind zusammengefaßt werden konnten.

Ich kann mich nicht der Ansicht anschließen, daß die Regelungen, die für die Grenzen des neuen Polen vorgeschlagen wurden, nicht wohlbegründet und nicht befriedigend seien oder daß sie Polen nicht den »Ruheplatz« geben würden, von dem ich dem Haus im Februar gesprochen habe. Wenn Polen Lemberg und die umliegenden Gebiete im Süden entsprechend der als Curzon-Linie A bekannten Grenzziehung abtritt, womit sich mein sehr ehrenwerter Freund, der Außenminister, im späteren Verlauf der Debatte noch ausführlich beschäftigen wird – wenn Polen diese Konzession macht und diese Gebiete zur Ukraine geschlagen werden, dann gewinnt es im Norden ganz Ostpreußen westlich und südlich der Festung Königsberg, einschließlich der großen Stadt Danzig mit ihrem Hafen. Danzig, eine der schönsten Städte und einer der schönsten Häfen in der ganzen Welt, die seit Jahrhunderten als großer Sammelplatz des baltischen Handels und der Welt bekannt ist. Alles das wird Polen gehören statt des gefährdeten und künstlichen Korridors, der nach dem letzten Krieg mit soviel Mühe hergestellt wurde, und es wird mehr als 200 Meilen Küste an der Ostsee besitzen. Es steht den Polen frei, was Rußland und Großbritannien betrifft, ihr Gebiet nach Westen auf Kosten Deutschlands auszudehnen. Ich möchte nicht auf nähere Details eingehen, aber den Gebietserweiterungen, die von Großbritannien und Rußland, verbunden wie beide durch den zwanzigjährigen Bündnisvertrag sind, unterstützt werden, kommt höchste Bedeutung zu. Daher ist der Gebietszuwachs im Westen und Norden viel wertvoller, und er umfaßt auch viel höher entwickelte Gebiete als der Verlust im Osten. Wir hören, ein Drittel Polens müsse abgetreten werden. Da muß ich aber daran erinnern, daß zu diesem Drittel auch das weitgestreckte Gebiet der Pripet-Sümpfe gehört, eine ganz öde Gegend, die zwar die Anzahl Quadratkilometer der Seite erhöht, die sie gewinnt, ohne aber zum Reichtum des Landes etwas hinzuzufügen.

Damit habe ich dem Haus in Umrissen das Angebot gezeigt, das die Russen, denen noch immer die Hauptlast der Befreiung zufällt, dem polnischen Volk machen. Ich kann nicht glauben, daß ein derartiges Angebot von Polen verworfen werden wird. Natürlich würde ein Bevölkerungsaustausch im Osten und Norden die Folge sein. Die Umsiedlung von mehreren Millionen Menschen müßte vom Osten nach dem Westen oder Norden durchgeführt werden, ebenso wie die Vertreibung der Deutschen – denn das wurde vorgeschlagen: völlige Vertreibung der Deutschen – aus den Gebieten, die Polen im Westen und Osten gewinnt. Denn die Vertreibung ist, soweit wir in der Lage sind, es zu überschauen, das befriedigendste und dauerhafteste Mittel. Es wird keine Mischung der Bevölkerung geben, wodurch endlose Unannehmlichkeiten entstehen, wie zum Beispiel im Fall von Elsaß-Lothringen. Reiner Tisch wird gemacht werden. Mich beunruhigt die Aussicht des Bevölkerungsaustausches ebensowenig wie die großen Umsiedlungen, die unter den modernen Bedingungen viel leichter möglich sind als je zuvor.

Der Bevölkerungsaustausch, der nach dem letzten Kriege zwischen Griechenland und der Türkei stattfand, war in vieler Hinsicht erfolgreich und hat zu freundschaftlichen Beziehungen zwischen der Türkei und Griechenland geführt. Der Austausch, der zuerst unmöglich schien und von dem man sagte, er würde das türkische Anatolien vieler notwendiger Dienste berauben, und Griechenland könne bei seiner Größe und seiner Bevölkerung niemals die zusätzliche Bevölkerung assimilieren und ernähren – ich sage, dieser Austausch löste Probleme, die früher Anlaß zu ständigen Reibungen, Kriegen und Kriegsgerüchten gegeben hätten. Ich sehe auch nicht ein, warum in Deutschland kein Platz für die Bevölkerung Ostpreußens und der anderen von mir erwähnten Gebiete sein sollte. Schließlich wurden bereits sechs bis sieben Millionen Deutsche in diesem schrecklichen Krieg getötet, in den sie zum zweiten Mal in einer Generation Europa ohne Zaudern gestürzt haben. Gegenwärtig, heißt es, würden zehn bis zwölf Millionen Gefangene oder Ausländer in Deutschland als Sklaven gehalten, die, wie wir hoffen, ihrem Heim und ihrem Land, sobald der Sieg errungen wurde, zurückgegeben werden. Überdies ist zu erwarten, daß noch mehr Deutsche in den Kämpfen des kommenden Frühjahrs und Sommers getötet werden, denn wir müssen uns darauf gefaßt machen, daß in dieser Zeit die schwersten Kämpfe dieses Krieges auszufechten sein werden.

Als diese Gedanken, die auf der Konferenz in Teheran auftauchten, von mir zum ersten Male dem Haus angedeutet wurden, waren die britischen und amerikanischen Armeen noch nicht auf dem Kontinent gelandet. Frankreich war noch nicht befreit. Es war machtlos und gar nicht ähnlich seinem jetzigen Zustand, in dem es sich mit großer Schnelligkeit eine starke und schöne Stellung unter den Völkern der Welt erringt. Als diese Fragen zur Sprache kamen, standen General Eisenhowers Armeen nicht am Rhein. Sie wurden noch auf diesen Inseln und nicht längs des Rheins gesammelt, an dem sie nun an Stärke zunehmen, im selben Maß, in dem die Wellen amerikanischer Männer über den Atlantik kommen und ihren Platz in dem Kreuzzug und an der Front einnehmen. Und auch die Russen waren noch nicht bis zur Weichsel vorgerückt; große Strecken lagen sogar noch zwischen ihnen und den Grenzen Polens. Und auch die große deutsche Armee war noch nicht in Kurland, der Halbinsel mit Memel und Libau als Basis, abgeschnitten. Auch die starke Stellung bestand noch nicht, welche die Russen zur Rechten im hohen Norden halten, und auch zur Linken, im Süden, reichte sie noch nicht über Budapest hinaus, womit der Vormarsch ins Herz Österreichs droht. Rom war noch nicht besetzt und die Apenninstellung nicht durchstoßen.

Damals mag für die Polen vielleicht noch der Anschein eines Grundes bestanden haben, sich zu fragen, ob die großen Alliierten die Macht haben würden, selbst wenn sie es wollten, ihnen die neuen Gebiete als Kompensation für alles zu geben, auf das sie im Osten verzichteten. Nun hat sich aber die Lage ungemein zum Vorteil für die Alliierten gewandelt, und es scheint mir höchst unwahrscheinlich, daß nach den Kämpfen im Frühling und Sommer – wenn es soweit kommen muß, und wir werden soweit gehen, wie es nötig ist, um unser Ziel zu erreichen – es scheint mir höchst unwahrscheinlich, daß die bösen und hassenswerten Kräfte in Deutschland, die sich verschworen, die diesen Krieg planten und ihn begannen, die Macht haben werden, den Beschlüssen einer Friedens- oder Waffenstillstandskonferenz, an der die größten siegreichen Mächte vereinigt sind, Widerstand zu leisten. Die Aussichten für den endgültigen Sieg der Alliierten haben sich in der Zeit, die seit den Tagen, als diese Fragen zum ersten Mal in Teheran disputiert wurden, verflossen ist, gefestigt und erhöht. Wenn ich mit Polen diese Fragen besprach, hieß es immer: »Wir wissen, was wir aufgeben müssen, aber welche Sicherheit besteht für uns, daß wir eine Kompensation anderswo erhalten?« Sie haben jetzt eine viel größere Sicherheit als heute vor einem Jahr. Tatsächlich vermag ich nicht einzusehen, was die Großmächte, wenn sie es wollen, daran hindern könnte, die Umsiedlung vorzunehmen.

Ich finde es sehr schwierig, diese Fragen zu diskutieren, denn die Stellungnahme der Vereinigten Staaten wurde nicht mit der Präzision vollzogen, die die Regierung Seiner Majestät für klug fand anzuwenden. Die Freundschaft der Regierung der Vereinigten Staaten für Polen, die nicht geringer ist als unsere, die große Menge Polen, die eine Heimat in den Vereinigten Staaten gefunden haben und amerikanische Bürger wurden oder werden, die verfassungsmäßigen Schwierigkeiten, die in den Vereinigten Staaten beim Abschluß von Verträgen oder Abkommen aller Art mit ausländischen Mächten im Wege stehen – all das zusammen hat es der Regierung dieser großen Nation nicht erlaubt, in den Ausdrücken zu sprechen, die ich mit Zustimmung meiner Kollegen anzuwenden für meine Pflicht hielt. Indessen wissen wir aber, daß die Regierung und das Volk der Vereinigten Staaten mit ganzem Herzen an einer Weltorganisation zur Verhütung künftiger Kriege festhalten und daß diese Weltorganisation in unheilvoller Weise durch einen Streit mit einem der drei mächtigen Reiche, welche die große Allianz der Vereinten Nationen bilden, gestört würde. Der Präsident weiß von allem, was vor sich ging, und auch von allem, was die Russen und Briten vorhaben. Er besitzt in Averell Harriman, dem Botschafter der USA, einen ungemein fähigen Vertreter in Moskau, der in seiner Eigenschaft als Beobachter bei allen oder beinahe bei allen Gesprächen über Polen, die wir anläßlich unseres letzten Besuches abhielten, anwesend war. Der Präsident wurde also vollkommen auf dem laufenden gehalten, nicht nur durch die Regierung Seiner Majestät, sondern auch durch diesen höchst kompetenten und ausgezeichneten Vertreter, wie auch durch die vielen Quellen und Kanäle, die der nie ermüdenden Wachsamkeit des Staatsdepartements offenstehen.

Ich verwende besondere Sorgfalt darauf, niemals den Anschein zu erwecken, als spräche ich im Namen einer anderen Macht; es sei denn, ich wurde zuvor angewiesen, es zu tun, und ich hoffe, das Haus wird Nachsicht mit mir haben, wenn ich meine Worte über diese Frage besonders sorgsam wähle. Alles, was ich sagen kann, ist, daß mir in all den Monaten keine formelle Mißbilligung der Art zukam, in der die Zukunft Polens sich scheinbar entwickeln muß – oder entwickelt. Zweifellos werden die Vereinigten Staaten im gegebenen Zeitpunkt ihre eigenen Ansichten über diese Dinge ausdrücken, wobei sie sich sicher die praktischen Auswirkungen vor Augen halten werden und auch, daß ein Fehlschlag in der Zusammenarbeit der drei größten Mächte alle unsere Hoffnungen auf eine künftige Ordnung, auf eine Weltregierung vernichten würde, die, was immer sie sonst auch verabsäumen könnte, mit allen nötigen Vollmachten ausgerüstet wäre, um einen kommenden Krieg zu verhindern.

Es wird gefragt, warum können alle diese Fragen der territorialen Änderungen nicht aufgeschoben werden, bis der Krieg vorüber ist? Das ist eine sehr passende Frage, und sie ist tatsächlich auch die Antwort, die ich und der Außenminister in beinahe jedem Fall, der uns vorkam, gaben. Ich verstehe den Gedankengang. Die Armeen, heißt es, können dahin und dorthin verschoben werden, ihre Front kann vorverlegt und zurückgenommen werden, dieses oder jenes Land kann den einen oder anderen Gebietsstreifen besetzen, aber nur bei der Friedenskonferenz wird das endgültige Schicksal eines Landes oder eines Volkes bestimmt werden. Warum läßt sich das nicht auch in diesem Fall sagen? Es kann in jedem Fall, oder beinahe in jedem Fall gesagt werden, nur nicht im Fall Polens. Warum soll aber gerade Polen eine Ausnahme von der allgemeinen Regel machen? Es geschieht nur zum Vorteil Polens, um großes Unheil zu verhüten, das sich sonst ereignen könnte. Die russischen Armeen – ich kenne ihre Absichten nicht und sage bloß das, was jedem, der die Kriegskarte studiert, klar ist – werden in den ersten Monaten des nächsten Jahres durch große Teile Polens kommen, wobei sie die Deutschen vor sich hertreiben werden. Wenn nun auf diesen Märschen heftige Streitigkeiten und Kämpfe zwischen großen Teilen der polnischen Bevölkerung und den russischen Truppen ausbrächen, dann würde großes Leiden – das noch verhütet werden kann – daraus entstehen, und neue vergiftete Wunden würden denen zugefügt werden, die Seite an Seite in Frieden, Vertrauen und guter Nachbarschaft leben müssen, wenn die Ruhe Europas gesichert sein soll und das glatte Funktionieren der Weltorganisation, die zur Erhaltung des Friedens geschaffen werden muß.

Alle diese Dinge gehören zu den schwersten, die man wahrscheinlich, soweit es unsere Einsichten derzeit erlauben, prüfen kann. Wir haben unseren Grundsatz, daß alle territorialen Änderungen bis zur Friedenskonferenz, nachdem der Sieg errungen wurde, aufgeschoben werden müssen, ausgesprochen. Dieser Grundsatz kennt nur eine Ausnahme, und diese ist: Änderungen, über die beide Partner sich einig wurden. Man darf nicht vergessen, daß sich auch in der Atlantik-Charta, glaube ich, die Ausnahme findet, es sollten keine Änderungen vor der Friedenskonferenz stattfinden, es sei denn, einverständliche Änderungen.*

* Im Verlaufe der Debatte sagte Eden, die in der Rede des Premierministers erwähnte Ausnahme befinde sich nicht in der Atlantik-Charta, sondern in einer vom Premierminister im September 1940 abgegebenen Erklärung über die Politik: »Zu keiner Zeit haben wir seit Ausbruch dieses Krieges den Standpunkt vertreten, daß nichts an der territorialen Struktur der verschiedenen Länder geändert werden dürfe. Andererseits beabsichtigen wir nicht, irgendwelche territorialen Änderungen, die während dieses Krieges stattfinden, anzuerkennen, es sei denn, daß sie mit der freiwilligen Zustimmung und durch ein gutwilliges Übereinkommen der beteiligten Parteien zustande kamen.«

Ich bin fest davon überzeugt, es liege zuhöchst im Interesse der Zukunft des polnischen Volkes, daß es mit der Sowjetregierung zu einer Einigung über die strittigen Ostgrenzen kommt, bevor der Marsch der russischen Armeen durch den größten Teil Polens stattfindet. Das ist das große Geschenk, das es Rußland machen muß: eine Einigung mit Rußland zu diesem Zeitpunkt, die den festen Anspruch erhebt, ein einverständliches Abkommen über alle Fragen zu sein, die sonst vielleicht auf der Friedenskonferenz umkämpft würden. Indessen muß ich sagen, denn es liegt mir alles daran, daß das Haus die ganze Sachlage erfaßt, daß ich namens der Regierung Seiner Majestät spreche und zwar in einer Art und Weise, die, wie ich glaube, auch für unsere Nachfolger bindend sein wird: Auch auf der Konferenz werden wir an den Grundzügen festhalten, die ich dem Hause jetzt entwickelt habe, und wir werden nicht zaudern zu erklären, daß die Russen gerecht und richtig behandelt werden, wenn man ihre Forderung nach einer Ostgrenze, die mit der beschriebenen Curzon-Linie identisch ist, erfüllt.

Der Außenminister und ich haben viele Monate hart gearbeitet, wir haben es weder an Arbeit noch an Reisen fehlen lassen, wir haben das Risiko einer politischen Abweisung und des daraus folgenden Tadels auf uns genommen, um gegenseitiges Verstehen zwischen dem Polen, das wir noch anerkennen, und dem mächtigen Alliierten, der die deutsche Militärmacht so schwer getroffen hat, zustande zu bringen. Wir haben nie irgendwie in unserem Entschluß gewankt, daß Polen wiederhergestellt und eine souveräne, unabhängige Nation sein soll, der es freisteht, ihre sozialen Institutionen und auch alle anderen Institutionen auf die Art zu formen, die sein Volk will, vorausgesetzt, daß sie nicht nach faschistischen Richtlinien aufgebaut werden, und vorausgesetzt, daß Polen getreulich als Schutzwall und Freund Rußlands gegen einen deutschen Angriff aus dem Westen steht. Dabei würde Polen selbstverständlich in jeder Weise durch ein russisches und britisches Hilfsversprechen unterstützt werden und, wie ich zweifellos annehme, obgleich ich kein Mandat habe, es zu erklären, auch von den Vereinigten Staaten unterstützt werden; zumindest durch die Weltorganisation, die wir zu errichten entschlossen sind – die Polen und alle Vereinten Nationen zu errichten entschlossen sind – zum Heil der Menschheit, die hienieden ringt, um den Schrecken eines neuen Krieges zu entgehen.

Ein neuer großer Krieg, und zwar ein ideologischer Krieg, der nicht nur an den Fronten, sondern im Herzen jedes Landes mit Waffen ausgefochten würde, die noch viel vernichtender wären als alle, die Menschen bisher handhabten, würde vielleicht für viele Jahrhunderte der Zivilisation, die wir, seit Geschichte geschrieben wird, aufzubauen vermochten, das Urteil sprechen. Diese Gefahr ist es, die wir nach der aufrichtigen Meinung dieser Nationalen Regierung aller Parteien, die erst jüngst das Gelöbnis erneuert haben, zusammenzustehen, solange der Krieg gegen Deutschland dauert – diese Gefahr ist es, die wir abwehren wollen; dafür haben wir hart gearbeitet, darnach haben wir aufrichtig und treu gestrebt. Andere mächtige Staaten stehen uns zur Seite, Staaten, die vielleicht sogar mächtiger sind als das britische Empire und Commonwealth of Nations. Wir können bloß versuchen, unser Bestes zu tun, und wenn wir das Problem auch nicht zu lösen vermögen, dann können wir wenigstens dafür sorgen, daß wir es in seiner ganzen düsteren Größe erfassen, solange noch Zeit ist.

Ich sprach von schwindenden Hoffnungen und von Enttäuschung über das Fehlschlagen eines russisch-polnischen Abkommens; es gibt aber noch eine Enttäuschung. Es war unmöglich, eine gemeinsame Konferenz der drei Großmächte anzuberaumen. Wir hatten guten Grund anzunehmen, sie würde noch vor Weihnachten stattfinden. Tatsächlich hoffte ich fest darauf, doch ist noch nichts endgültig entschieden, obgleich wir uns sehr darum bemühen. Daher müssen die großen, gebieterischen, wenn auch nur vorläufigen Entscheidungen, die jetzt erforderlich sind, nicht nur in der russisch-polnischen Frage, sondern in einer Menge lebenswichtiger Fragen politischer, internationaler, militärischer und wirtschaftlicher Natur, soweit sie sich nicht durch Korrespondenz und Besuche einzelner erledigen lassen, vor der Schranke stehen und warten. Zumindest ein Zusammentreffen der drei großen Mächte sollte so bald wie möglich stattfinden. Was mich und den Außenminister betrifft, so kann ich nur wiederholen, was so oft gesagt wurde, daß wir uns nach jedem Ort, zu jeder Zeit und unter allen Umständen auf den Weg machen werden, um mit den Leitern unserer beiden Hauptbundesgenossen zusammenzukommen. Vor allem würden wir es begrüßen, wenn ein Zusammentreffen auf dieser Insel, ein Zusammentreffen in Großbritannien stattfinden könnte, das diesen Krieg von seinem ersten Anfang an führte und, ohne zu wanken, seine nationale Existenz für die Sache der Freiheit aufs Spiel setzte.

Die Ergebnisse von Jalta

27. Februar 1945, Unterhaus

Jalta war der Höhepunkt des Einvernehmens der Kriegskoalition. Auf der Gipfelkonferenz der Großen Drei auf der Krim im Februar 1945 hatten sich Roosevelt, Stalin und Churchill auf die Grundzüge der künftigen Organisation der Vereinten Nationen, die Behandlung Deutschlands nach dem Sieg und über Polen geeinigt. Die internationalistischen Phrasen des Abschlußkommuniqués täuschten über die begrenzte Reichweite der Einigkeit hinweg. Churchill wollte mit seinem Unterhausbericht einer möglichen Kritik – die Westmächte hätten Osteuropa, insbesondere Polen, an die Sowjets verraten – den Wind aus den Segeln nehmen.

Die vor kurzem auf der Krim abgehaltene Konferenz der drei Mächte nahm in derart außergewöhnlicher Art und Weise zu den Gegebenheiten und Schwierigkeiten Stellung, daß das Endergebnis einen staatlichen Akt schuf, über den das Parlament in aller Form seine Meinung zum Ausdruck bringen muß. Die Regierung Seiner Majestät ist der Ansicht, sie habe ein Recht darauf zu wissen, wie das Haus sich zu ihr stellt. Die deutlich ausgesprochene Zustimmung des Hauses wird unsere Stellung unter unseren Alliierten stärken. Die innige, leicht reagierende Verbindung zwischen der Exekutive und dem Unterhaus wird dabei klar vor Augen treten und zeigen, wieviel Leben in unseren demokratischen Einrichtungen steckt und daß die Minister der Ermächtigung des Parlamentes bedürfen. Das Haus wird sich der Pflicht, seine Meinung kundzugeben, nicht entziehen. Wir leben in einer Zeit, in der gleiche Entscheidung von allen, die an unseren Staatsgeschäften teilnehmen, erforderlich ist. So wird auch die Festigkeit und Beharrlichkeit des gegenwärtigen Parlamentes und unserer parlamentarischen Einrichtungen im allgemeinen, die gestärkt aus den Stürmen des Krieges hervorgehen, offenkundig werden. Wir hielten es deswegen für richtig und notwendig, einen bestimmten Antrag zu Papier zu bringen, zu dessen Stützung ich dem Haus bei Eröffnung dieser auf drei Tage anberaumten Debatte einige Fakten und Beweise unterbreiten möchte.

Die Schwierigkeiten, die es macht, eine Konferenz der Regierungschefs der drei größten Alliierten zustande zu bringen, sind nur allzu deutlich sichtbar. Die Tatsache, daß trotz aller modernen Verkehrsmittel vierzehn Monate zwischen Teheran und Jalta liegen, gibt einen Maßstab für diese Schwierigkeiten. Es ist bekannt, daß die Regierung Seiner Majestät den aufrichtigen Wunsch nach einer Dreierkonferenz im Herbst hatte. Wir freuten uns, als schließlich Jalta abgemacht wurde. Auf dem Wege dorthin trafen sich die Delegationen Großbritanniens und der Vereinigten Staaten in Malta, um den gesamten Umkreis der uns gemeinsam berührenden militärischen und politischen Angelegenheiten zu diskutieren. Die vereinigten Stabsleiter der beiden Länder besprachen drei Tage lang die großen Operationen, die an der Westfront vor sich gehen, wie auch die Feldzugspläne gegen Japan, die zu diskutieren für uns angezeigt war. Der Außenminister traf dort auch, begleitet von hohen Beamten und Hilfskräften – einige von ihnen kamen unglücklicherweise auf der Fahrt ums Leben –, mit Mr. Stettinius zusammen. Am Morgen des 2. Februar dampfte der Kreuzer, der den Präsidenten an Bord hatte, majestätisch in den vom Krieg mitgenommenen Hafen. Eine Vollsitzung der vereinigten Stabsleiter wurde am Nachmittag abgehalten, wobei der Präsident und ich die Vorschläge billigten, die an den vorhergehenden Tagen überaus sorgsam ausgearbeitet worden waren, um den größten gemeinsamen Einsatz zu erzielen und den Ablauf und den Zeitpunkt der militärischen Operationen zu bestimmen. Unterdessen hatten der Minister für Kriegstransporte und die betreffenden amerikanischen Fachmänner an Bord eines Schiffes für sich die Probleme der Verschiffung behandelt, die gegenwärtig unsere Angelegenheiten beherrschen und auch auf die Verschickung und Ansammlung von Öl, Lebensmitteln, Kriegsmaterial und Truppen Einfluß haben. Über alle diese Fragen wurde völlige Übereinstimmung erzielt – sehr schwierige und verwickelte Fragen –, ähnlich, als ob man ein internationales Kursbuch ausarbeiten wollte, in dem die Zeiten sämtlicher Expreßzüge unter Umständen, wenn ein halbes Dutzend nicht vorauszusehender Ereignisse eintritt, geändert werden müssen. Unabänderliche Entscheidungen über politische Streitfragen legten wir nicht fest. Diese sollten Gegenstand der Dreierkonferenz sein und wurden mit Bedacht bis zur Vollsitzung offengelassen.

Der Grund, warum Schiffsraum gegenwärtig so knapp ist, liegt darin, daß die Periode der höchsten Kraftentfaltung im europäischen Krieg mehrere Monate über den erhofften Zeitpunkt im vergangenen Herbst hinaus verlängert wurde, während die Periode der größten Kraftentfaltung gegen Japan durch die amerikanischen Siege im Pazifik näherrückte. So haben wir statt einer ausklingenden oder in eine andere übergehenden Höchstleistungsperiode eine Überschneidung oder eine verdoppelte Höchstleistungsperiode in den beiden Kriegen, die wir gemeinsam auf den entgegengesetzten Seiten der Erdkugel führen. Obgleich in den beiden vergangenen Jahren unsere gemeinsamen, durch U-Boote entstandenen Verluste aufgehört haben, einen fühlbaren Einfluß auszuüben, obgleich der Neubau von Schiffen in den Vereinigten Staaten in riesenhaftem Ausmaß vor sich geht und obgleich den Alliierten heute weitaus mehr Schiffsraum zur Verfügung steht als zu irgendeiner Zeit dieses Krieges, so leiden wir dennoch an einem stärkeren Mangel an Schiffsraum als je zuvor. Diese doppelte Höchstleistungsperiode wirkt sich auch auf alle unsere Vorbereitungen für eine Rückkehr zu Friedenszuständen aus, wozu auch die Wohnungsfrage und dringende Bedürfnisse der Zivilbevölkerung gehören. Diese Tatsachen verlangen straffes und gründliches Haushalten auf seiten des Militärs, da hier Kalkulationsfehler oder Verschwendung jeglicher Art der gemeinsamen Sache schweren Schaden zufügen. Diese Tatsachen hemmen uns auch in beklagenswerter Weise daran, mit voller Kraft den schrecklichsten Nöten in den befreiten Ländern abzuhelfen. Ich bin nicht willens, die Notreserven dieser Insel an Lebensmitteln und Öl unter das Mindestmaß sinken zu lassen, es sei denn in Fällen, in denen sie rasch und sicher wieder aufgefüllt werden können. Davon abgesehen werden wir alles, was in unserer Macht steht, tun, um den befreiten Ländern zu helfen. Wie schwierig die Besprechungen waren, die Lord Leathers in unserem Namen führte, ist klar zu ersehen – Lord Leathers, der für alle diese Fragen zuständig und eine in jeder Hinsicht anerkannte Autorität ist und die ganze Materie im Kopf hat –, und wir dürfen heute über die unparteiische und freundschaftliche Verteilung der Lasten und Beschwerden befriedigt sein, über die sich Großbritannien und die Vereinigten Staaten in Fragen des interalliierten Schiffsraumes einigten.

Es gab eine Diplomatenkonferenz an Bord eines Kreuzers, eine militärische Besprechung fand auf einem anderen Kreuzer statt, und die Besprechungen über den Schiffsraum gingen auf einem dritten Fahrzeug vor sich. Dann endlich kam der Präsident an, und die Ergebnisse wurden ihm und mir unterbreitet. Ich wurde über alles, was vor sich ging, auf dem laufenden gehalten, und wir billigten gemeinsam alles, was sofort in die Tat umgesetzt wurde.

Hierauf flogen wir sicher von Malta nach dem Flugplatz auf der Krim, überflogen die Berge – worüber sehr alarmierende Berichte gegeben wurden, die sich aber als zum größten Teil übertrieben erwiesen –, bis wir an der Südküste der Krim Schutz fanden. Diese ist von Bergen geschützt und bildet eine prächtige Riviera am Schwarzen Meer, wo es noch einige von den Nazis unzerstörte Villen und Paläste aus der vergangenen kaiserlich-aristokratischen Zeit gibt. Mit außerordentlichen Anstrengungen und mit aller Sorgfalt und Erfindungsgabe hatten unsere russischen Gastgeber sie wieder gut instand gesetzt und für unsere Bequemlichkeit und unser Wohlergehen mit echt russischer Gastfreundschaft gesorgt. Im Hintergrunde waren die Berge und jähen Bergschluchten und jenseits davon die verwüsteten Felder und zerstörten Häuser der Krim, über die der Krieg zweimal hinweggebraust war. An dieser Küste arbeiteten wir neun Tage lang, rangen mit vielen Problemen des Krieges und der Politik, während die Freundschaft wuchs.

Hierzulande bemerkte ich Kritik an dem Umstand, daß Frankreich nicht zur Teilnahme an der Konferenz von Jalta aufgefordert worden war. Das oberste Prinzip der britischen Politik in Westeuropa ist ein starkes Frankreich und eine starke französische Armee. Alle drei auf der Krim versammelten Großmächte waren jedoch der Meinung, daß sie, die den weitaus größten Teil der Schwere und der Last der Kriegführung und der Politik, die mit diesen Operationen innig verknüpft ist, zu tragen haben, eine Beschränkung ihres Rechtes, so oft als es ihnen notwendig erscheint, zusammenzutreten, um ihre Pflichten der gemeinsamen Sache gegenüber am besten zu erfüllen, nicht zulassen könnten. Dieser Standpunkt schließt natürlich nicht aus, daß Zusammenkünfte auf höchster Stufe abgehalten werden, zu denen auch an die anderen Mächte Einladungen ergehen.

Gleichwohl kann Frankreich aus mancherlei Gründen mit den in Jalta getroffenen Entscheidungen zufrieden sein. Zu diesen Entscheidungen gehört, daß Frankreich eingeladen werden soll, eine Besatzungszone in Deutschland zu übernehmen, die wir unverzüglich mit Frankreich festlegen wollen, daß Frankreich in der Alliierten Kontrollkommission Deutschlands seinen Sitz haben soll, die alle Angelegenheiten dieses Landes nach Vollzug der bedingungslosen Kapitulation ordnen wird. Frankreich soll eingeladen werden, zusammen mit den Vereinigten Staaten, dem Vereinigten Königreich, der Union der Sozialistischen Sowjet-Republiken und China, die Einladungen zur Konferenz von San Francisco ergehen zu lassen, die auf den 25. April dieses Jahres festgesetzt wurde. Es wird eingeladen, sich den Vereinigten Staaten, dem Vereinigten Königreich und der Sowjet-Union anzuschließen bei Durchführung des in der Erklärung über das befreite Europa festgelegten Verfahrens. Es ist Mitglied der Europäischen Beratenden Kommission, der höchst wichtige Aufgaben übertragen wurden, wozu auch die Beratung der Regierungen in höchst wichtigen, die Behandlung Deutschlands betreffenden Fragen gehört. Diese Kommission hat mit französischer Hilfe bereits alle Bedingungen genau ausgearbeitet, unter denen das Angebot der bedingungslosen Kapitulation entgegengenommen und akzeptiert werden wird. Für alles ist hier vorgesorgt. Wenn wir morgen dem Zusammenbruch der deutschen Macht gegenüberständen, dann gibt es nichts, was nicht vorgesehen, was nicht im voraus bereits von dieser einflußreichen Europäischen Beratenden Kommission vorbereitet worden wäre, die aus Mr. Winant, Botschafter Gusew und Sir William Strang vom Auswärtigen Amt besteht. Das bezieht sich auf die Vorkehrungen für die Besatzung, soweit diese vorhergesehen werden können; die Kommission hat uns auch in verschiedenen mit Deutschland zusammenhängenden Fragen zu beraten, die nicht mit der tatsächlichen Übernahme durch die Militärbehörden zusammenhängen. Alle diese Vorkehrungen zeigen deutlich, wie bedeutsam die Rolle ist, die Frankreich bei der Beruhigung Europas zu spielen berufen ist, und wie sehr anerkannt wird, daß Frankreich bei Erfüllung dieser Aufgabe mit den übrigen Großmächten aufs engste verbunden sein muß. Wir luden Herrn Bidault, den französischen Außenminister, ein, bei der ersten sich bietenden Gelegenheit nach London zu kommen, damit wir ihm weitere Aufschlüsse über den Verlauf der Konferenz geben können. Er war so freundlich zu kommen und wir hatten in den letzten paar Tagen eine Reihe klärender Gespräche mit ihm zu führen, in denen er sich über die Gesamtlage vollkommen informieren und Frankreichs Standpunkt und Wünsche dazu wirksam zum Ausdruck bringen konnte.

Über die Weltorganisation vermag ich wenig mehr zu sagen, als in dem Bericht über die Konferenz und natürlich auch in den früheren Berichten aus Dumbarton Oaks enthalten ist. An der Krim einigten sich die drei Großmächte über die schwierige Frage des Abstimmungsverfahrens, für das keine Lösung in Dumbarton Oaks gefunden werden konnte. Die Verständigung über diese Frage von entscheidender Bedeutung ermöglichte es uns, den nächsten Schritt zur Errichtung der Weltorganisation zu tun, und alles ist vorbereitet, um die Einladungen zur Konferenz der Vereinten Nationen ergehen zu lassen, die, wie ich bereits sagte, in zwei Monaten in San Francisco zusammentreten wird. Ich wollte, ich könnte dem Haus alle Einzelheiten über die Lösung der Frage des Abstimmungsvorganges geben, der die Vertreter der drei Großmächte, die früher verschiedener Meinung waren, nun vollinhaltlich zustimmten. Wir hielten es dennoch für richtig, Frankreich und China zu konsultieren und uns ihrer Zustimmung zu versichern, bevor die Formel öffentlich bekanntgemacht wird. Deswegen kann ich mich darüber nur in allgemeinen Ausdrücken äußern.

Die Schwierigkeit, der wir uns gegenübersahen, bestand in folgendem: Die Hauptlast der Erhaltung und Sicherung des Friedens wird den Großmächten zufallen. Die neue Weltorganisation muß dieser besonderen Verantwortlichkeit der Großmächte Rechnung tragen und so errichtet werden, daß sie weder deren Einigkeit noch deren Fähigkeit, wirksam zu handeln, wenn rasch gehandelt werden muß, in Gefahr bringt. Gleichzeitig kann aber die Weltorganisation nicht auf einer Diktatur der Großmächte aufgebaut werden, deren Pflicht es ist, der Welt zu helfen, und nicht, sie zu beherrschen. Wir sind fest überzeugt, das Abstimmungsverfahren, über das wir uns in Jalta einigten, entspräche diesen beiden Forderungen und sei auch unparteiisch und annehmbar, wenn man die offensichtlichen Schwierigkeiten berücksichtigt, die jedem auffallen, der diese Frage gründlich überdenkt.

Die Konferenz von San Francisco wird auf Einladung der Vereinigten Staaten, Großbritanniens, des britischen Commonwealth, der Union der Sozialistischen Sowjet-Republiken, der Provisorischen Regierung der Französischen Republik und der Republik China alle die Mitglieder der Vereinten Nationen umfassen, die bis zum März 1945 Deutschland oder Japan den Krieg erklärt und die Erklärung der Konferenz der Vereinten Nationen unterschrieben haben. Viele erklären jetzt Krieg oder haben ihn seit Jalta erklärt, und ihr Vorgehen soll von denen, die die Last und die ganze Schwere des Tages zu tragen hatten, mit Achtung und Genugtuung aufgenommen werden. Unsere Zukunft wird durch die Teilnahme dieser Mächte gefestigt und bereichert werden, die zusammen mit den Gründern die ersten Schritte unternehmen werden, um die Weltorganisation auszubauen, von der wir hoffen, daß ihr zuletzt in richtiger Aufeinanderfolge alle Staaten angehören werden. Durch diese stark gerüstete Körperschaft hoffen wir, Angriffskriege oder deren Vorbereitung zu verhindern und kleine und große Staaten in die Lage zu versetzen, Streitigkeiten mit friedlichen, erlaubten Mitteln, durch Überredung, durch den Druck der öffentlichen Meinung, durch gesetzliche Mittel oder durch eine andere Methode, die den Grundgedanken der neuen Organisation enthält, beizulegen.

Der ehemalige Völkerbund, den man derart hart behandelte und unfähig zur Lösung der Aufgaben fand, die er sich stellte, wird durch eine viel mächtigere Körperschaft ersetzt werden, in der die Vereinigten Staaten eine Rolle von entscheidender Bedeutung zu spielen haben. Die neue Körperschaft wird viel von der Struktur und den hervorstechenden Eigenschaften ihrer Vorgängerin in sich schließen. Die Arbeit, die in der Vergangenheit geleistet wurde, die Erfahrungen, die durch das Funktionieren des Völkerbundes gesammelt wurden, werden nicht vergeblich gewesen sein. In dem einen wesentlichen Punkte aber wird sich die neue Körperschaft von der alten unterscheiden, nämlich daß sie nicht davor zurückschrecken wird, ihren Willen gegen Übeltäter oder diejenigen, die Böses planen, beizeiten und mit Waffengewalt durchzusetzen. Diese Organisation, die imstande ist, sich ständig weiterzuentwickeln und zu entfalten, entspricht auf jeden Fall dem Zeitabschnitt, in den die Welt kommen wird, wenn einmal unsere derzeitigen Feinde geschlagen sind; wir haben alle Hoffnung, ja, wir haben mehr als alle Hoffnung, wir haben den festen Entschluß, durch diese Körperschaft die Menschheit vor einer dritten Wiederholung ihrer Qualen zu bewahren. Zwischen den beiden Weltkriegen waren wir uns alle der Schwäche internationaler Körperschaften bewußt, deren Arbeit durch das Mißgeschick, das beim Turmbau von Babel eintrat, ernstlich erschwert wird. Durch bittere Erfahrungen klug geworden, hoffen wir, der Welt die Stärke des neuen Instruments und den Schutz, den es allen bieten kann, die friedlich in ihren Heimstätten wohnen wollen, zu Bewußtsein bringen zu können.

Diese neue Weltstruktur wird von Anfang an und in allen

Teilen ihres Funktionierens auf den gewohnten Wegen freundschaftlichen diplomatischen Verkehres, der durch sie in keiner Weise aufgehoben wird, ungemein unterstützt werden.

Wir unsererseits sind fest entschlossen, alles, was in unserer Macht steht, zu tun, um den Erfolg dieser Konferenz zu sichern. Bei einem derartigen Anlaß ist es sicher richtig, daß die beiden in der Regierung Seiner Majestät und im britischen Volk führenden Parteien vertreten sind und alle Parteien, die künftig an diese Entschließungen gebunden sind. Ich freue mich, dem Hause mitteilen zu können, daß die höchsten Vertreter Seiner Majestät an dieser Konferenz mein sehr ehrenwerter Freund, der Außenminister (Mr. Eden), und der Präsident des Geheimen Staatsrates, der Führer der Arbeiterpartei (Mr. Attlee), sein werden. Ich bin sorgsam darauf bedacht, daß diese Grundregel eingehalten wird, auch wenn es in den vielleicht abschließenden Stadien dieser denkwürdigen Koalition geschieht. Ich bin darauf bedacht, daß alle Parteien in diesem neuen Instrument vereinigt sind, damit die erhabensten Dinge, um ein Wort Gladstones zu gebrauchen, »hoch und unberührt über der Ebbe und Flut der Parteipolitik« stehen. Ich bekenne, dieses Zitat nicht nachgeprüft zu haben, und bitte um Nachsicht, falls sich herausstellt, daß mir ein Fehler unterlaufen ist.

Seit der Konferenz von Jalta sind die Alliierten viel enger miteinander verbunden als je zuvor, und zwar sowohl auf militärischem als auf politischem Gebiet. Deutschland muß erkennen, daß jede Hoffnung auf eine Spaltung unter den Alliierten eitel ist und daß nichts seine völlige Niederlage abzuwenden vermag. Jeder weitere Widerstand wird bloß nutzloses Leiden schaffen. Die Alliierten sind entschlossen, Deutschland völlig zu entwaffnen, den Nazismus und Militarismus in Deutschland zu vernichten, die Kriegsverbrecher gerecht und rasch zu bestrafen, jede deutsche Industrie, die Kriegsmaterial erzeugen kann, auszutilgen oder unter Kontrolle zu stellen und von Deutschland Wiedergutmachung aller den alliierten Nationen zugefügten Schäden bis zur äußersten Grenze seiner Möglichkeiten zu verlangen. Andererseits ist es aber nicht die Absicht der Alliierten, das deutsche Volk zu vernichten oder es ohne die notwendigen Subsistenzmittel zu lassen. Unsere Politik besteht nicht darin, Rache zu nehmen, sondern die notwendigen Maßnahmen zu treffen, um in Zukunft den Frieden und die Sicherheit der Welt zu schützen. Eines Tages wird auch für die Deutschen wieder ein Platz in der Gemeinschaft der Völker sein, allerdings erst, wenn alle Spuren des Nazismus und Militarismus gründlich und endgültig ausgetilgt sind.

Über den allgemeinen Plan herrscht völlige Einstimmigkeit. Was aber die Maßnahmen betrifft, um ihn in die Tat umzusetzen, so bleibt noch viel zu tun. Die Pläne für die Alliierte Kontrollkommission werden unmittelbar nach dem Zusammenbruch Deutschlands durchgeführt werden; sie sind bereits weit gediehen – so weit gediehen, wie ich sagte, daß sie augenblicklich angewandt werden können. Was nun die Maßnahmen auf weitere Sicht anlangt, so gibt es da viele Punkte von höchster Wichtigkeit, über die von den Alliierten genaue Pläne ausgearbeitet werden müssen. Es wäre ein schwerer Irrtum zu glauben, man könne derartige Fragen in jeder Hinsicht durchbesprechen und Lösungen für die vielen damit zusammenhängenden, schwer zu behandelnden und verwickelten Probleme finden, während die Armeen noch in Bewegung sind. Wenn man derartige Dinge überstürzt oder durchdrückt, dann kann dies Verfahren die Gefahr einer Uneinigkeit unter den Alliierten in sich tragen. Viele dieser Dinge müssen warten, bis die führenden Männer der Alliierten von der Last der Kriegführung frei sind und ihre ganze Aufmerksamkeit oder den größten Teil ihrer Aufmerksamkeit der Schaffung eines vernünftigen, weitblickenden Friedens zuwenden können, der, davon bin ich fest überzeugt, eine Grundlage bilden wird, die die Arbeit der Weltorganisation beträchtlich erleichtern wird.

Nun komme ich zu dem schwierigsten und beunruhigendsten Teil des Berichtes, den ich dem Hause vorzulegen habe – zur Frage Polens. Seit länger als einem Jahr und seit der Zeit, in der das Kriegsglück sich deutlich gegen Deutschland gewandt hat, zerfiel das polnische Problem in zwei Hauptstreitfragen – die Grenzen Polens und die Freiheit Polens.

Das Haus weiß genau aus den Reden, die ich hier gehalten habe, daß die Freiheit, Unabhängigkeit, Unversehrtheit und Souveränität Polens der Regierung Seiner Majestät stets wichtiger schien als die tatsächlichen Grenzen. Das Erstehen eines freien polnischen Volkes in einem wohnlichen Heim überwog in meiner Vorstellung die Wichtigkeit der tatsächlichen Grenzziehung oder einer Verschiebung der polnischen Grenze nach dem Westen. Der russische Anspruch, der zuerst im November 1943 in Teheran erhoben wurde, verlangte stets die Curzon-Linie im Osten, wobei die Russen stets betonten, Polen sollte dafür auf Kosten Deutschlands im Norden und Westen reichlich entschädigt werden. All das ist ziemlich genau bekannt. Der Außenminister erklärte im vergangenen Dezember die Geschichte der Curzon-Linie ausführlich. Ich habe es dem Haus nie verhehlt, daß ich persönlich den russischen Anspruch für berechtigt und richtig halte. Und wenn ich für diese Grenze Rußlands eintrete, dann geschieht es nicht, weil ich mich der Gewalt beuge, sondern weil ich es unter diesen Umständen für die anständigste Gebietsteilung zwischen den beiden Ländern halte, deren Geschichte so bewegt und eng miteinander verflochten war.

Die Curzon-Linie wurde im Jahre 1919 von einer Expertenkommission gezogen, zu der einer unserer ausgezeichnetsten Vertreter des damaligen Außenamtes gehörte, Sir Eyre Crowe. Sie wurde zu einer Zeit gezogen, als Rußland wenig Freunde unter den Alliierten hatte. Ja, ich könnte sagen, als es bei ihnen äußerst unbeliebt war. Man hat nicht den Eindruck, daß die Umstände oder die betreffenden Personen Sowjetrußland über Gebühr begünstigen wollten. Sie versuchten einfach, die richtige und passende Linie zu ziehen. Die damalige britische Regierung billigte diese Linie und damit in Zusammenhang selbstverständlich auch die Abtrennung Lembergs von Polen. Abgesehen von allem, was seither geschehen ist, kann ich mir nicht vorstellen, warum wir sie nicht als einen wohlbegründeten, unparteiischen Vorschlag ansehen sollen.

Wir müssen uns zwei Dinge vor Augen halten, um unserem großen Alliierten Gerechtigkeit widerfahren zu lassen. Ich kann mich an den August 1914 erinnern, als Deutschland zuerst dem zaristischen Rußland den Krieg erklärte. Damals waren die russischen Grenzen viel ausgedehnter als die, die Rußland nun nach allen seinen Leiden und Siegen verlangt. Die zaristischen Fronten umschlossen ganz Finnland und den riesigen Landzipfel, der sich von Warschau bis auf 60 Meilen an Breslau heranschob. Tatsächlich stimmt Rußland nun einer Grenze zu, die über ungeheuere Räume hinweg 200 bis 300 Meilen weiter östlich liegt als das Land, das durch viele Generationen unter der Zarenherrschaft russisches Gebiet war. Marschall Stalin erzählte mir eines Tages, Lenin habe sich der Curzon-Linie widersetzt, weil sie Bialystok und das Gebiet rings herum von Rußland abtrennte. Marschall Stalin und die gegenwärtige Sowjetregierung erheben keine derartige Forderung und bekennen sich aus freien Stücken zu dem Standpunkt, den die alliierte Kommission im Jahre 1919 einnahm, nämlich, daß Bialystok wegen seiner vorwiegend polnischen Bevölkerung zu Polen kommen sollte.

Wir sprechen von der Curzon-Linie. Eine Linie ist keine Grenze. Eine Grenze muß vermessen und abgesteckt und nicht nur mit Bleistift und Lineal auf einer Karte gezogen werden. Als der Außenminister und ich im Oktober in Moskau waren, hob der Marschall das mir gegenüber hervor, und er sagte damals, es könnten Abweichungen von 8 bis 10 Kilometern in beiden Richtungen gemacht werden, um den Verlauf von Strömen und Hügelzügen oder die tatsächliche Lage einzelner Ortschaften zu berücksichtigen. Mir scheint dies eine ungemein einsichtige Art zu sein, an das Problem heranzugehen. Als wir uns jedoch in Jalta trafen, lautete der russische Vorschlag anders. Es wurde eindeutig festgestellt, daß alle derartigen kleinen Abänderungen auf Kosten Rußlands und nicht auf Kosten Polens gemacht werden würden, damit die Polen sich ein für allemal zufrieden geben könnten und diese Seite des Problems nie wieder aufgerollt zu werden brauchte. Wir begrüßten diesen russischen Vorschlag. Man muß diese dreißig oder mehr Jahre des Haders, der Unruhe und des Leidens in Europa als Teil einer und derselben Geschichte betrachten. Ich habe sie zur Gänze miterlebt, seitdem ich im Jahre 1911 in die Admiralität gesandt wurde, um die Flotte für einen bevorstehenden Krieg mit Deutschland bereitzumachen. In ihren Hauptpunkten scheint es mir die Geschichte eines dreißigjährigen oder mehr als dreißigjährigen Krieges zu sein, in dem Briten, Russen, Amerikaner und Franzosen mit aller Kraft kämpften, um dem deutschen Angriff Widerstand zu leisten. Sie alle haben einen hohen Preis bezahlt, kein Volk aber hat fürchterlicher bezahlen müssen als das russische, dessen Land zweimal über ungeheuere Strecken hin verheert wurde und dessen Blut für eine gemeinsame Sache, die nun endgültig geregelt wird, aus Millionen und aber Millionen Menschenleibern floß.

Es gibt aber noch einen zweiten Grund, der dafür spricht, abgesehen von dem Gefühl des Zusammenhanges, das ich habe. Ohne die ungeheueren Leistungen und Opfer Rußlands wäre Polen von den Deutschen der völligen Vernichtung anheimgegeben worden. Polen war nicht bloß als Staat und Nation, sondern die Polen selbst waren von Hitler verurteilt worden, vernichtet zu werden oder als Sklaven zu leben. Dreiundeinehalbe Million polnischer Juden sollen hingemordet worden sein. Es steht fest, daß eine ungeheuere Anzahl durch einen der entsetzlichsten Akte der Grausamkeit ums Leben kamen, wahrscheinlich einen der entsetzlichsten Akte der Grausamkeit, der je den Weg der Menschen auf der Erde verdunkelte. Nachdem die Deutschen ihre Absicht, die Polen zu einer unterworfenen und unter dem Herrenvolk stehenden Rasse zu machen, erklärt hatten, rückten die russischen Armeen mit einem Mal, in nicht viel mehr als drei Wochen, seit wir diese Fragen hier besprochen haben, von der Weichsel zur Oder vor – eine prachtvolle Leistung militärischer Stärke und Geschicklichkeit –, jagten die Deutschen ins Verderben und befreiten ganz Polen von der abscheulichen Grausamkeit und Unterdrückung, unter der die Polen sich gekrümmt hatten.

Ich unterstütze die russische Forderung nach der Curzon-Linie, weise aber jede Andeutung, wir würden einen bedenklichen Kompromiß schließen oder der Gewalt oder Furcht weichen, energisch zurück und behaupte mit vollster Überzeugung, daß die Politik, zu der sich die drei großen Alliierten nun entschlossen haben, vollkommen recht und billig ist. Überdies sind die drei Mächte nun übereingekommen, daß Polen einen wesentlichen Gebietszuwachs sowohl im Norden wie im Westen erhalten soll. Im Norden wird es gewiß statt des unsicheren Korridors die große Stadt Danzig, den größeren Teil Ostpreußens westlich und südlich von Königsberg und eine lange, weitgestreckte Küste an der Ostsee erhalten. Im Westen wird es die industriell bedeutsame Provinz Oberschlesien und dazu noch die Gebiete östlich der Oder erhalten, die nach Ansicht einer auf breiter Basis ruhenden polnischen Regierung bei Abschluß des Friedens von Deutschland losgelöst werden sollen.

Es scheint mir also, daß das Gerede, man wolle Polen die Hälfte abschneiden, höchst irreführend ist. Tatsächlich kann man den östlich der Curzon-Linie liegenden Teil keineswegs nach seiner Größe messen. Er umschließt das riesenhafte, trostlose Gebiet der Pripetsümpfe, das Polen in der Zeit zwischen den beiden Kriegen gehörte, und wird gegen das viel fruchtbarere und höher entwickelte Land im Westen eingetauscht, aus dem ein sehr großer Teil der deutschen Bevölkerung bereits weggebracht wurde. Wir brauchen nicht zu fürchten, daß es für Polen zu schwer sein wird, diese neuen Grenzen zu halten, noch daß es die deutsche Rache wieder hervorrufen oder, um eine konventionelle Phrase zu gebrauchen, die Keime künftiger Kriege in sich bergen wird. Wir haben die Absicht, viel drastischere und wirksamere Schritte als nach dem letzten Krieg zu unternehmen, denn jetzt wissen wir viel mehr und werden jeden Angriff Deutschlands für Generationen unmöglich machen.

Schließlich werden durch die Weltorganisation der Nationen die Großen und die Kleinen, die Sieger und die Besiegten durch unbestreitbares Recht und eine überwältigende internationale Truppenmacht gegen jeden Angriff gesichert werden. Das Übereinkommen von Jalta, das veröffentlicht wurde, ist kein fertiger Plan, der durch die Großmächte dem polnischen Volk auferlegt wird. Er enthält die Ansichten der drei größten Alliierten über die Mittel, durch die ihr gemeinsamer Wunsch nach Errichtung eines starken, freien und unabhängigen Polens in Zusammenarbeit mit den Polen selbst erfüllt werden und durch die eine von allen Alliierten Nationen anerkannte polnische Regierung in Polen errichtet werden kann. Zum ersten Mal ist die Gelegenheit dazu gegeben, jetzt, da praktisch das ganze Land durch die Sowjetarmeen befreit worden ist. Die Verwirklichung dieses Planes wird davon abhängen, ob alle Teile des demokratischen Polens in der Heimat und im Auslande gewillt sind, zusammenzuarbeiten, um ihn in die Tat umzusetzen. Der Plan muß als Ganzes studiert werden, wobei man das Hauptziel nie aus den Augen verlieren darf. Die drei Mächte sind einer Meinung darin, daß die Annahme der vorgesehenen Ostgrenze und, soweit diese heute ermittelt werden kann, der Westgrenze durch die Polen eine wesentliche Vorbedingung ist für die Errichtung, das künftige Wohlergehen und die Sicherheit eines starken, unabhängigen und homogenen polnischen Staates.

Diese die Grenzziehung betreffenden Vorschläge stimmen, wie das Haus sich erinnern wird, vollkommen mit den Ansichten überein, die ich namens der Regierung Seiner Majestät während des vergangenen Jahres mehrere Male zum Ausdruck gebracht habe. Ich erlaubte mir über diesen Gegenstand Erklärungen abzugeben zu einer Zeit, in der die anderen wichtigen Partner kein sehr großes Maß an Übereinstimmung zeigten. Die Ostgrenze muß jetzt festgelegt werden, wenn die neue polnische Regierung in der Lage sein soll, ihre Arbeit auf eigenem Territorium fortzuführen, und zwar in Freundschaft mit den Russen und hinter deren Kampffronten. Die Grenzen im Westen, die Polen einen wesentlichen Zuwachs an deutschem Gebiet bringen werden, lassen sich nur als Teil der Regelung der gesamten deutschen Frage festlegen, und zwar nicht früher, als bis die Alliierten deutsches

Gebiet besetzt haben und eine in jeder Hinsicht repräsentative polnische Regierung ihre Wünsche bekanntgeben konnte. Es wäre ein großer Fehler, Polen zu drängen, einen größeren Gebietsanteil zu übernehmen, als es nach seiner eigenen und seiner Alliierten und Freunde Ansicht bevölkern, entwickeln und mit Hilfe der Alliierten und der Weltorganisation behaupten kann.

Ich habe mich jetzt mit den Grenzen Polens beschäftigt und glaube, dem Haus den Fall mit Zuversicht skizzieren zu können. Eine Linie, die vor langer Zeit von einer britischen Kommission, in der Großbritannien eine führende Rolle spielte, unparteiisch gezogen wurde; die Mäßigung, mit der die Russen sich genau an diese Linie hielten; die ungeheueren Opfer, die sie gebracht und die Leiden, die sie erduldet haben; den Beitrag, den sie zu unserem gegenwärtigen Sieg geleistet haben; das große, das lebenswichtige Interesse, das Polen daran hat, mit seinem mächtigen Nachbar in vollkommener Übereinstimmung zu leben – wenn Sie alles das bedenken und wie es vorgebracht wurde, die gemäßigte, geduldige Art, in der die Russen alle diese Fragen vorbrachten und diskutierten, dann, glaube ich, habe ich nur selten eine Sache in diesem Hause erlebt, die ich mit mehr Zuversicht dem gesunden Menschenverstand der Abgeordneten aller Parteien anempfehlen könnte.

Aber noch wichtiger als die Grenzen Polens, die in ihrem Ausmaß nun bekannt sind, ist Polens Freiheit. Das Heim der Polen ist fertig. Aber werden sie auch Herren im eigenen Haus sein? Werden sie so frei sein wie wir in Großbritannien, in den Vereinigten Staaten und in Frankreich? Wird ihre Souveränität und ihre Unabhängigkeit uneingeschränkt sein, oder werden sie zu einem bloßen Spiegelbild des Sowjetstaates werden, wider Willen von einer bewaffneten Minderheit dazu gezwungen, ein kommunistisches oder totalitäres System anzunehmen? Nun, ich zeige, ohne etwas zu beschönigen, wie der Fall liegt. Er ist ein viel feinerer und entscheidenderer Prüfstein als die Grenzziehung. Wo steht Polen? Wo stehen wir alle in dieser Frage?

Die feierlichsten Erklärungen wurden von Marschall Stalin und der Sowjetunion abgegeben, daß die vollkommene Unabhängigkeit Polens aufrechterhalten würde, und diesem Entschluß traten nun auch Großbritannien und die Vereinigten Staaten bei. Hier also wird die Weltorganisation zu gegebener Zeit ein gewisses Maß von Verantwortung übernehmen. Die Zukunft der Polen wird in ihren eigenen Händen liegen, mit der einzigen Einschränkung, daß sie in Übereinstimmung mit ihren Alliierten ehrlich eine rußlandfreundliche Politik befolgen müssen. Das ist gewiß nur billig.

Das Verfahren, das die drei Großmächte gemeinsam eingeschlagen haben, um dieses lebenswichtige Ziel zu erreichen, ist in eindeutigen Ausdrücken in der Erklärung von Jalta klargelegt. Das Abkommen sieht Konsultationen vor zwecks Errichtung einer neuen Provisorischen Polnischen Regierung der Nationalen Einigkeit in Polen, mit der die drei Großmächte die diplomatischen Beziehungen aufnehmen können, statt daß die eine diese polnische Regierung und die andere eine andere anerkennt, ein Zustand, der, falls er die Konferenz von Jalta überdauert hätte, der Welt Uneinigkeit und Verwirrung verkündet haben würde. Wir mußten die Sache in Ordnung bringen, und wir haben sie in Ordnung gebracht. Für das Ausmaß und die Ordnung dieser Konsultationen wurden keine bindenden Beschränkungen festgelegt. Die Regierung Seiner Majestät beabsichtigt, alles in ihrer Macht Stehende zu tun, um die Sicherheit zu schaffen, daß diese so umfassend wie nur möglich sind und daß die repräsentativen Vertreter aller demokratischen polnischen Parteien freien Zutritt haben und ihren Standpunkt bekanntmachen können. Vorkehrungen dafür werden derzeit in Moskau von der Dreier-Kommission getroffen, die aus Herrn Molotow, Herrn Harriman und Sir Archibald Clark Kerr besteht, die die Vereinigten Staaten respektive Großbritannien vertreten. Die Polen selbst werden mit allem Beistand, den die Alliierten ihnen gewähren können, sich über die Zusammensetzung und Konstituierung der neuen polnischen Regierung der Nationalen Einheit einigen müssen. Hierauf wird die Regierung Seiner Majestät durch ihren Vertreter in Polen allen Einfluß geltend machen, damit freie Wahlen, zu denen die neue polnische Regierung verpflichtet sein wird, unparteiisch und mit allen Bürgschaften für ihre demokratische Durchführung abgehalten werden.

Die beiden Grundsätze, die uns bei Behandlung aller Probleme des Kontinents und der befreiten Länder leiten, sind ganz klar: Während des Krieges helfen wir jedem, der einen Hunnen töten kann; sobald der Krieg vorüber ist, sorgen wir für die Abhaltung freier, uneingeschränkter und demokratischer Wahlen. Nach diesen beiden Grundsätzen ist die Koalitionsregierung nach bestem Vermögen, soweit es die Umstände und die Stellung in dieser verworrenen und unendlich mannigfaltigen Entwicklung gestatteten, vorgegangen.

Das Abkommen ändert nichts daran, daß die Regierung Seiner Majestät die polnische Regierung in London auch weiterhin anerkennen wird, und zwar solange, bis die Regierung Seiner Majestät zu der Ansicht gekommen ist, eine neue Provisorische Regierung sei in Polen gemäß den gebilligten Richtlinien gebildet worden; es schließt auch keine künftige oder unmittelbare Anerkennung der gegenwärtig in Polen amtierenden Provisorischen Regierung durch die Regierung Seiner Majestät in sich. Ich möchte das Haus und alle diejenigen, welche die nach meiner Ansicht ehrenwerte Aufgabe übernommen haben, daran erinnern, sorgsam darüber zu wachen, daß unsere Interessen in Polen der Würde und Ehre dieses Landes entsprechend gewahrt werden, daß es kein Lubliner Komitee oder keine Provisorische Lubliner Regierung in Polen gegeben hätte, wenn die polnische Regierung in London den ehrlich gemeinten Rat, den wir ihr vor einem Jahr gaben, angenommen haben würde. Sie wäre dann als die geschäftsführende Regierung mit den Armeen der russischen Befreier nach Polen gekommen. Selbst noch im Oktober, als der Außenminister und ich in Moskau Tag und Nacht schwer arbeiteten, hätte Herr Mikolajczyk mit jeder Zusicherung von Marschall Stalins Freundschaft von Moskau nach Lublin reisen und Ministerpräsident einer auf breiterer Basis ruhenden polnischen Regierung werden können, die jetzt in Warschau säße oder sonst irgendwo, wo angesichts der Ruinen von Warschau das Zentrum der Regierung errichtet wird.

Diese günstige Gelegenheit aber blieb ungenutzt. Inzwischen wurden die Deutschen aus Polen vertrieben, und die neue Regierung, das Lubliner Komitee, rückte mit den siegreichen russischen Armeen vor, die überall in Polen mit großer Freude empfangen wurden; viele große Städte wechselten den Besitzer, ohne daß ein Schuß fiel, ohne daß all das Schreckliche, das wir befürchtet hatten, die Dezimierung der Untergrundarmeen durch beide kämpfenden Parteien und so fort, tatsächlich während des großen Vormarsches vorgekommen wäre. Die Russen, die militärische Operationen größten Ausmaßes gegen das Herz Deutschlands durchführen und vorbereiten, haben ein Recht darauf, die Verbindungswege ihrer Armeen sicher durch ein ruhiges Land zu führen, dessen Regierung den Erfordernissen gemäß handelt. Es war daher, was die Anerkennung betrifft, nicht möglich, eine gleichzeitige Auflösung des Lubliner Komitees und der Londoner Regierung zu veranlassen und an reinem Tisch neu zu beginnen. Ein derartiger Versuch würde den Erfolg der russischen Offensive gefährden und eine Verlängerung des Krieges und höhere Blutopfer bei Russen, Briten und Amerikanern zur Folge haben.

Das Haus – jene Mitglieder, die Bedenken haben – sollten immer wieder die Worte und Bedingungen der Erklärung lesen; denn jedes Wort war Gegenstand der gründlichsten und eindringlichsten Untersuchungen durch die Chefs der drei Regierungen, der Außenminister und ihrer Fachberater. Wie wird diese Erklärung in die Wirklichkeit umgesetzt? Wie werden Sätze wie »Freie und uneingeschränkte Wahlen auf Grund allgemeiner und geheimer Abstimmung« interpretiert werden? Wird die »neue« Regierung in »angemessener Weise« konstituiert werden und das polnische Volk tatsächlich repräsentieren, sofern das im Augenblick durchzuführen ist, und zwar so rasch als möglich? Werden die Wahlen frei und uneingeschränkt sein? Werden die Kandidaten aller demokratischen Parteien in der Lage sein, sich ihren Wählern vorzustellen und den Wahlfeldzug selbst zu leiten? Was sind demokratische Parteien? Die Leute nehmen stets verschiedene Standpunkte ein. Selbst in unserem Lande bemühte sich die eine oder andere Partei von Zeit zu Zeit um die Behauptung, sie sei die wahre demokratische Partei und der Rest bestünde entweder aus Bolschewiken oder Großgrundbesitzern. Was sind demokratische Parteien? Das läßt sich augenscheinlich festlegen. Wird die Wahl so sein, daß wir sie in diesem Lande eine ehrliche, freie Wahl nennen würden, wird sie der großen Verwirrung und Unordnung in Polen ein Zugeständnis machen? Es gibt eine große Anzahl Parteien in Polen. Wir sind übereingekommen, daß alle demokratischen Parteien – keine nazistischen oder faschistischen Parteien oder Parteien von Leuten, die mit dem Feind zusammengearbeitet haben – sich daran werden beteiligen können.

Über alle diese Fragen haben wir ganz klare Ansichten, gemäß den Grundsätzen der Erklärung über das befreite Europa, die alle drei Regierungen unterschrieben haben. Auf dieser Basis sollte die Moskauer Kommission arbeiten, und auf dieser Basis hat sie bereits zu arbeiten begonnen.

Der Eindruck, den ich von der Krim, wie auch von allen meinen übrigen Zusammenkünften, heimbrachte, ist der, daß Marschall Stalin und die führenden Persönlichkeiten der Sowjets in ehrlicher Freundschaft und Gleichheit mit den westlichen Demokratien leben wollen. Ich bin auch überzeugt, daß ihr Wort bindend ist. Ich kenne keine Regierung, die ohne Rücksicht auf sich selbst fester zu ihren Verpflichtungen steht als die sowjetrussische Regierung. Ich lehne es vollkommen ab, mich hier auf eine Diskussion über Rußlands Ehrlichkeit einzulassen. Es ist ganz klar, daß diese Fragen die Zukunft der gesamten Welt berühren. Wahrhaft düster wäre das Geschick der Menschheit, wenn eine schreckliche Spaltung zwischen den westlichen Demokratien und der russischen Sowjetunion entstünde, wenn die künftige Weltorganisation zerstückelt würde und wenn neue Sturmfluten von unvorstellbarer Heftigkeit alles das zerstören würden, was noch von den Schätzen und Freiheiten der Menschen übriggeblieben ist.

Endlich anerkennt die Regierung Seiner Majestät, daß die großen polnischen Truppenverbände, Soldaten, Seeleute und Flieger, die jetzt ebenso tapfer als während des ganzen Krieges unter britischem Kommando fechten, der polnischen Regierung in London Gehorsam schulden. Wir vertrauen fest darauf, daß sich Mittel und Wege finden werden, über diese Schwierigkeiten zum Nutzen Polens hinwegzukommen, sobald eine neue Regierung gebildet und von den Großmächten anerkannt wurde, die den Willen des polnischen Volkes in vollkommenerer Art und Weise zum Ausdruck bringt als die derzeitige Regierung in London oder die Provisorische Regierung in Polen. Vor allem aber ist die Regierung Seiner Majestät entschlossen, der größten nur möglichen Anzahl polnischer Truppen Gelegenheit zu bieten, aus freiem Willen und mit allen Sicherheiten zu gegebener Zeit nach Polen zurückzukehren, um hier im Leben des Landes ihre Rolle zu spielen.

Jedenfalls wird die Regierung Seiner Majestät niemals vergessen, was sie den polnischen Truppen, die ihr so tapfer gedient haben, schuldet, und ich hoffe aufrichtig, daß es möglich sein wird, allen, die unter unserem Befehl gekämpft haben, die Staatsbürgerschaft und Freiheit des Britischen Empires zu bieten, falls sie es wünschen. Ich bin heute nicht in der Lage, darüber eine Erklärung abzugeben, denn alle auf die Staatsbürgerschaft bezüglichen Fragen müssen zwischen unserem Lande und den Dominions besprochen werden, und das nimmt Zeit in Anspruch. Was uns betrifft, glaube ich aber, wir sollten es für eine Ehre ansehen, so ehrliche und tapfere Kämpfer unter uns zu haben, als ob sie aus unserem eigenen Fleisch und Blut wären.

Wir verlassen nun die Küsten der Krim und begeben uns in wärmere Klimaten, in denen es ebenfalls viele Fragen gibt, die uns berühren und an denen Großbritannien zuhöchst interessiert ist. Präsident Roosevelt lud den Kaiser von Äthiopien, König Faruk von Ägypten und den König von Saudi-Arabien ein, mit ihm auf seiner Heimreise in Ismailia zusammenzutreffen, und beraumte demgemäß auf seinem Kreuzer Konferenzen an. Ich verabschiedete mich vom Präsidenten am 15. d. M. im Hafen von Alexandrien nach langen, höchst erfreulichen Gesprächen über die Sachlage im Lichte der Konferenz von Jalta wie auch über unsere Sonderaufgabe im Fernen Osten, wo wir, wie die Japaner wissen, beide einigermaßen interessiert sind.

Wir sprachen auch über die gemeinsame Besetzung von Italien und unsere Politik gegenüber diesem Lande. Darüber bestanden, wie das Haus weiß, vor einigen Wochen allerhand Mißverständnisse in einem großen Teil der amerikanischen Presse. Während dieser Gespräche fragte ich wiederholt sowohl den Präsidenten als auch Herrn Stettinius, ob die Regierung der Vereinigten Staaten sich über irgendwelche Schritte, die wir in Italien unternommen oder nicht unternommen haben, beklagen könne, und ich erhielt die kategorische Zusicherung, daß es keine Klagen gäbe. Überdies muß ich festhalten, daß ich nach meinem letzten Besuch in Italien im August, der Regierung Seiner Majestät eine Reihe von Vorschlägen machte, um die Härte der alliierten Besatzung von Italien zu mildern und ganz allgemein das harte Los des italienischen Volkes zu erleichtern. Diese Fragen wurden bei unserer zweiten Zusammenkunft in Quebec besprochen, und in Hyde Park, dem Privatbesitz des Präsidenten, entwarfen wir die Erklärung vom 28. September, die den Sinn hatte und hat, die Haltung der Siegermächte gegenüber dem italienischen Volk merklich zu mildern und unseren Wunsch deutlich zu machen, ihm zu gegebener Zeit zu helfen, seinen Platz unter den führenden Nationen Europas wieder einzunehmen. Vergangenen Sonnabend wurden der sehr ehrenwerte Abgeordnete von Stockton-Tees (Harold Macmillan), gegenwärtig Präsident der Alliierten Kommission, und Admiral Stone von der Flotte der Vereinigten Staaten, der ihr Oberster Bevollmächtigter ist, vom italienischen Ministerpräsidenten und dem Außenminister empfangen und zeigten diesen die neuen Maßnahmen an, die in Erfüllung der September-Erklärung zugunsten der italienischen Regierung beschlossen worden waren.

Da ich als erster es unternommen habe, die Aufmerksamkeit auf diese Vorschläge zu lenken und am Ende ihre Annahme zu sichern, bin ich nicht gewillt, Andeutungen von irgendeiner Seite durchgehen zu lassen – obgleich wir in den Tagen, als Mussolini an der Macht war, Unrecht und schlechte Behandlung von Italien erlitten haben –, daß Großbritannien an Hochherzigkeit gegenüber Italien hinter den anderen Siegermächten zurückstehe oder daß wir »Machtpolitik« trieben oder treiben wollten. Der Satz, den ich gebrauchte, war der, wir benötigten Italien für keinen unserer Pläne, und dieser Satz wurde aus dem Zusammenhang gerissen; tatsächlich war er bloß eine Antwort, die ich auf verschiedene Andeutungen in einigen Teilen der amerikanischen Presse geben mußte, wonach wir uns im Mittelmeer auf eine Machtpolitik – welcher Art sie auch sein mochte – einlassen wollten. Ich freue mich, sagen zu können, daß die Fakten, die ich angegeben habe, ausdrücklich von den Vereinigten Staaten oder auf alle Fälle von allen maßgebenden Seiten akzeptiert werden und daß sowohl der Präsident als auch Herr Stettinius der Ansicht völlig beistimmten; ich habe ganz entschiedene Zusicherungen erhalten, es seien keine Klagen gegen uns vorgebracht worden und würden auch nicht vorgebracht werden, die eine Antwort von mir nötig machen, die gewiß erfolgen würde.

Unsere beiden Völker können also ihre gemeinsame Aufgabe in Italien – die künftig durch viele neue Verwickelungen und Schwierigkeiten belastet werden wird – weiterhin im engsten Vertrauen und in vollster Einigkeit erfüllen. Wir erwarten, daß Italien unter einem wirklich demokratischen Regime in die Gemeinschaft der arbeitsamen, friedliebenden Nationen zurückkehren wird. Bei seinen Bemühungen, sich selbst zu helfen, kann Italien auf den guten Willen Großbritanniens und den der Alliierten zählen. Es kann auch auf unsere materielle Hilfe rechnen, soweit wir darüber verfügen, und es wird ständig seinen gerechten Anteil daran erhalten. Ich sagte vor einiger Zeit, Italien müsse sich selbst den Weg zurück bahnen. Es hat noch ein Stück Weges zu gehen, aber es wäre nichts weniger als gerecht, wenn ich den unschätzbaren Diensten – die jetzt noch nicht in aller Vollständigkeit aufgezählt werden können –, die von italienischen Männern und Frauen der bewaffneten Verbände zur See, zu Lande, in der Luft und hinter den feindlichen Linien zuverlässig und standhaft der gemeinsamen Sache geleistet werden, nicht Ehre zollen würde. Neue Schwierigkeiten können uns erwachsen, sobald die großen Gebiete im Norden gesäubert sind und sobald uns das Problem der Ernährung der großen Volksmassen, für das wir und die provisorische Regierung Italiens dann verantwortlich werden, aufgebürdet werden wird, wobei es möglich wäre, daß auch in der italienischen Regierung Änderungen eintreten müssen, als Folge der stark angewachsenen Wählermassen, für die sie nach der Befreiung Norditaliens die Verantwortung tragen wird.

Der Außenminister und ich hielten es für ebenso angebracht wie bequem und angenehm, die beiden Herrscher zu besuchen, die auf Einladung des Präsidenten weite Reisen gemacht hatten, um mit ihnen in freundschaftlicher Weise die vielen Fragen durchzugehen, die uns gemeinsam interessieren. Ebenso war es unsere Pflicht, König Faruk von Ägypten unsere Aufwartung zu machen, und wir hielten es auch für richtig, um eine Unterredung mit Präsident Shukri von Syrien nachzusuchen, um zur Beruhigung der Lage in der Levante soviel als möglich beizutragen. Das soll indessen keinesfalls heißen, daß eine Art Konferenz über die Angelegenheiten des Mittleren Orients stattfand. Die bloße Tatsache, daß weder der Regent des Irak noch Emir Abdulla von Transjordanien anwesend waren, müßte das beweisen, denn auf jeder Konferenz müßten selbstverständlich Männer ihres Ranges dabei sein. Es handelte sich keineswegs darum, eine neue Politik für den Mittleren Orient festzulegen, sondern vielmehr um die Aufnahme des persönlichen, freundschaftlichen Kontaktes, der dem Verkehr zwischen den verschiedenen Staaten oftmals förderlich ist. Hier muß ich zugleich unserem Kummer und unserem Abscheu über die Ermordung des ägyptischen Ministerpräsidenten Achmed Maher Pascha Ausdruck verleihen, mit dem der Außenminister und ich bloß ein paar Tage, beinahe nur Stunden, bevor er das Opfer eines unehrlichen Spiels wurde, eine lange und herzliche Besprechung hatten. Sein Tod ist ein schwerer Verlust für seinen König und sein Land. Das Mitgefühl Großbritanniens mit der Witwe und der Familie des verstorbenen Ministerpräsidenten von Ägypten wurde selbstverständlich zum Ausdruck gebracht, und zwar nicht nur in Telegrammen des Auswärtigen Amtes, sondern durch verschiedene persönliche Besuche unseres Botschafters, Lord Killearn, und ich bin fest überzeugt, das Haus wird sich unserem Ausdruck der Trauer anschließen. Es besteht kaum ein Zweifel, daß die Sicherheitsmaßnahmen in Ägypten beträchtlich verstärkt werden müssen und vor allem, daß Männer, die eines politischen Mordes für schuldig befunden wurden, rasch und exemplarisch bestraft werden sollten.

Die ägyptische Regierung hat, nach unserer Ansicht, richtig und klug gehandelt, als sie Deutschland und Japan den Krieg erklärte und die Erklärung der Vereinten Nationen unterzeichnete. Wir übten niemals einen Druck auf die ägyptische Regierung aus, in den Krieg einzutreten, ja, wir haben ihr sogar mehr als einmal in der Vergangenheit das Gegenteil geraten. Es war selbstverständlich viel besser, der volkreichen und berühmten Stadt Kairo Bombardierungen zu ersparen, und wir begnügten uns mit Ägyptens freundschaftlicher Unterstützung. Ägyptische Truppen haben während des Krieges eine bedeutsame Rolle gespielt. Sie haben die Ordnung im ganzen Delta aufrechterhalten, sie haben viele Stützpunkte und Depots bewacht und sich in jeder Hinsicht als Hilfe unserer Kriegführung erwiesen, die wieder einmal das fruchtbare Gebiet des Deltas vor den Schrecken eines feindlichen Einfalls erfolgreich beschirmte. Ägypten gewährte uns im Rahmen unseres Bündnisvertrages jede Erleichterung, und die einander folgenden ägyptischen Ministerpräsidenten und Regierungen unterstützten uns in der Art, die uns als die wirksamste erschien. Ägypten ist eine uns verbündete Macht und soll den ihm zukommenden Platz als künftiges Mitglied und Mitbegründer der Weltorganisation einnehmen, wenn dieses Ereignis Ende April in San Francisco eintritt.

Wir freuen uns auch sehr, die Türkei in den Reihen der Vereinten Nationen willkommen heißen zu können. Die Türkei erklärte sich durch den Bündnisvertrag von 1939, zu einer Zeit also, in der die sich zusammenziehenden Gefahren nur zu sichtbar waren, mit größter Festigkeit für uns. Wie ich dem Haus bei früherer Gelegenheit erklärte, wurde der Türkei nach Kriegsbeginn ganz unerwartet ihre militärische Schwäche bewußt, die auf die Bedeutung – die ausschlaggebende Bedeutung – der neuen Waffen zurückzuführen war, die die Türkei nicht besaß und mit denen wir sie nicht versorgen konnten. Da diesen Waffen eine entscheidende Bedeutung auf den Schlachtfeldern des modernen Krieges zukommt, fanden die Türken, sie könnten ihre Sicherheit nicht länger ihrer berühmten Infanterie und der Artillerie aus dem letzten Krieg anvertrauen. Weswegen wir auch lange Zeit keinen Druck auf sie ausübten, sie möchte den Krieg erklären. Erst nach der Konferenz von Teheran kamen wir zur Ansicht, der Moment sei gekommen, in dem die Türkei in den Kampf eintreten könnte, ohne eine grobe Unvorsichtigkeit zu begehen. Die türkische Regierung aber fühlte sich damals dazu nicht in der Lage; hingegen half sie uns auf die verschiedenste Art – eine genaue Aufzählung wäre jetzt nicht von Nutzen –, und wir hatten niemals den geringsten Zweifel daran, auf welcher Seite sie mit dem Herzen war. Auch sie wird von Großbritannien in den Reihen der Vereinten Nationen willkommen geheißen werden, und ich bin nicht der Meinung, daß die Bande, die zwischen den beiden Ländern nach den beklagenswerten Unglücksfällen des letzten Krieges geknüpft wurden, in irgendwelcher Weise schwächer geworden sind.

Ich war sehr daran interessiert, mit König Ibn Saud, dem berühmten Herrscher über Saudi-Arabien, zusammenzutreffen. Ich hatte die Ehre, diesen höchst bemerkenswerten Mann in der Oase Fayoum mit einem Lunch zu bewirten und ihm den Dank Großbritanniens für seine unerschütterliche und niemals wankende Treue gegenüber unserem Lande und der gemeinsamen Sache zum Ausdruck zu bringen; eine Treue, die niemals leuchtender strahlte als in den dunkelsten Tagen und in den Stunden tödlichster Gefahr. Wir werden am Ende des Krieges seine Hilfe brauchen, um zu einer Lösung der Probleme der arabischen Welt und des jüdischen Volkes in Palästina zu kommen. Ich habe Hoffnung, daß sich gute Abkommen treffen lassen, wenn der Krieg einmal vorüber ist, Abkommen, die den Frieden und den Fortschritt der arabischen Welt und des Mittleren Orients allgemein sichern, und daß Großbritannien und die Vereinigten Staaten, die ein immer größer werdendes Interesse an diesen Gebieten haben, in der Lage sein werden, eine wichtige Rolle zu spielen, wenn es den wohlbekannten Grundsatz der alten Freihändler zu beweisen gilt, daß »alle berechtigten Interessen miteinander übereinstimmen«.

In meinen Besprechungen mit dem Kaiser von Äthiopien ergaben sich keine ernstlichen Schwierigkeiten, da die Mission, die Lord de La Warr soeben in Äthiopien mit viel Ausdauer und Geschicklichkeit beendet hat, zu einem Abkommen für die Dauer von zwei Jahren führte. Es war mir eine Befriedigung, zum ersten Mal persönlich Haile Selassie gegenüberzustehen, dieser historischen Gestalt, ihm, der die Sache seines Landes inmitten der Stürme des Völkerbundes vertreten hatte und der das erste Opfer von Mussolinis Machtgier und Eroberungslust war; der aber auch als erster wieder durch die mühevollen Leistungen unserer britischen und indischen Armeen in den weit zurückliegenden Tagen der Jahre 1940 und 1941 auf seinen angestammten Thron eingesetzt wurde.

Schließlich hatten wir das Vergnügen einer langen Unterredung mit Präsident Shukri von Syrien, wobei wir unser Äußerstes taten, eine freundliche Haltung gegenüber den Franzosen herbeizuführen und zu Verhandlungen über eine angemessene Verständigung mit den Franzosen zu ermutigen, und zwar zu Verhandlungen, die nicht nur Syrien, sondern auch den Libanon betreffen. Ich muß ein für alle Mal die Stellung der Regierung Seiner Majestät hinsichtlich Syriens und des Libanons und in bezug auf unsere französischen Verbündeten klarmachen. Die Stellung wird durch die im Jahre 1941 abgegebenen Erklärungen bestimmt, in denen die Unabhängigkeit dieser Levantestaaten von Großbritannien und Frankreich eindeutig verkündet wurde. Damals und in der Folge erklärte die Regierung Seiner Majestät, sie würde niemals versuchen, den französischen Einfluß in den Levantestaaten durch britischen Einfluß zu verdrängen. Wir sind ebenso entschlossen, die Unabhängigkeit dieser Staaten zu respektieren, wie uns nach besten Kräften zu bemühen, Frankreich eine Sonderstellung, zu bewahren, in Hinblick auf die zahlreichen kulturellen und geschichtlichen Beziehungen, die Frankreich so lange mit Syrien unterhalten hat. Wir hoffen, daß es den Franzosen gelingen möge, diese Sonderstellung zu bewahren. Wir bauen darauf, daß diese Staaten durch den Einfluß der Weltorganisation auf festem Grunde errichtet werden, daß aber auch das französische Vorrecht anerkannt werden wird.

Ich muß es jedoch ganz deutlich machen, daß es nicht allein unsere Aufgabe ist, mit Gewalt die syrische oder libanesische Unabhängigkeit noch das französische Vorrecht zu verteidigen. Wir streben nach beidem und glauben nicht an ihre Unvereinbarkeit. Deswegen darf nicht zuviel Großbritannien allein aufgeladen werden. Wir müssen der Tatsache Beachtung schenken, daß Rußland und die Vereinigten Staaten die syrische und libanesische Unabhängigkeit anerkennen und fördern, aber keine Sonderstellung irgendeines ausländischen Staates. Alle diese und viele andere den Mittleren Orient betreffenden Fragen sind passender- und notwendiger Weise Themen für die Friedenskonferenz, auf der wir entschlossen für endgültige Regelungen und dauernden Frieden zwischen den Staaten und Völkern des Mittleren Orients und im östlichen Becken des Mittelmeeres eintreten müssen.

Auf dem Heimwege von der Krim machten der Außenminister und ich in Athen Halt, um uns vom Präsidenten in

Alexandrien zu verabschieden. Ich muß gestehen, daß dies von meinem Standpunkt aus der Höhepunkt der ganzen Reise war. Ich mußte mich der schauerlichen Zustände erinnern, die während unseres Besuches, der erst sieben Wochen zuvor stattgefunden hatte, herrschten, als Kanonen in unserer nächsten Nähe abgefeuert wurden, Kugeln beständig in die Mauern einschlugen und Menschen in den Straßen, die nicht weit von uns entfernt waren, getötet und verwundet wurden. Der Gegensatz zwischen den stürmischen Vorkommnissen und dem wirklich leidenschaftlichen Empfang, den uns eine gewaltige Menge begeisterter Bewohner der Stadt bereitete, gehört zu den lebendigsten, eindrücklichsten und angenehmsten Erinnerungen meines ganzen Lebens. Friede herrschte in der schönen, hochberühmten Stadt. Ihre Einwohner waren vor Freude toll. Seine Eminenz der Erzbischof war Regent und hielt die Zügel der Macht fest in Händen. Gemeinsam mit ihm fuhren wir durch die von Menschen dicht gefüllten Straßen, die von den ersten Einheiten der neuen griechischen Nationalarmee gesäumt wurden, bis man mich bat, das Wort an die weitaus größte und begeistertste Versammlung zu richten, die ich in meiner langen Erfahrung je gesehen habe. Ich kann mich an keinen Fall erinnern, in dem die Politik der Regierung Seiner Majestät vollkommener gerechtfertigt wurde als im Falle Griechenland; es gab aber auch keinen, in dem mehr Vorurteil und Verdrehungen gegen sie in den Vereinigten Staaten vorgebracht wurden – nicht ganz ohne Unterstützung von unserer Seite. Alles das geschah mit unbekümmerter und, wie ich sagte, frevelhafter Nichtbeachtung der üblen Wirkung, die dadurch an Ort und Stelle entstand, und der Ermutigung zum Widerstand, die den griechischen Terroristen damit zuteil wurde. Ich bin überzeugt, wir haben Athen vor einem schrecklichen Geschick bewahrt. Ich glaube, das griechische Volk wird noch lange unser Verhalten, und zwar sowohl unsere militärische als auch politische Haltung, mit Beifall aufnehmen. Ein Friede ohne Rache wurde erreicht. Eine große Menge Waffen wurde abgeliefert. Die meisten Gefangenen und Geiseln wurden freigelassen. Das große Werk der Einbringung der Lebensmittellieferungen hat wieder den früheren Umfang erreicht. Die öffentliche Ordnung und Sicherheit ruhen auf so festen Grundlagen, daß die U.N.R.R.A. bald ihre Tätigkeit wieder wird aufnehmen können. Die Beliebtheit der britischen Truppen und all derer, die unsere Politik lenkten, wie Herr Leeper und General Scobie, ist in diesen Gebieten grenzenlos, und ihr Verhalten erfährt auch weiterhin die Billigung der Koalitionsregierung Seiner Majestät.

Ich möchte das Haus keineswegs verleiten, zu glauben, daß unsere Schwierigkeiten damit überwunden sind. Die griechische Nationalarmee muß noch geformt werden und fähig sein, unparteiisch die Ordnung aufrechtzuerhalten. Das griechische Budget muß irgendwie ausbalanciert werden. Die Drachme muß in vernünftigen Grenzen gehalten werden. Rohmaterial muß beschafft werden, damit die verschiedenen Industrien in Athen, wo sich beträchtlich mehr als eine Million Menschen befinden, arbeiten können. Das Gefühl der Einigkeit und Verantwortlichkeit muß im griechischen Volk stärker werden. Hier muß ich bemerken, daß die Zukunft Griechenlands in den Händen der Griechen liegt. Die Griechen dürfen nicht erwarten, der gesamte Wiederaufbau würde durch britische Arbeit und amerikanische Hilfe vollendet werden. Der Außenminister blieb einen Tag länger als ich in Athen und gab sich alle Mühe, den griechischen Behörden die Tatsache klarzumachen, daß jetzt, nachdem die politische Stabilität hergestellt sei, finanzielle und wirtschaftliche Probleme an erster Stelle stehen müssen, daß die Last und die Verantwortung dem griechischen Volk zufalle und dieses keineswegs zurückstehen und die Aufgaben Fremden überlassen dürfe.

Ich bin fest überzeugt, diese Bemerkungen werden keineswegs die große Freundlichkeit und den Enthusiasmus beeinträchtigen, mit denen ich vor kurzem empfangen wurde; sollten aber meine Worte Kummer bereiten, dann tut es mir nicht ganz uneingeschränkt leid. Die angespannte Beschäftigung mit politischen Problemen muß auch fernerhin hinter der Lösung praktischer Aufgaben zurückstehen. Sobald wie möglich müssen die Wahlen stattfinden, ehrliche, freie, uneingeschränkte Wahlen mit geheimer Abstimmung auf der Basis des allgemeinen Wahlrechtes, die jeder erwartet und die allein alles, was getan wurde, ordnen und berichtigen können. Ich erwarte sie mit dem größten Vertrauen. Insbesondere begrüße ich den Wunsch der griechischen Regierung, russischen, britischen und amerikanischen Beobachtern möge es freistehen, an Ort und Stelle nachzuprüfen, ob der Wille des Volkes restlos und wahrhaft zum Ausdruck komme. Soviel über diese Episode, über die wir in letzter Zeit einige aufregende und zeitweilig hitzige Debatten hatten.

Ich danke dem Haus sehr für seine Freundlichkeit und Aufmerksamkeit. Ich möchte bloß, bevor ich mich setze, ganz kurz die Konferenz als Ganzes erwähnen und in Beziehung auf die schwerwiegenden Fragen, die ich vor der Pause, die das Haus mir gestattete, erwähnt habe. Bei der Konferenz von Jalta war es üblich, die Sitzungen der drei Regierungschefs und der Außenminister am späten Nachmittag abzuhalten, und zwar jeden Tag während mehrerer Stunden. Hierbei wurden die wichtigsten Fragen entwickelt und das Ausmaß an Übereinstimmung sowohl als an Verschiedenheit der Ansichten deutlich sichtbar gemacht. Ich erinnere mich da insbesondere eines Augenblicks, als in unserem kleinen Kreise ein längeres Schweigen eintrat, das zwei bis drei Minuten dauerte. Sofort wurde es als angezeigt empfunden, das Ergebnis unserer Diskussionen, alle Übereinstimmung, die wir erzielt hatten, und alle Meinungsverschiedenheiten, die zu bereinigen blieben, der Vormittagssitzung der Außenminister zu überweisen. Der Vorsitz bei diesen Sitzungen wurde turnusweise von einem der Außenminister übernommen. Die Zusammenarbeit der Außenminister war derart ausgezeichnet, daß die Probleme fast täglich noch zeitgerecht vor der Vollsitzung an uns zurückgelangten, und zwar in einer Form, in der sich eine Einigung erzielen und feste Entschlüsse fassen ließen.

Es stand auch der Vorschlag auf der Tagesordnung, in der gegenwärtigen gespannten Periode regelmäßig Zusammenkünfte der Außenminister abzuhalten; diese Verbesserung im System unserer Zusammenarbeit war hier oft gefordert worden, um vermeidbare Divergenzen unserer Ansichten zu verhüten und das Vorgehen der drei Großmächte aufeinander abzustimmen. Dieser Vorschlag sollte einem fühlbaren Mangel abhelfen und dazu dienen, die unvermeidlich langen Zwischenräume zwischen den Zusammenkünften der drei Regierungschefs zu überbrücken. Diese Frage brauchte jedoch in Jalta nicht erörtert zu werden, da die Arbeit der drei Außenminister sich als so unschätzbar, nützlich und unentbehrlich erwies, daß die Fortsetzung der gemeinsamen Tätigkeit von allen begrüßt wurde. Selbstverständlich handelt es sich hierbei nur um eine vorläufige, den Zeiten besonderer Anspannung angemessene Einrichtung, in denen eine derart schwere militärische Last auf den drei Großmächten ruht. Es läßt sich denken, daß sie am Ende in der größeren und dauernden Organisation aufgeht, die in San Francisco errichtet werden wird, sobald diese ihre Arbeit voll aufgenommen und die Friedenskonferenz ihre Arbeiten abgeschlossen hat. In der Zwischenzeit werden sich diese Zusammenkünfte der drei Außenminister, zu denen zeitweilig auch die betreffenden Außenminister anderer Länder zugezogen werden können, zweifellos als nützlich erweisen.

Dies ist der gegebene Augenblick, in dem das Haus meinem sehr ehrenwerten Freund, dem Außenminister, Ehre erweisen sollte. Ich kann dem Haus nicht beschreiben, wie er mir in allen unseren Schwierigkeiten half und beistand. Das harte Leben, das er im letzten Krieg bei der Infanterie führte, seine ständige Selbstvorbereitung auf die Aufgaben, die ihm zugefallen sind, seine beispiellose Erfahrung als Minister des Außenamtes, seine Kenntnis der auswärtigen Angelegenheiten und deren Geschichte, seine Erfahrung in Konferenzen aller Art, sein weiter Blick, seine Darstellungskraft und sein Mut haben ihm eine Stellung unter den Außenministern unserer großen Allianz geschaffen, in der er hinter niemand zurücksteht. Ich anerkenne damit nicht bloß, was ich selbst ihm, sondern viel mehr noch, was das Haus ihm schuldig ist.

Ich glaube, in den letzten drei Wintermonaten hat das Menschengeschlecht auf der ganzen Erde mehr körperliche Qualen und mehr Elend erlitten als in irgendeiner anderen Zeitspanne, durch die unser Planet hindurchkam. In der Steinzeit gab es weniger Menschen, und diese primitiven Geschöpfe hatten sich noch nicht weit von ihrem tierischen Ursprung entfernt und kannten nichts besseres. Wir leiden mehr, wir empfinden mehr. Ich muß zugeben, daß ich während des ganzen Krieges niemals so sehr das Gefühl der Verantwortung hatte wie in Jalta. Als wir in den Jahren 1940 und 1941 hier auf dieser Insel ganz allein waren, als die Invasion drohte, da schien alles, was man tatsächlich tun mußte und wie man sich dazu einstellen mußte, klar und einfach. Wenn einer über das Meer kommt, um einen zu töten, dann tut man, was man tun kann, damit er umkommt, bevor er landet. Das mag schwierig, das mag peinlich sein, aber es ist zumindest einfach. Nun aber kommen wir in eine Welt der Imponderabilien, und auf jeder Stufe ergibt sich das Bedürfnis der Selbstprüfung. Es ist ein Fehler, zu weit vorauszusehen. Nur ein Glied in der Kette des Schicksals läßt sich jedesmal fassen. Ich hoffe, das Haus wird fühlen, wie sehr die Hoffnung durch unsre Zusammenkunft auf der Krim gestärkt wurde. Die Bande, die die drei Großmächte verbinden, sind enger, und das gegenseitige Verständnis ist größer geworden. Die Vereinigten Staaten sind nun zutiefst und in aufbauender Weise mit dem Leben und der Rettung Europas verknüpft. Wir haben weitreichende Verpflichtungen unterzeichnet, die sowohl praktisch brauchbar als von feierlichem Ernst getragen sind. Vereint haben wir die Macht, der niemand etwas anhaben kann, die Welt zu Wohlstand, zur Freiheit und zum Glück zu führen. Die Großmächte müssen darnach streben, zu helfen, statt zu herrschen. Gemeinsam mit anderen Staaten, mit großen und mit kleinen, können wir eine Weltorganisation gründen, die, mit genügender Macht ausgerüstet, die Rechte aller Staaten, der großen und der kleinen, vor einem Angriff oder der Häufung von Angriffsmitteln bewahren wird. Ich bin fest davon überzeugt, daß der Menschheit eine freiere Wahl offen steht als je zuvor in den

Jahrhunderten der Geschichte. Die Lichter brennen heller und ihr Schein reicht weiter als je zuvor. Lassen Sie uns gemeinsam weitermarschieren.

Roosevelt, der größte Kämpfer

17. April 1945, Unterhaus

Churchill hatte seine Lobrede auf den verstorbenen US-Präsidenten etwas in Eile zwischen Mittagessen und Trauergottesdienst in London niedergeschrieben. Sein Sekretär bemängelte, die Rede sei angemessen, aber auch nicht mehr gewesen. Harold Nicolson fand sie sehr gut, wenngleich nicht so gut wie die auf Chamberlain, die »wahrhaft perikleisch« gewesen sei.

Ich stelle den Antrag:

»Seiner Majestät eine Ergebenheitsadresse zu überreichen, worin Seiner Majestät mitgeteilt wird, mit welcher tiefen Trauer dieses Haus den Tod des Präsidenten der Vereinigten Staaten erfuhr, und Seine Majestät zu bitten, bei Übermittlung Ihrer eigenen schmerzlichen Empfindungen an die Regierung der Vereinigten Staaten gnädigst auch seitens dieses Hauses das Gefühl des Verlustes zum Ausdruck bringen zu wollen, den das britische Commonwealth und Empire und die Sache der Vereinten Nationen erlitten haben, wie auch das tiefe Mitgefühl mit Frau Roosevelt und der Familie des verstorbenen Präsidenten und mit der Regierung und dem Volk der Vereinigten Staaten.«

Meine Freundschaft mit dem großen Mann, dessen Werk und Ruhm wir heute Ehre zollen, begann während dieses Krieges und kam in dieser Zeit zur Reife. Ich war mit ihm, allerdings bloß für ein paar Minuten, nach Schluß des letzten Krieges beisammen gewesen, und als ich im September 1939 in die Admiralität kam, telegraphierte er mir, ich möchte mit ihm direkt über Fragen der Seefahrt und andere Fragen korrespondieren, wann immer es mir passen würde. Das tat ich auch, nachdem ich die Zustimmung des Premierministers erhalten hatte. Da ich Präsident Roosevelts großes Interesse für die Seekriegsführung kannte, versah ich ihn mit einer Unmenge Nachrichten über den Stand unserer Angelegenheiten zur See und die verschiedenen Gefechte, insbesondere das Gefecht im Pio Plato, das den ersten düsteren Kriegswinter erhellte.

Als ich Premierminister wurde und als der Krieg in voller Stärke zu rasen begann, als unser Leben und Fortbestehen an einem Faden hingen, war ich bereits in der Lage, dem Präsidenten unter Voraussetzungen zu telegraphieren, die aus einer Kameradschaft entstanden waren, die sehr eng und für mich höchst angenehm geworden war. So ging es durch das ganze Auf und Ab des Weltkampfes bis vergangenen Donnerstag, an dem ich die letzten Nachrichten erhielt. Diese zeigten kein Nachlassen seines klaren Blicks und seiner Energie verwirrenden und verwickelten Fragen gegenüber. Ich möchte hier erwähnen, daß diese Korrespondenz, die selbstverständlich nach dem Eintritt Amerikas in den Krieg erheblich zunahm, 1700 zwischen uns gewechselte Botschaften umfaßt. Davon waren viele längere Botschaften, und die Mehrzahl befaßte sich mit den heiklen Punkten, die zwischen Regierungschefs besprochen werden müssen, wenn keine andere Lösung erzielt werden konnte. Zu dieser Korrespondenz muß man auch unsere neun Zusammenkünfte zählen – eine in Argentia, die in Washington, je eine in Casablanca und Teheran, zwei in Quebec und als letzte die in Jalta, zusammen 120 Tage, die ich in engem persönlichem Kontakt mit ihm zubrachte; zum großen Teil im Weißen Haus oder in seinem Haus in Hyde Park oder in seinem Retiro in den Blauen Bergen, das er Shangri-la nannte.

Ich lernte ihn bewundern als Staatsmann, als Mann der Tat und Führer im Kriege. Ich hatte das größte Vertrauen in seinen aufrechten, mitreißenden Charakter, seinen weiten Blick, und eine persönliche Hochachtung für ihn – Zuneigung müßte ich sagen –, die auszudrücken meine Kräfte heute übersteigt. Seine Liebe zum eigenen Land, die Ehrerbietung vor der Verfassung dieses Landes, seine Fähigkeit, das An- und Abschwellen und die Strömungen der wandelbaren öffentlichen Meinung abzuschätzen, waren stets klar ersichtlich, dazu kam aber noch sein großes Herz, das stets zu Zorn und zum Handeln aufgestachelt wurde, wenn irgendwo der Starke den Schwachen angriff oder unterdrückte. Es ist wahrlich ein Verlust, ein schwerer Verlust für die Menschheit, daß dieses Herz zu schlagen aufgehört hat.

Präsident Roosevelts körperliches Leiden lastete schwer auf ihm. Es ist ein Wunder, daß er ihm standhielt in den vielen Jahren des Aufruhrs und des Sturms. Nicht ein Mann unter zehn Millionen hätte es gewagt, behindert und gelähmt wie er war, sich in ein Leben körperlicher und geistiger Anstrengungen und unablässigen, harten politischen Kampfes zu stürzen. Nicht einer unter zehn Millionen hätte es versucht, nicht einer in einer ganzen Generation hätte es gekonnt, und zwar nicht nur in diesen Wirkungskreis einzudringen, nicht nur darin kräftig zu wirken, sondern unbestreitbar Meister zu werden. Zu diesem außerordentlichen, sich immer wiederholenden Sieg des Geistes über das Fleisch, der Willenskraft über das körperliche Gebrechen, wurde er von der edlen Frau, seiner zärtlichen Gattin, angefeuert, dabei wurde er von ihr unterstützt, deren hohe Ideale auch die seinen waren. Ihr strömt heute das tiefe, ehrerbietige Mitgefühl des Unterhauses voll entgegen.

Es besteht kein Zweifel, daß der Präsident die großen Gefahren, die sich in der Vorkriegswelt zusammenzogen, mit viel mehr Voraussicht erkannte als die meisten gutinformierten Leute zu beiden Seiten des Atlantik und daß er mit ganzer Kraft alle militärischen Sicherungsmaßnahmen betrieb, die er der öffentlichen Meinung der Vereinigten Staaten in den damaligen Friedenszeiten zumuten konnte. Als der Streit ausbrach, bestand keinen Augenblick ein Zweifel daran, auf wessen Seite die Sympathie des Präsidenten war. Der Zusammenbruch Frankreichs und die drohende Vernichtung Großbritanniens waren für ihn eine Qual, wenn er auch nie den Glauben an uns verlor. Nicht allein Europas wegen war es eine Qual für ihn, sondern wegen der ernsthaften Gefahren, denen die Vereinigten Staaten sich gegenübergesehen hätten, wenn wir überwältigt oder die Überlebenden unter das deutsche Joch gebeugt worden wären. Das Verhalten der britischen Nation in dieser Zeit höchster Anspannung, in der wir allein waren, erfüllte ihn und eine große Anzahl seiner Landsleute mit den wärmsten Gefühlen für unser Volk. Er und sie erlebten den Blitzkrieg des harten Winters 1940/41 mit uns, als Hitler sich daranmachte, die Städte unseres Landes auszuradieren; sie fühlten ihn wie irgendeiner von uns, ja vielleicht noch stärker, denn die Phantasie ist oft viel quälender als die Wirklichkeit. Es besteht kein Zweifel daran, daß das Verhalten der Briten und insbesondere der Londoner Feuer in den Herzen der Amerikaner entzündete, die schwerer zu löschen waren als die Brände, unter denen wir litten. Damals war auch, trotz General Wavells Siegen – ja gerade deswegen, weil wir ihm Verstärkungen aus diesem Lande gesandt hatten –, die Ansicht in den Vereinigten Staaten weitverbreitet, die deutsche Invasion würde nach umfassender Vorbereitung im Frühjahr 1941 über uns hereinbrechen. Im Februar sandte der Präsident den inzwischen verstorbenen Mr. Willkie nach England, der zwar sein politischer Gegner und Kandidat der Gegenpartei war, in vielen entscheidenden Punkten aber genauso dachte wie er. Mr. Willkie überbrachte einen Brief Roosevelts, den der Präsident eigenhändig geschrieben hatte und der die berühmten Verse Longfellows enthielt:

»Sail on, O ship of State!
Sail on, O Union, strong and great!
Humanity with all its fears,
With all the hopes of future years,
Is hanging breathless on thy fate!«

Ungefähr zur selben Zeit kam er auf die außerordentliche, Leih- und Pachtvertrag genannte Hilfsmaßnahme, die sich als die selbstloseste und uneigennützigste finanzielle Tat irgendeines Landes in der ganzen Geschichte erweisen wird. Durch sie wurde die britische Kampfkraft mächtig erhöht, und sie machte aus uns in allem, was die Kriegsanstrengung betraf, sozusagen eine viel größere Gemeinschaft. Im Herbst traf ich mit dem Präsidenten zum ersten Mal während des Krieges bei Argentia in Neufundland zusammen, und wir faßten die Erklärung ab, die dann Atlantik-Charta genannt wurde und die, wie ich zuversichtlich hoffe, lange für unsere beiden Völker und für andere Völker der Welt ein Wegweiser bleiben wird.

Während der ganzen Zeit bereiteten die Japaner in tiefer, geheimnisvoller und gefährlicher Verschwiegenheit ihr verräterisches und habgieriges Vorhaben vor. Als wir uns das nächste Mal in Washington trafen, hatten Japan, Deutschland und Italien den Vereinigten Staaten den Krieg erklärt, und unsere beiden Länder standen in Waffen, Schulter an Schulter. Seither sind wir vorgerückt über Land und Meer durch viele Schwierigkeiten und Enttäuschungen mit immer größer werdendem Erfolg. Ich brauche mich nicht bei dieser Reihe großer Operationen aufzuhalten, die auf der westlichen Halbkugel stattfanden, von dem ungeheuren Krieg auf der andern Seite der Welt ganz zu schweigen. Noch brauche ich von den Plänen zu sprechen, die wir mit unserem großen Verbündeten, Rußland, in Teheran aufstellten, denn diese wurden nun vor aller Welt Augen ausgeführt.

In Jalta aber merkte ich, daß der Präsident leidend war. Sein gewinnendes Lächeln, seine fröhliche und bezaubernde Art waren ihm geblieben, aber sein Gesicht hatte etwas Durchscheinendes, einen Ausdruck der Läuterung bekommen, und manchmal blickten seine Augen in weite, weite Fernen. Als ich mich im Hafen von Alexandrien von ihm verabschiedete, hatte ich, ich muß es gestehen, ein unerklärliches Gefühl der Furcht, seine Gesundheit und seine Kraft seien im Abnehmen. Aber nichts erschütterte sein unbeugsames Pflichtgefühl. Bis ans Ende ging er fest entschlossen an seine zahllosen Aufgaben heran. Eine der Aufgaben des Präsidenten ist es, vielleicht ein- bis zweihundert Akten, Offizierspatente usw. täglich mit eigener Hand zu unterzeichnen. Auch dies tat er weiter mit der größten Genauigkeit. Als ihn der Tod überraschte, »hatte er seine Post erledigt«. Dieser Teil seines Tagewerkes war getan. Er starb, wie man zu sagen pflegt, gerüstet, und wir dürfen wohl sagen, er starb zur Schlacht gerüstet, wie seine Soldaten, Seeleute und Flieger, die Seite an Seite mit den unseren ihre Aufgabe überall auf der ganzen Welt weiter erfüllen bis ans Ende. Wie beneidenswert war doch sein Tod! Er hatte sein Land durch die größten Gefahren und die ärgsten Mühen hindurchgebracht. Der Sieg hatte seinen unvergänglichen Glanz auf ihn geworfen.

In den Tagen des Friedens hatte er die Grundlagen des amerikanischen Lebens und der amerikanischen Einigkeit erweitert und gefestigt. Im Kriege hatte er die Stärke, die Macht und den Ruhm der großen Republik zu einer Höhe geführt, die keine andere Nation in der Geschichte je erreicht hat. Mit ihrer linken Hand führte sie den Vormarsch der siegreichen Alliierten in das Herz Deutschlands, und mit ihrer rechten zerbrach sie auf der anderen Seite der Welt rasch und unwiderstehlich die Macht Japans. Und während dieser ganzen Zeit unterstützte sie in riesenhaftem Ausmaß ihre Verbündeten, die großen und die kleinen, während des langen Kampfes mit Schiffen, Munition, Kriegsmaterial und Nahrungsmitteln aller Art.

Dies alles aber wäre nichts anderes als weltliche Macht und Größe, hätte nicht die gerechte Sache der menschlichen Freiheit und der sozialen Gerechtigkeit, der er einen so großen Teil seines Lebens gewidmet hatte, einen Glanz über die Macht, den Pomp und das kriegerische Aufgebot geworfen, der noch lange unter den Menschen sichtbar sein wird. Er hat eine Schar entschlossener, fähiger Männer zurückgelassen, welche die zahlreichen miteinander zusammenhängenden Teile der amerikanischen Kriegsmaschine handhaben. Er hat einen Nachfolger zurückgelassen, der festen Schrittes und mit voller Überzeugung die Aufgabe bis zum gesetzten Ziel weiterführen wird. Uns bleibt nur noch zu sagen, daß mit Franklin Roosevelt der größte amerikanische Freund starb, den wir je hatten, und der größte Kämpfer der Freiheit, der jemals Hilfe und Trost von der neuen Welt in die alte brachte.

Bedingungslose Kapitulation

8. Mai 1945, Unterhaus, Rundfunk

Churchills Rundfunkansprache zum Sieg über Deutschland löste in den Straßen Londons einen bisher nicht gekannten Freudentaumel aus. Die Menschen tanzten, sangen und feierten bis in die Nacht. Siegesfeiern seien so berechtigt und nötig wie Ferienfreuden für die menschliche Seele, meinte Churchill. Doch ihn plagten bereits die Sorgen über das zukünftige Schicksal Europas, das er auf der Konferenz der drei Siegermächte in Potsdam maßgeblich zu bestimmen hoffte. Tatsächlich war die zukünftige Entwicklung weitgehend durch den militärischen Verlauf des Kriegs vorgeprägt. Es lag daher auch in der Logik der Geschichte, daß nach dem Sieg auf den großen Staatsmann Churchill ein rechtschaffener Bürokrat wie Clement Attlee als britischer Premier folgte.

Gestern um 2 Uhr 41 Minuten am Morgen unterzeichneten im Hauptquartier General Jodl, der Vertreter des deutschen Oberkommandos, und Großadmiral Dönitz, das amtierende Oberhaupt des deutschen Staates, die Urkunde der bedingungslosen Kapitulation aller deutschen Land-, See- und Luftstreitkräfte vor dem alliierten Expeditionsheer und damit gleichzeitig vor dem russischen Oberkommando.

General Bedell Smith, Stabschef des Alliierten Expeditionsheeres, und General François Sevez unterzeichneten namens des Oberkommandierenden des Alliierten Expeditionsheeres, und General Susloparow namens des russischen Oberkommandos.

Heute wird diese Vereinbarung in Berlin ratifiziert und bestätigt werden, wobei Luftmarschall Tedder, Stellvertreter des Oberkommandierenden des alliierten Expeditionsheeres, und General de Lattre de Tassigny namens General Eisenhowers unterzeichnen werden. Marschall Schukow wird namens des russischen Oberkommandos unterzeichnen. Die deutschen Vertreter werden Feldmarschall Keitel, Chef des Oberkommandos der deutschen Wehrmacht, und die Oberkommandierenden der deutschen Land-, See- und Luftstreitkräfte sein.

Offiziell werden die Feindseligkeiten heute (Dienstag, den 8. Mai) eine Minute nach Mitternacht eingestellt; um aber

Menschenleben zu retten, wurde der Befehl »Feuer einstellen« bereits gestern an der ganzen Front gegeben. Unsere lieben Kanalinseln werden auch heute befreit.

An einigen Orten leisten die Deutschen russischen Truppen noch Widerstand. Sollten sie damit über Mitternacht hinaus fortfahren, so würden sie sich damit selbst des Schutzes der Kriegsgesetze berauben und von alliierten Truppen von allen Seiten angegriffen werden. Es ist weiter nicht überraschend, daß an einer derart langen Front und bei der beim Feinde herrschenden Verwirrung die Befehle des deutschen Oberkommandos nicht überall sofort befolgt werden. Dies ist jedoch nach unserer Ansicht und nach dem uns zur Verfügung stehenden besten militärischen Gutachten kein Grund, der Nation das uns von General Eisenhower mitgeteilte Faktum, daß die bedingungslose Kapitulation bereits in Reims unterzeichnet wurde, vorzuenthalten oder uns davon abzuhalten, heute und morgen (Mittwoch) als Tage des Sieges in Europa zu feiern.

Heute werden wir vielleicht in der Hauptsache an uns denken. Morgen aber wollen wir speziell unseren russischen Kameraden Ehren zollen, deren Tapferkeit im Felde einer der großen Beiträge zum allgemeinen Sieg war.

Damit ist der deutsche Krieg beendet. Nach Jahren intensivster Vorbereitung fiel Deutschland Anfang September 1939 über Polen her. In Erfüllung unseres Hilfsversprechens an Polen und in Übereinstimmung mit der Französischen Republik beantworteten Großbritannien, das britische Empire und Commonwealth of Nations diesen gemeinen Angriff mit der Kriegserklärung. Nachdem das tapfere Frankreich zu Boden geschlagen worden war, führten wir von dieser Insel und von unserem geeinten Empire aus den Kampf ein ganzes Jahr lang allein weiter, bis uns die militärische Macht Sowjetrußlands an die Seite trat und später die überwältigende Stärke und die überwältigenden Hilfsmittel der Vereinigten Staaten von Amerika.

Schließlich stand beinahe die ganze Welt geeint gegen die Übeltäter, die nun zu unseren Füßen liegen. Alle Herzen hier auf dieser Insel und im ganzen Empire schlagen in Dankbarkeit für unsere herrlichen Verbündeten.

Wir dürfen uns eine kurze Weile Freude gönnen; wir wollen aber nicht vergessen, welche harte Arbeit und welche Anstrengungen vor uns liegen. Japan, das verräterische, gierige Japan, ist noch nicht besiegt. Der Schaden, den es Großbritannien, den Vereinigten Staaten und anderen Ländern zugefügt hat, wie alle die von ihm begangenen abscheulichen Grausamkeiten, schreien nach Rache und Vergeltung. Wir müssen nun unsere ganze Kraft, alle unsere Hilfsmittel in der Heimat und draußen zur Erfüllung dieser Aufgabe einsetzen. Vorwärts, Britannia! Lang lebe die Sache der Freiheit. Gott schütze den König.

Dankbarkeit gegenüber dem Parlament

Nachdem der Premierminister die bedingungslose Kapitulation Deutschlands im Rundfunk bekanntgegeben hatte, las er ein paar Minuten später die gleiche Erklärung im Unterhaus vor, wobei er hinzufügte:

Dies ist die Nachricht, die ich der britischen Nation und dem Commonwealth mitzuteilen hatte. Ich möchte ihr bloß noch ein paar Sätze anfügen. Sie werden dem Hause meine tiefe Dankbarkeit gegenüber dem Unterhause übermitteln, das sich als die festeste Grundlage der Kriegführung erwies, die wir in unserer langen Geschichte gesehen haben. Wir alle haben Fehler begangen, aber die Kraft des Parlaments als Einrichtung hat sich erwiesen und hat es möglich gemacht, alle Ansprüche der Demokratie zu bewahren, während wir in der härtesten und ausgedehntesten Form Krieg führten. Ich möchte den Angehörigen aller Parteien, jedem einzelnen in jedem Teil dieses Hauses, meinen herzlichen Dank aussprechen für die Art und Weise, in der unter dem feindlichen Feuer die parlamentarischen Einrichtungen erhalten wurden, wie auch für die Art und Weise, in der wir ausharren konnten – und wir hätten, wenn es nötig gewesen wäre, auch noch länger ausgeharrt –, bis alle Ziele, die wir uns gesteckt hatten, um die uneingeschränkte, bedingungslose Kapitulation des Feindes zu erhalten, erreicht waren. Ich erinnere mich sehr gut, daß das Haus, als es am Ende des letzten Krieges, vor mehr als einem Vierteljahrhundert, die lange Liste der den Deutschen auferlegten Kapitulations- und Waffenstillstandsbedingungen hörte, nicht geneigt war, das Ganze zu diskutieren, sondern wünschte, Gott, dem Allmächtigen, zu danken, ihm, der erhabenen Macht, die die Geschicke der Völker und das Schicksal des einzelnen zu formen und zu bestimmen scheint. Und daher stelle ich mit Ihrer Erlaubnis, Sir, den Antrag:

»Das Haus möge nun in der Kirche der hl. Margaretha in Westminster demütig und voll Ehrfurcht Gott, dem Allmächtigen, für die Befreiung von der Bedrohung durch deutsche Herrschaft danken.«

Dieser Antrag ist mit dem in früheren Zeiten eingebrachten identisch.

Sieg in Europa

13. Mai 1945, Rundfunk

Die 40-Minuten-Ansprache über Rundfunk war Churchills letzte große Rede als Führer der Koalitionsregierung. Er verband einen Überblick über die Phasen des Kriegs mit seinem Bekenntnis zur historischen Mission Großbritanniens.

Am vergangenen Donnerstag war es fünf Jahre her, seit Seine Majestät der König mich beauftragt hatte, eine Nationale Regierung aller Parteien zur Führung unserer Geschäfte zu bilden. Fünf Jahre sind eine lange Zeit im menschlichen Leben, insbesondere wenn einem davon nichts wegen guter Führung erlassen wird. Wie dem auch sei, diese Nationale Regierung wurde vom Parlament und vom ganzen britischen Volk in der Heimat und allen unseren Soldaten draußen gestützt, wie auch durch die standhafte Mitarbeit der Dominions jenseits der weiten Meere und unseres Empires überall auf der Erde. Nachdem Verschiedenes sich ereignet hatte, zeigte es sich in der vergangenen Woche, daß alles recht gut herausgekommen war und daß das britische Commonwealth und Empire geeinter und tatsächlich mächtiger dasteht als je zuvor in seiner langen, abenteuerreichen Geschichte. Wir sind sicherlich – und ich denke, jeder ehrliche Mensch wird mir beistimmen – heute viel besser imstande, mit den Problemen und Fährnissen der Zukunft fertigzuwerden, als wir es vor fünf Jahren waren.

Eine Zeitlang überrannte unser Hauptfeind, unser gewaltiger Feind, Deutschland, beinahe ganz Europa. Frankreich, das im letzten Weltkrieg eine derart fürchterliche Belastung aushalten mußte, wurde zu Boden geschlagen und brauchte einige Zeit, um sich wieder zu erholen. Die Niederlande, die mit aller Kraft kämpften, wurden unterjocht. Norwegen wurde überrannt. Das Italien Mussolinis fiel uns in den Rücken, als wir, nach seiner Meinung, in den letzten Zügen lagen. Wir – unser Land, meine ich –, das britische Commonwealth und Empire waren ganz allein.

Im Juli, August und September 1940 brachen vierzig oder fünfzig britische Kampffliegerstaffeln in der Schlacht um Großbritannien die Wucht der deutschen Luftflotte, die sieben- oder achtmal mehr Maschinen eingesetzt hatte. Lassen Sie mich nochmals die Worte wiederholen, die ich in dieser bedeutungsvollen Stunde gebrauchte: »Noch niemals in den Kämpfen der Menschen hatten so viele wenigen so viel zu verdanken.« Der Name von Luftmarschall Lord Dowding wird für immer mit diesem herrlichen Erfolg verknüpft bleiben. Zusammen mit der Royal Air Force aber war die Royal Navy stets bereit, die Barken zu zerschmettern, die von den Kanälen Belgiens und Hollands zusammengeholt worden waren und auf denen allein eine deutsche Invasionsarmee transportiert werden konnte. Ich gehörte niemals zu denen, die glaubten, die Invasion Englands wäre mit dem Material, das dem Feind damals zur Verfügung stand, eine besonders leichte Aufgabe. Mit den Herbststürmen schwand auch die unmittelbare Gefahr einer Invasion im Jahre 1940.

Dann begann der Blitzkrieg, als Hitler sagte, er wolle unsere Städte »ausradieren«. Dieser Blitzkrieg wurde ohne ein Wort der Klage oder das leiseste Zeichen des Zurückweichens ertragen, wobei eine ziemlich große Anzahl Menschen – Ehre gebührt ihnen allen – bewies, daß London es »aushalten« konnte; und ebenso konnten es auch unsere anderen Zentren, die verheert wurden. Der Beginn des Jahres 1941 aber zeigte, daß wir noch immer in Gefahr waren. Die feindlichen Flugzeuge konnten die Zugänge zu dieser Insel überfliegen, auf der sechsundvierzig Millionen Menschen die Hälfte ihrer täglichen Nahrung und alles Material, das sie für den Frieden oder den Krieg benötigten, einführen mußten: Die feindlichen Flugzeuge konnten die Zugänge von Brest bis Norwegen und wieder zurück auf einem einzigen Flug überfliegen. Sie konnten die Bewegungen aller unserer Schiffe beobachten, die aus dem Clyde und Mersey aus- oder in diese einfuhren, und konnten gegen unsere Konvois die große, immer größer werdende Zahl der U-Boote dirigieren, mit denen der Feind den Atlantik übersäte; was von ihnen übrigblieb oder was an U-Booten nach ihnen kam, wird nun in britischen Häfen gesammelt.

Das Gefühl des Eingeschlossenwerdens, das jeden Augenblick zum Gefühl des Abgeschnürtseins werden konnte, drückte schwer auf uns. Wir hatten die nordwestliche Zufahrt zwischen Ulster und Schottland, auf der wir hereinbringen konnten, was wir zum Leben brauchten, und auf der wir unsere Truppen hinaussenden konnten. Infolge des Verhaltens de Valeras, das von der Stimmung und dem Instinkt vieler Tausender Südiren abstach, die an die Kampffront eilten, um ihre alte Tapferkeit zu beweisen, wurden die Zufahrten, die sich von den südirischen Häfen und Flugfeldern aus so leicht hätten schützen lassen, von feindlichen Flugzeugen und Unterseebooten gesperrt. Es war tatsächlich ein gefährlicher Augenblick in unserem Leben, und wäre nicht die Treue und Freundschaft Nordirlands gewesen, hätten wir mit de Valera den Kampf aufnehmen oder für immer von der Erde verschwinden müssen. Mit einer Zurückhaltung, mit einem Gleichmut, die in der Geschichte nur wenige Parallelen haben dürften, wandte die Regierung Seiner Majestät niemals Gewalt an, obgleich dies zeitweilig leicht und natürlich gewesen wäre, und ließ die Regierung de Valera mit den Vertretern Deutschlands und später mit denen Japans nach Herzenslust ihr Spiel treiben.

Wenn ich an diese Tage zurückdenke, dann denke ich auch an andere Vorfälle und andere Männer. Ich denke an Korvettenkapitän Esmonde, V.C., an den Gefreiten Kenneally, V.C., und an Hauptmann Fegen, V.C., und andere irische Helden, die ich leicht aufzählen könnte, und dann, ich gestehe es, schwindet die Bitterkeit, die Großbritannien gegen das irische Volk empfindet, aus meinem Herzen. Ich kann nur darum beten, daß in den Jahren, die ich nicht mehr erleben werde, die Schmach vergessen wird und nur die Ruhmestaten weiterleben und daß die Völker der britischen Inseln und des britischen Commonwealth of Nations gemeinsam, in gegenseitigem Verstehen und in gegenseitigem Vergeben ihre Straße ziehen.

Meine Freunde, wenn wir der nordwestlichen Zufahrtsstraßen gedenken, dann wollen wir auch nicht die Aufopferung der Seeleute unserer Handelsmarine vergessen und nicht die Besatzungen der Minenräumboote, die jede Nacht ausfuhren und die so selten in den Schlagzeilen der Zeitungen genannt wurden. Noch wollen wir die riesige, erfindungsreiche, anpassungsfähige, alles umfassende und schließlich alles kontrollierende Macht der Royal Navy vergessen und ihrer immer einflußreicheren neuen Verbündeten, der Luftwaffe. Sie haben das Rettungsseil gehalten. Wir konnten atmen; wir konnten leben; wir konnten kämpfen. Schreckliches hatten wir zu tun. Wir mußten die französische Flotte aufbringen, die, wäre sie den Deutschen unbeschädigt in die Hände gefallen, es der deutschen Flotte vielleicht ermöglicht hätte, zusammen mit der italienischen Flotte uns in offener Seeschlacht gegenüberzutreten. Das haben wir auch getan. Wir mußten General Wavell in unserer trübsten Stunde so rasch wie nur möglich um das Kap herum Tanks zugehen lassen – alle Tanks, die wir faktisch auf der Insel hatten –, und das ermöglichte es uns, im November 1940 Ägypten gegen einen Einfall zu verteidigen und die italienischen Armeen, hinter denen Mussolini bereits in Kairo oder Alexandrien einreiten wollte, unter schweren blutigen Verlusten zurückzuschlagen und eine Viertelmillion Mann als Gefangene einzubringen.

Präsident Roosevelt, ja alle denkenden Menschen in ganz Amerika, waren in großer Sorge, was mit uns in den ersten Monaten des Jahres 1941 geschehen würde. In seinem tiefsten Inneren fühlte der Präsident, daß die Vernichtung Großbritanniens nicht nur ein an sich furchtbares Ereignis sein würde, sondern daß dadurch auch die ungeheuren, damals noch zum größten Teil nicht mobilisierten Kräfte und das künftige Geschick der Vereinigten Staaten von tödlicher Gefahr bedroht würden. Er befürchtete, die Invasion unserer Insel würde im Frühling 1941 kommen, wobei er sich zweifellos auf ein militärisches Gutachten stützte, das nicht anders war als alle damals, und er sandte mir seinen jüngsten Gegner bei der Präsidentschaftswahl, den inzwischen verstorbenen Wendell

Willkie, mit einem Brief, in den er mit eigener Hand die berühmten Verse Longfellows geschrieben hatte, die ich im Unterhaus vor einiger Zeit zitierte.

Wir waren indessen in diesen ersten Monaten des Jahres 1941 in recht gutem Zustand und fühlten uns unserer viel sicherer als in den unmittelbar auf den Zusammenbruch Frankreichs folgenden Monaten. Die Armee, die wir von Dünkirchen zurückgebracht hatten, und unsere Kampftruppen in Großbritannien, alles zusammen ungefähr eine Million Mann, waren beinahe vollständig ausgerüstet oder wieder ausgerüstet. Seit Juni des vorhergehenden Jahres hatten wir eine Million Gewehre und tausend Kanonen, mit aller dazugehörigen Munition, aus den Vereinigten Staaten herübergebracht. In unseren Fabriken, die Kriegsmaterial erzeugten und sehr leistungsfähig wurden, hatten Männer und Frauen so lange an den Maschinen gestanden, bis sie vor Müdigkeit umfielen. Eine Million Mann, später sogar zwei Millionen, waren, obwohl sie den ganzen Tag arbeiteten, zur Heimwehr zusammengeschlossen. Sie waren mindestens mit Gewehren bewaffnet und von dem Geist »Siegen oder sterben« beseelt.

Zu einem späteren Zeitpunkt im Jahre 1941, als wir noch immer allein standen, opferten wir ungern und bis zu einem gewissen Grad auch ohne unsere Absicht, was wir im Winter in der Cyrenaika und Libyen erobert hatten, um Griechenland beizustehen; und Griechenland wird nie vergessen, wieviel wir ihm, wenn auch vergeblich, von dem wenigen, was wir hatten, gaben. Wir taten es, weil es für uns eine Ehrensache war. Wir unterdrückten den von den Deutschen im Irak angezettelten Aufstand. Wir verteidigten Palästina. Mit Hilfe von General de Gaulles unbezähmbaren Freien Franzosen säuberten wir Syrien und den Libanon von den Anhängern Vichys und von deutschen Fliegern und Unruhestiftern. Und dann im Juni 1941 trat ein anderes gewaltiges, die Welt bewegendes Ereignis ein.

Zweifellos wird es Ihnen beim Lesen der britischen Geschichte aufgefallen sein – ich hoffe, Sie werden sich die Mühe machen, sie zu lesen, denn nur mit Hilfe der Vergangenheit vermag man die Zukunft zu beurteilen, und nur wenn man die Geschichte der britischen Nation, des britischen Empires liest, kann man ein begründetes Gefühl des Stolzes darüber empfinden, daß wir auf diesen Inseln leben – es wird Ihnen also beim Lesen der britischen Geschichte manchmal aufgefallen sein, daß wir von Zeit zu Zeit allein einem Tyrannen oder Diktator des Kontinents standhalten mußten oder der Kern einer Koalition gegen ihn werden mußten, und wir hatten ziemlich lange Zeit standzuhalten: gegen die spanische Armada, gegen die Macht Ludwigs XIV., als wir beinahe fünfundzwanzig Jahre lang unter Wilhelm III. und Marlborough an der Spitze Europas standen, und dann vor hundertfünfzig Jahren, als Nelson, Pitt und Wellington, nicht ohne Hilfe der heldenhaften Russen von 1812, Napoleon schlugen. In allen diesen Weltkriegen übernahmen wir die Führung Europas oder hielten sonst irgendwie allein stand.

Und wenn man lange genug standgehalten hat, dann kommt eine Zeit, in der der Tyrann einen entsetzlichen Fehler begeht, der das Kräfteverhältnis des ganzen Kampfes ändert. Am 22. Juni 1941 überfiel Hitler, der Herr ganz Europas zu sein glaubte – nein, der bald Herr der ganzen Welt zu sein dachte –, ohne Warnung, ohne im geringsten provoziert worden zu sein, Rußland und bekam es nun mit Marschall Stalin und den zahllosen Millionen russischer Menschen zu tun. Und dann am Ende des Jahres führte Japan seinen verbrecherischen Schlag gegen die Vereinigten Staaten, gegen Pearl Harbour, und griff uns in Malaya und Singapur an. Daraufhin erklärten Hitler und Mussolini der Republik der Vereinigten Staaten den Krieg.

Seither sind Jahre vergangen. Und jedes Jahr will mir fast wie ein Jahrzehnt scheinen. Aber niemals seit dem Eintritt der Vereinigten Staaten in den Krieg hatte ich den geringsten Zweifel, daß wir heil davonkommen würden und daß wir nur unsere Pflicht zu tun brauchten, um zu siegen. Bei allem, was zur Vernichtung der Übeltäter führte, haben wir unsere Rolle gespielt, und ich hoffe, damit weder eitel noch prahlerisch zu sprechen; aber von El Alamein im Oktober 1942 bis zur Invasion Nordafrikas, Siziliens und Italiens mit der Einnahme von Rom marschierten wir viele Meilen, ohne eine Niederlage zu erleiden. Und dann im letzten Jahr, nach zwei Jahren geduldiger Vorbereitungen und wunderbarer Erfindungen für die amphibische Kriegführung – unsere Wissenschaftler werden von niemand in der ganzen Welt übertroffen, besonders, wenn sie sich mit Dingen der Seefahrt befassen –, am 6. Juni vergangenen Jahres faßten wir auf einem kleinen, sorgfältig ausgewählten Zipfel des von den Deutschen besetzten Frankreich Fuß und ließen Millionen von diesen Inseln und von jenseits des Meeres nachströmen, bis die Seine, die Somme und der Rhein hinter den vorrückenden anglo-amerikanischen Panzerspitzen lagen. Frankreich wurde befreit. Es stellte eine vortreffliche, aus tapferen Männern bestehende Armee auf, um bei der eigenen Befreiung mitzuhelfen. Deutschland lag offen vor uns.

Nun erfolgten auf der anderen Seite die gewaltigen militärischen Leistungen der Russen, die an ihrer Front viel mehr deutsche Truppen banden, als uns je möglich gewesen wäre, und sie rückten vor, um mit uns im Herzen Deutschlands zusammenzutreffen. Zur gleichen Zeit führte Feldmarschall Alexanders aus den Angehörigen so vieler Völker zusammengesetzte Armee, die zum größten Teil aber aus Briten oder Angehörigen des Empires bestand, in Italien den entscheidenden Schlag und zwang mehr als eine Million Mann feindlicher Truppen zur Kapitulation. Die, wie wir sie nennen, Fünfzehnte Armeegruppe, die Briten und Amerikaner in beinahe gleicher Zahl umfaßt, steht nun tief in Österreich und schließt mit ihrem rechten Flügel an die Russen an und mit ihrem linken an die unter General Eisenhowers Kommando stehenden amerikanischen Armeen. Wie Sie sich erinnern werden – aber das Gedächtnis ist kurz –, erhielten wir zufällig im Zeitraum von drei Tagen die Nachrichten von dem unbeweinten Hinscheiden Mussolinis und Hitlers, und ebenso ergaben sich innerhalb von drei Tagen mehr als zwei Millionen fünfhunderttausend Mann dieses schrecklichen kriegerischen deutschen Heeres Feldmarschall Alexander und Feldmarschall Montgomery.

Hier an dieser Stelle möchte ich es aussprechen, daß wir stets die ungeheure Überlegenheit der Mittel anerkannten, die die Vereinigten Staaten zur Befreiung Frankreichs und zur Niederwerfung Deutschlands einsetzten. Wir unsererseits, Briten und Kanadier, hatten ungefähr ein Drittel dessen, was die Amerikaner eingesetzt hatten, drüben; wir übernahmen aber unseren vollen Anteil an den Kämpfen, wie das Ausmaß unserer Verluste zeigt. Im Atlantischen Ozean, in den schmalen Gewässern und auf den arktischen Konvois nach Rußland hat unsere Flotte die weitaus schwerste Last getragen, während die Flotte der Vereinigten Staaten ihre ungeheure Stärke hauptsächlich gegen Japan wandte. Wir teilten uns ehrlich in die Arbeit, und jeder kann berichten, daß unser Werk getan ist oder bald getan sein wird. Es ist nur recht und natürlich, daß wir die Fähigkeiten und ruhmreichen Taten unserer eigenen hochberühmten Truppenführer Alexander und Montgomery preisen, von denen keiner eine Niederlage erlitt, seit sie gemeinsam bei El Alamein begannen. Beide haben in Afrika, in Italien, in der Normandie und in Deutschland Schlachten größten Ausmaßes und von entscheidender Bedeutung geschlagen. Gleichzeitig aber wissen wir, wieviel wir dem zusammenfassenden und vereinigenden Kommando und der strategischen Führung General Eisenhowers verdanken.

Dies ist auch der Augenblick, in dem ich persönlich den britischen Chefs des Stabes, mit denen ich in diesen schweren, bewegten Jahren aufs engste zusammengearbeitet habe, meine Anerkennung zollen möchte. Es gab sehr wenig Änderungen in dieser kleinen, einflußreichen und fähigen Gruppe von Männern, die alle Differenzen zwischen den einzelnen Waffengattungen beiseite ließen und die Probleme des Krieges nur als Ganzes betrachteten und die in absoluter Harmonie miteinander arbeiteten. Feldmarschall Brooke, Admiral Pound, und nach dessen Tod Admiral Andrew Cunningham, und Luftmarschall Portal bildeten eine Arbeitsgemeinschaft, der die höchste Ehre für die Leitung der gesamten britischen Strategie und deren Beziehung zur Strategie unserer Alliierten gebührt.

Man darf wohl sagen, unsere Strategie sei so angelegt worden, daß die Operationen der vereinigten Stäbe Großbritanniens und der Vereinigten Staaten, zu denen seit Teheran noch die militärischen Leiter Rußlands kamen, am besten kombiniert und ganz genau aufeinander abgestimmt werden konnten. Und man darf auch sagen, daß noch nie die Truppen zweier Völker so einig, so kameradschaftlich und so brüderlich Schulter an Schulter fochten und in einer Front vereinigt standen wie die großen anglo-amerikanischen Armeen. Einige Leute sagen: »Schön, was würden Sie denn erwarten, wenn zwei Völker die gleiche Sprache sprechen, die gleichen Gesetze und einen großen Teil ihrer Geschichte gemeinsam haben und die gleichen Ansichten über das Leben mit all seinen Hoffnungen und seiner Schönheit besitzen? Mußte das nicht so kommen?« Andere sagen vielleicht: »Es wäre übel um die Welt und die beiden bestellt, wenn sie nicht weiter miteinander arbeiten, miteinander marschieren, über die Meere fahren und durch die Lüfte fliegen würden, sooft etwas für die Sache der Freiheit oder der Gerechtigkeit in der Welt geschehen muß.« Das ist die große Hoffnung der Zukunft.

Es gab noch eine letzte Gefahr, vor der der Zusammenbruch Deutschlands uns gerettet hat. In London und im Südosten des Landes haben wir ein Jahr lang unter den verschiedenen Formen der Flügelbomben – vielleicht haben Sie davon gehört – zu leiden gehabt, wie auch unter Raketen, bei deren Abwehr unsere Luftwaffe und Flakbatterien wahre Wunder vollbracht haben. Insbesondere die Luftwaffe ging beizeiten gegen die, wie es damals schien, unbedeutenden und unbestimmten Anzeichen vor und verhinderte oder verzögerte die deutschen Vorbereitungen stark. Aber erst als unsere Armeen die Küste säuberten und die Abschußstellen überrannten und als den Amerikanern bei Leipzig riesige Vorräte aller Arten von Raketen in die Hände fielen, was erst vor kurzem die Kenntnis, die wir schon hatten, erweiterte, und als wir alle Vorrichtungen, die an den Küsten Frankreichs und Hollands angebracht worden waren, in allen Einzelheiten, in allen wissenschaftlichen Einzelheiten untersuchen konnten, da erst wußten wir, wie groß die Gefahr gewesen war; und zwar nicht nur durch Raketen und Flügelbomben, sondern durch zahlreiche weittragende Geschütze, die gegen London zum Einsatz kommen sollten. Die alliierten Armeen vernichteten gerade im richtigen Augenblick die Schlange in ihrem Nest. Sonst wäre London im Herbst 1944, vom Herbst 1945 ganz zu schweigen, vielleicht ebenso in Trümmer gelegt worden wie Berlin.

Für den gleichen Zeitpunkt hatten die Deutschen eine neue U-Boot-Flotte und neue Taktiken vorbereitet, die, wenngleich wir sie am Ende vernichtet hätten, doch leicht den Krieg gegen die U-Boote auf den gleichen Höhepunkt hätten treiben können wie 1942. Darum müssen wir uns freuen und dafür müssen wir danken; und zwar nicht nur, weil wir errettet wurden, als wir ganz allein waren, sondern weil wir rechtzeitig von neuen Leiden befreit wurden und von neuen Gefahren, die sich nicht leicht ermessen lassen.

Ich wollte, ich könnte Ihnen heute sagen, daß die ganze schwere Arbeit und alle Plagen für uns nun vorüber seien. Denn dann könnte ich froh meinen fünfjährigen Dienst beenden und es bereitwilligst hinnehmen, wenn Sie fänden, Sie hätten nun genug von mir und ich sollte fortgeschickt werden. Ich muß Ihnen aber ganz im Gegenteil allen Ernstes sagen, wie ich es tat, als ich diese nun fünf Jahre währende Aufgabe antrat – und niemand wußte, daß es so lange dauern würde –, daß es noch allerhand zu tun gibt, daß Sie für neue körperliche und geistige Anstrengungen und weitere Opfer für die große Sache bereit sein müssen, wenn Sie nicht in die ausgefahrene Bahn der Trägheit, in Verwirrung über die Ziele und in die feige Furcht vor Größe geraten wollen. Sie dürfen keineswegs in Ihrer wachen und wachsamen Geisteshaltung nachlassen. Wenn der menschliche Geist auch Festtagsfreude braucht, so muß diese die Kraft und Spannkraft, mit der jeder Mann und jede Frau an die Arbeit zurückkehrt, die sie zu tun haben, und auch den Blick und die Aufmerksamkeit, die sie den öffentlichen Angelegenheiten zuwenden müssen, erhöhen.

Auf dem europäischen Festlande müssen wir jetzt dafür sorgen, daß die schlichten, ehrenvollen Ziele, für die wir in den Krieg eintraten, in den Monaten, die auf unseren Sieg folgen, nicht beiseitegefegt oder übersehen werden, und daß die Worte »Freiheit«, »Demokratie« und »Befreiung« nicht ihren wahren Sinn, wie wir ihn verstanden haben, verlieren. Es hätte wenig Zweck, die Hitleranhänger für ihre Verbrechen zu bestrafen, wenn nicht Recht und Gesetz herrschten, wenn totalitäre oder polizeistaatliche Regierungen den Platz der deutschen Angreifer einnehmen würden. Wir wollen nichts für uns selbst. Wir müssen aber dafür sorgen, daß die gerechte Sache, für die wir kämpften, bei der Friedenskonferenz sowohl in Taten als in Worten anerkannt wird, und vor allem müssen wir dafür arbeiten, daß die Weltorganisation, die die Vereinten Nationen in San Francisco schaffen, kein leerer Name wird, daß er kein Schutz für die Starken und ein Hohn für die Schwachen wird. An den Siegern ist es, in diesen strahlenden Augenblicken ihr Herz zu erforschen und sich durch ihre Größe der gewaltigen Kräfte, die sie lenken, würdig zu erweisen.

Wir dürfen nie vergessen, daß jenseits von all diesem Japan lauert, dauernd geplagt und geschwächt, aber noch immer ein Volk von hundert Millionen, für dessen Krieger der Tod nur wenig Schrecken hat. Ich kann Ihnen heute nicht sagen, wieviel Zeit oder welche Anstrengungen noch erforderlich sein werden, um die Japaner zu zwingen, für ihren verabscheuungswürdigen Verrat und ihre abscheuliche Grausamkeit Genugtuung zu leisten. Wir haben von ihnen – wie China, das so lange unverzagt aushielt – schreckliche Wunden erhalten, und wir sind durch Bande der Ehre und der brüderlichen Treue gegenüber den Vereinigten Staaten verpflichtet, diesen großen Krieg am anderen Ende der Welt an ihrer Seite, ohne matt oder mutlos zu werden, durchzukämpfen. Wir müssen uns daran erinnern, daß Australien, Neuseeland und Kanada direkt von dieser bösen Macht bedroht waren und werden. Sie kamen uns in den finstersten Zeiten zu Hilfe, und wir dürfen keine Aufgabe unvollendet liegen lassen, die ihre Sicherheit und ihre Zukunft betrifft. Zu Beginn der vergangenen fünf Jahre sagte ich Ihnen harte Dinge; Sie sind nicht davor zurückgeschreckt. Ich wäre Ihres Vertrauens und Ihres großen und hohen Mutes unwert, wenn ich nicht noch immer rufen würde: Vorwärts, ohne nachzugeben, mutig und unaufhaltsam, bis die ganze Arbeit getan ist, bis die ganze Welt sicher und sauber ist.

Rücktritt

26. Juli 1945, Presseerklärung

Auf die verlorene Unterhauswahl reagierte Churchill mit einer 13zeiligen Rücktrittserklärung, die im wesentlichen einen Dank an das britische Volk enthält, aber von Enttäuschung zeugt.

Die Entscheidung der Nation liegt nun in den Stimmen, deren Zählung heute abgeschlossen wurde, vor. Deswegen habe ich das Amt, das mir in dunkleren Zeiten übertragen worden war, niedergelegt. Ich bedauere es, daß es mir nicht vergönnt ist, das Werk gegen Japan zu beenden. Indessen sind sämtliche Pläne und Vorbereitungen dafür abgeschlossen, und die Ergebnisse werden sich vielleicht rascher zeigen, als wir bisher erwarten durften. Der neuen Regierung fällt eine ungeheure Verantwortung draußen und in der Heimat zu, und wir alle müssen hoffen, sie werde sie mit Erfolg tragen.

Mir bleibt nichts anderes mehr zu tun, als dem britischen Volk, für das ich in den Jahren der Gefahr gewirkt habe, meine tiefe Dankbarkeit zum Ausdruck zu bringen für die unentwegte, feste Unterstützung, die es mir während meiner Amtszeit angedeihen ließ, und für das Wohlwollen, das es seinem Diener in mannigfacher Art bezeigte.

Rückblick auf den Krieg

16. August 1945, Unterhaus

Der neue Premierminister Clement Attlee brachte bei der Eröffnung des Parlaments sein höchstes Lob auf den Parlamentarier Churchill an: »In unsterblichen Sätzen drückte er die unausgesprochenen Empfindungen aller aus.«
In seiner Erwiderung auf das Lob hielt Churchill eine humorvolle, brillante, bewegende und staatsmännische Rede über die Kriegszeit.

Es ist unsere Pflicht, der Regierung Seiner Majestät zu der sehr gewichtigen Besserung unserer Aussichten in der Heimat Glück zu wünschen, die eine Folge des vollständigen Sieges über Japan und der Rückkehr des Friedens in der ganzen Welt ist. Vor einem Monat noch war es nötig, mit voller Kraft und unter riesigen Kosten alle Vorbereitungen für einen lange dauernden, blutigen Feldzug im Fernen Osten zu betreiben. In den ersten Tagen der Konferenz von Potsdam billigten Präsident Truman und ich die uns von den vereinigten Stabschefs unterbreiteten Pläne für eine Reihe großer Schlachten und Landungen in Malaya, in Niederländisch-Ostindien und auf den japanischen Stamminseln. Diese Operationen erforderten eine Kraftanspannung, die auch in Europa nicht übertroffen worden war, und niemand konnte ermessen, wieviel britisches und amerikanisches Gut und Blut sie erfordern würden. Noch weniger wußte man, wie lange es brauchen würde, um den Widerstand Japans in den vielen Gebieten, die es erobert hatte, und insbesondere auf den Stamminseln zu brechen. Wobei während der ganzen Zeit die Rückführung der Welt aus dem Kriegs- in den Friedenszustand gehemmt und verzögert wurde. Jede Art friedlicher Tätigkeit wurde durch den Krieg, dessen Forderungen überall an erster Stelle standen, halb abgeschnürt. Keine eindeutigen Entscheidungen konnten in der herrschenden argen Ungewißheit getroffen werden.

In den letzten drei Monaten des Krieges hatte ein hemmender Dualismus jedes Problem der Politik und der Verwaltung erschwert. Wir mußten zur selben Zeit für den Frieden und für den Krieg Pläne machen. Riesige Armeen wurden demobilisiert; eine andere mächtige Armee wurde ausgerüstet und auf die andere Seite der Erdkugel geschickt. Der Druck, der auf Millionen Männern lag, die darauf brannten, ins Privatleben zurückzukehren, und der Druck, der auf Hunderttausenden lag, die in neue schwere Schlachten im Fernen Osten gesandt werden mußten, zeigte sich mit wachsender Spannung. Dieser Dualismus wirkte auch überall auf unser Wirtschafts- und Finanzleben. Wie Leute freizugeben wären, um mit allen ihren Energien das Leben Großbritanniens anzukurbeln, und wie gleichzeitig den unerbittlichen Anforderungen des Krieges gegen Japan entsprochen werden könnte, war eines der verwirrendsten und peinlichsten Rätsel, denen ich in meinem langen, an Erfahrungen reichen Leben gegenüberstand.

Ich gestehe, daß mich diese Vorstellung vor einem Monat mit großer Besorgnis erfüllte. Seitdem wurde ich von der Last befreit. Gleichzeitig wurde die Last, obwohl sie noch schwer genug ist, unermeßlich leichter. Am 17. Juli erhielten wir in Potsdam die begierig erwarteten Nachrichten von den Atombombenversuchen in der mexikanischen Wüste. Ein alle Träume übersteigender Erfolg krönte das schreckliche, das herrliche Wagnis unserer amerikanischen Alliierten. Die in Einzelheiten gehenden Berichte über das Experiment in der mexikanischen Wüste wurden uns wenige Tage später auf dem Luftwege überbracht und ließen bei den paar Eingeweihten keinen Zweifel darüber aufkommen, daß wir einem neuen Faktor im menschlichen Leben gegenüberstanden und von unwiderstehlichen Kräften besessen wurden. Großbritannien hatte gemäß den anglo-amerikanischen Abkommen ein Recht, konsultiert zu werden. Die Entscheidung über die Verwendung der Atombombe wurde von Präsident Truman und mir in Potsdam getroffen, und wir billigten die militärischen Pläne, die schrecklichen, gebändigten Kräfte zu entfesseln.

Von diesem Augenblick an stellte sich die Zukunft anders dar. Als Vorbereitung auf die Ergebnisse dieses Experimentes wurden die Erklärungen des Präsidenten, Mr. Stimsons und meine eigene, die durch das freundliche Entgegenkommen des Premierministers hernach im Rundfunk verlesen wurden, gemeinsam entworfen. Marschall Stalin wurde von Präsident Truman informiert, daß wir die Verwendung eines Explosivstoffes von unvergleichlicher Sprengwirkung gegen Japan in Erwägung zögen, und die Durchführung geschah dann in der Art, die wir alle kennen. Dieser Atombombe, mehr als jedem anderen Faktor, ist es zuzuschreiben, daß der Krieg gegen Japan plötzlich und rasch zu Ende ging.

Bevor wir sie anwandten, war es notwendig, zuerst den Japanern eine Botschaft in Form eines Ultimatums zu senden, die sie wissen ließ, was bedingungslose Kapitulation bedeutet. Dieses Dokument wurde am 26. Juli veröffentlicht – dem gleichen Tag, an dem ein anderes Ereignis eintrat, das von jeder Seite des Hauses anders angesehen wurde.* Die Zusicherungen, die Japan hinsichtlich seiner Zukunft nach der bedingungslosen Kapitulation gegeben wurden, waren äußerst großmütig. Wenn wir uns erinnern, wie grausam und verräterisch dieser völlig unprovozierte Angriff von den japanischen Kriegsherren gegen die Vereinigten Staaten und Großbritannien unternommen wurde, dann müssen diese Zusicherungen als in hohem Maße hochherzig angesehen werden. In knappster Form enthielten sie »Japan den Japanern« und verweigerten den dichtbesiedelten Stamminseln auch nicht den Zugang zu den Rohmaterialien, abgesehen von deren Kontrolle. Wir waren der Ansicht, daß in Hinblick auf die neuen, furchtbaren Wirkungsmittel des Krieges, die vor der Anwendung standen, jeder Beweggrund zur Kapitulation, sofern er mit unserer festgelegten Politik zu vereinbaren war, den Japanern vor Augen geführt werden sollte. Das waren wir unserem Gewissen schuldig, bevor wir die schreckliche Waffe gebrauchten.

Weiter wurde durch wiederholte Warnungen, denen schwere Bombardierungen Nachdruck verliehen, versucht, den allgemeinen Auszug der Zivilbevölkerung aus den bedrohten Städten zu veranlassen. So war alles, was in menschlicher

* Das Ergebnis der allgemeinen Wahlen und Churchills Rücktritt vom Amt des Premierministers.

Macht steht, versucht worden, um die Zivilbevölkerung Japans zu schonen, bevor wir die Atombombe anwandten. Es gibt Stimmen, die behaupten, die Bombe hätte niemals verwendet werden dürfen. Ich kann mir diese Gedankengänge nicht zu eigen machen. Sechs Jahre totaler Krieg haben viele Menschen davon überzeugt, daß die Deutschen und Japaner diese neue Waffe, wenn sie sie erfunden hätten, mit größter Bereitwilligkeit zu unserer vollkommenen Vernichtung gebraucht haben würden. Ich bin verwundert, daß sehr ehrenwerte Menschen, allerdings Menschen, die in den meisten Fällen wohl nicht die Absicht gehabt haben dürften, selbst an die japanische Front abzugehen, sich die Behauptung zu eigen machen, wir hätten lieber eine Million Amerikaner und eine Viertelmillion Briten in den verzweifelten Kämpfen und Blutbädern, die eine Invasion Japans gefordert hätte, opfern sollen, statt die Bombe abzuwerfen. Kommende Geschlechter werden ihr Urteil über diese schrecklichen Entscheidungen fällen, und ich glaube, sie werden, wenn sie selbst in einer glücklicheren Welt leben, aus der der Krieg verbannt wurde und in der Freiheit herrscht, diejenigen nicht verdammen, die inmitten der Schrecken und des Elendes dieser grausam wilden Zeit für ihr Wohl kämpften.

Die Bombe brachte Frieden, aber die Menschen allein können den Frieden erhalten, und von nun an werden sie es unter Androhung von Strafen tun, die nicht nur den Fortbestand der Zivilisation, sondern der Menschheit selbst in Frage stellen. Ich möchte hinzufügen, daß ich völlig der Meinung des Präsidenten bin, die Geheimnisse der Atombombe sollten gegenwärtig soweit wie nur möglich keinem anderen Land der Welt mitgeteilt werden. Dies geschieht keineswegs in der Absicht oder aus dem Wunsch, unumschränkte Gewalt zu besitzen, sondern um der Weltsicherheit willen. Nichts vermag den Fortschritt der Forschung und des Experimentierens in irgendeinem Land aufzuhalten, und wenn auch zweifellos an den verschiedensten Orten geforscht werden wird, so lassen sich die ungeheuren Anlagen, die nötig sind, um die Theorie in die Praxis zu überführen, in keinem Land improvisieren.

Aus diesem und vielen anderen Gründen stehen die Vereinigten Staaten gegenwärtig oben an der Spitze der Welt. Ich freue mich, daß dies so ist. Mögen sie mit höchster Macht und Verantwortlichkeit zu Werke gehen, nicht nur um ihrer selbst, sondern um aller Menschen in allen Ländern willen; dann wird vielleicht ein neuerer, hellerer Tag in der Menschheitsgeschichte anbrechen. Soweit uns bekannt ist, wird es drei, vielleicht sogar vier Jahre brauchen, bis die in den Vereinigten Staaten erreichte Entwicklung eingeholt werden kann. In diesen drei Jahren müssen wir die Beziehungen aller Menschen, gleichgültig wo sie leben, bei allen Völkern, neu gestalten. Wir müssen sie in der Art und Weise neu gestalten, daß diese Menschen es weder wünschen noch wagen, übereinander wegen niedriger und nicht mehr zeitgerechter Ehrsucht oder wegen leidenschaftlicher ideologischer Gegensätze herzufallen, und daß internationale Körperschaften von höchster Machtvollkommenheit der Erde den Frieden schenken und das Recht unter den Menschen festsetzen. Unsere lange Wanderung hat uns zu einem erhabenen Augenblick der Weltgeschichte geführt. Vom Geringsten bis zum Größten muß jeder darnach streben, sich dieser höchsten, dieser glücklichen Umstände wert zu erweisen. Keine Stunde darf vergeudet, kein Tag verloren werden.

Nach meiner Meinung wäre es ein Irrtum, anzunehmen, die russische Kriegserklärung an Japan sei durch den Einsatz der Atombombe beschleunigt worden. In den Gesprächen, die ich mit Marschall Stalin hatte, war vor ziemlich langer Zeit abgemacht worden, daß Rußland innerhalb von drei Monaten nach der Kapitulation der deutschen Armeen Japan den Krieg erklären sollte. Grund für diese Verschiebung um drei Monate war natürlich die Notwendigkeit, die großen Verstärkungen, die erforderlich waren, um die russisch-mandschurische Armee von Defensiv- auf Offensivstärke zu bringen, über die transsibirische Bahn herbeizuschaffen. Drei Monate waren die festgesetzte Zeit, und das Faktum, daß die deutschen Heere am 8. Mai kapitulierten und die Russen am 8. August Japan den Krieg erklärten, ist kein bloß zufälliges Zusammentreffen, sondern ein neues Beispiel für die Treue und Pünktlichkeit, mit der Marschall Stalin und seine tapferen Armeen stets ihre militärischen Verpflichtungen einhalten.

Ich komme nun zu den Ergebnissen der Konferenz von Potsdam, soweit diese aus dem gemeinsam verfaßten Kommuniqué und aus Präsident Trumans höchst bemerkenswerter, vor etwas mehr als einer Woche gehaltenen Rede allgemein bekannt wurden. Die für die Verwaltung Deutschlands durch die Alliierte Kontrollkommission während der Zeit der provisorischen Militärregierung vorgeschlagenen Einrichtungen wurden allgemein gebilligt. Es handelt sich hierbei um ein Übergangsregime, dessen Dauer zeitlich nicht begrenzt ist. Hitlers Nazipartei war so geartet, daß sie fast sämtliche unabhängigen Elemente im deutschen Volk vernichtete. Der Kampf wurde bis zum bitteren Ende geführt. Die große Masse des Volkes wurde gezwungen, den Becher der Niederlage bis zur Neige zu leeren. Ein Deutschland ohne Kopf fiel den Eroberern in die Hände. Es wird vielleicht viele Jahre brauchen, bis irgendein Aufbau staatlichen Lebens in Deutschland möglich ist, und die Sieger werden reichlich Zeit haben zu überlegen, wie die Interessen des Weltfriedens dadurch berührt werden.

In der Zwischenzeit aber ist es nach meiner Meinung überaus wichtig, daß die Verantwortung tatsächlich von deutschen lokalen Körperschaften übernommen wird, um unter alliierter Oberaufsicht die für die Erhaltung des Lebens einer riesigen Bevölkerung nötige Produktion und Verwaltung weiterzuführen. Es ist für die Alliierten nicht möglich, selbst die Verantwortung zu tragen. Die deutschen Massen dürfen uns nicht zur Last fallen und erwarten, jahrelang von den Alliierten ernährt, organisiert und erzogen zu werden. Wir müssen tun, was wir können, um das Unglück einer Hungersnot abwehren zu helfen. Es wäre aber unnütz, wollten wir uns auf unserer kleinen Insel, die selbst die Hälfte ihrer Nahrung einführen muß, einbilden, wir könnten einen merklichen Beitrag in dieser Hinsicht leisten. Die Rationierung kann in diesem Land nicht noch mehr herabgesetzt werden, ohne das Leben und die körperliche Kraft, die völlig von den riesigen Aufgaben, die wir zu erfüllen haben, beansprucht werden wird, zu gefährden. Deswegen rate ich mit allem Nachdruck, vertrauenswürdige deutsche Lokalbehörden, in dem Maß, in dem sie gebildet werden können, zu ermutigen, die Verantwortung zu übernehmen.

Der Rat, der in Potsdam aus den Außenministern der drei, vier oder fünf Mächte gebildet wurde und der, wie es die Umstände erfordern, in verschiedener Zusammensetzung tagt, ist eine neue, anpassungsfähige Organisation für das fernere, fortgesetzte Studium der riesigen Probleme, die unser in Europa und Asien harren. Ich freue mich sehr, daß meiner an die Konferenz gestellten Bitte, London zum Sitz des ständigen Sekretariats des Rates zu machen, entsprochen wurde. Ich muß sagen, daß dem ehemaligen Außenminister (Mr. Anthony Eden), der in einem langen Zeitraum in immer höherem Maß das Vertrauen der Außenminister Rußlands und der Vereinigten Staaten gewann und der durch das Beratende Europakomitee, das sich in London befindet, stets den Eindruck erhielt, alles könne freundschaftlich und ungezwungen geregelt werden, ein Teil der Ehre gebührt, daß die Großmächte bereitwillig London als Sitz des ständigen Sekretariats anerkannten. Es ist höchste Zeit, daß der Rang Londons, eines der beherrschenden Zentren des Weltgeschehens, anerkannt wird. Sie ist die älteste, die größte und die am meisten zerschossene Hauptstadt, die Hauptstadt, die als erste den Krieg erlebte, und es ist mehr als Zeit, daß wir Anerkennung dafür erhalten.

Ich freue mich auch, daß gemäß dem Dreimächtevertrag, den die Vertragspartner im Jahre 1941 mit Persien schlossen, nun mit dem Abzug der bewaffneten britischen und russischen Streitkräfte aus Persien begonnen werden muß. Obgleich es nicht aus dem Kommuniqué hervorgeht, wurde seither bekanntgegeben, daß die erste Stufe, der Rückzug der russischen und britischen Truppen aus Teheran, bereits begonnen hat oder unmittelbar bevorsteht. Noch eine Menge anderer Dinge ergaben sich aus dieser Konferenz, die als befriedigend zu bezeichnen sind. Indessen sollten wir uns nicht der Täuschung hingeben, daß diese erste Konferenz der Sieger frei von Mißlingen und Besorgnis war oder daß die wichtigsten uns vorliegenden Fragen gelöst wurden. Alle, über die keine Einigung auf der Konferenz erzielt werden konnte, wurden dem Rat der Außenminister überwiesen, der zwar außerordentlich befähigt ist, Schwierigkeiten zu beheben, im wesentlichen aber viel weniger weitreichende Machtvollkommenheiten hat. Andere gewichtige Fragen bleiben der endgültigen Friedensregelung vorbehalten, zu welchem Zeitpunkt sich viele vielleicht bereits von selbst erledigt haben werden, wenn auch nicht notwendigerweise auf die beste Art.

Es wäre verkehrt und unmöglich, die unvermeidlicherweise voneinander abweichenden Ansichten der Sieger über den Stand der Dinge in Ost- und Mitteleuropa zu verheimlichen. Ich tadle keineswegs den Premierminister oder den neuen Außenminister, deren Aufgabe es war, die Besprechungen, die wir begonnen hatten, zu Ende zu führen. Ich bin fest überzeugt, sie taten, was sie nur konnten. Wir müssen uns nur klar darüber sein, daß keine der drei führenden Mächte ihre Lösungen den anderen aufzwingen kann, und daß die einzig möglichen Lösungen in der Richtung eines Kompromisses liegen. Wir Briten mußten sehr zeitig und in immer steigendem Maße die Grenzen unserer eigenen Macht und unseres eigenen Einflusses, obwohl sie groß sind, in dieser dürren Welt erkennen, die aus den Trümmern dieses schrecklichen Krieges aufsteigt. Es steht nicht in der Macht irgendeiner britischen Regierung, Lösungen zu erzielen, die von einer starken Mehrheit von Abgeordneten, auf welcher Seite sie sich auch befinden mögen, als vollkommen angesehen werden. Wobei ich auch meine persönliche Meinung zu Protokoll geben muß, daß die Polen zugestandene, provisorische Westgrenze, die von Stettin an der Ostsee längs der Oder und ihrem Nebenfluß, der Westlichen Neiße, verläuft und ein Viertel des Ackerlandes ganz Deutschlands umschließt, kein gutes Vorzeichen für die künftige Karte Europas ist. In der Koalitionsregierung wünschten wir stets, Polen möge im Westen reichlich für das Gebiet entschädigt werden, das es östlich der

Curzon-Linie an Rußland abtrat. Hier aber, glaube ich, wurde ein Fehler begangen, an dem die Provisorische Regierung stark beteiligt ist, indem sie weit über das hinausging, was die Notwendigkeit und die Billigkeit erforderten. Es gibt nur wenige Tugenden, welche die Polen nicht besitzen – und es gibt nur wenige Irrtümer, die sie jemals vermieden haben.

Besonders beschäftigen mich in diesem Augenblick die Berichte, die uns über die Bedingungen zukommen, unter denen die Vertreibung und der Auszug der Deutschen aus dem neuen Polen durchgeführt werden. Vor dem Krieg lebten acht bis neun Millionen Menschen in diesen Gebieten. Die polnische Regierung sagt, von diesen befanden sich noch 1 500 000, die bisher nicht vertrieben wurden, innerhalb der neuen Grenzen. Andere Millionen müssen hinter den britischen und amerikanischen Linien Zuflucht genommen haben, wodurch sie die Lebensmittelknappheit in unserer Zone erhöhten. Über eine riesige Anzahl fehlt jede Nachricht. Wohin haben sie sich gewandt, was war ihr Schicksal? Die gleichen Zustände können sich in veränderter Form bei der Ausweisung einer großen Anzahl Sudetendeutscher und anderer Deutscher aus der Tschechoslowakei wiederholen. Spärliche und vorsichtige Berichte über die Dinge, die vor sich gingen und gehen, sind durchgesickert; es ist aber nicht ausgeschlossen, daß eine Tragödie ungeheuren Ausmaßes sich hinter dem Eisernen Vorhang, der Europa gegenwärtig entzweischneidet, abspielt. Ich würde jede Erklärung des Premierministers begrüßen, die uns beruhigt oder zumindest über diese höchst besorgniserregende und schmerzliche Angelegenheit informiert.

Es gibt aber noch etwas, das Besorgnis erregt. Ich erinnere mich, daß mir ungefähr vierzehn Tage vor dem letzten Krieg der Freund des Kaisers, Herr Ballin, der große Schiffahrtsmagnat, erzählte, er hätte Bismarck gegen Ende seines Lebens sagen hören: »Wenn es je wieder einen Krieg in Europa gibt, dann wird er aus irgendeiner verdammt dummen Geschichte auf dem Balkan entstehen.« Die Ermordung des Erzherzogs in Sarajewo im Jahre 1914 gab das Signal zum ersten Weltkrieg. Ich kann mir nicht vorstellen, daß die Voraussetzungen zu einem neuen Konflikt heute auf dem Balkan nicht gegeben sein sollten. Ich gebrauche nicht Bismarcks Worte, dennoch werden nicht sehr viele Abgeordnete des neuen Unterhauses mit der Lage der Dinge zufrieden sein, die in diesen gebirgigen, unruhigen, schlecht organisierten und kriegerischen Gebieten herrscht. Ich habe nicht die Absicht, auf Einzelheiten einzugehen. Ich freue mich sehr, den neuen Außenminister (Mr. Ernest Bevin) mir gegenüber auf der Ministerbank zu sehen; und ich möchte sagen, welche Freude es für mich war zu hören, daß er dieses hohe, überaus gewichtige und schwierige Amt übernommen hat. Wir sind fest überzeugt, er werde tun, was in seinen Kräften steht, um die große und gute Sache zu schützen, für die wir so lange Zeit zusammengearbeitet hatten. Wie ich aber sagte, nicht viele Abgeordnete werden mit der Lage in der von mir erwähnten Gegend zufrieden sein, denn beinahe überall haben kommunistische Streitkräfte diktatorische Gewalt erhalten oder sind im Begriffe, sie zu erhalten. Das heißt nicht, daß die kommunistische Gesellschaftsordnung überall eingeführt wird, noch heißt es, daß Sowjetrußland darnach trachtet, diese unabhängigen Staaten in Provinzen der Sowjetunion zu verwandeln. Marschall Stalin ist ein sehr kluger Mann, und ich möchte dem riesigen Beitrag, den er und seine Kameraden zur Zukunft zu leisten haben, keine Grenzen setzen.

In diesen vom Krieg zerrissenen und erschütterten Ländern mag künftig für einige Monate das Bedürfnis nach einer autoritären Regierung bestehen. Die andere Möglichkeit wäre die Anarchie. Es wäre deswegen unvernünftig, zu verlangen oder zu erwarten, daß eine liberale Regierung – mit kleinem »l« geschrieben – und britische oder amerikanische demokratische Zustände sofort herbeigeführt werden. Man nimmt die Politik in diesen Ländern sehr ernst. Einer meiner Freunde, ein Offizier, war in Zagreb, als die Ergebnisse der jüngsten allgemeinen Wahl bekannt wurden. Eine alte Dame sagte zu ihm: »Armer Mr. Churchill! Jetzt werden sie ihn wohl erschießen.« Mein Freund vermochte sie zu beruhigen. Er sagte, das Urteil könnte in eine der verschiedenen Arten schwerer Arbeit* umgewandelt werden, die den Untertanen Seiner Majestät stets offen stehen. Nichtsdestoweniger müssen wir wissen, wo wir stehen, und wir müssen deutlich machen, welchen Standpunkt wir in den Affären des Balkans und Osteuropas, ja jedes Landes, das in diesen Bereich fällt, einnehmen. Unser Ideal ist die Regierung des Volkes durch das Volk, für das Volk; wobei das Volk ohne Zwang seinen innersten Wunsch nach Form und Bedingungen der Regierung zum Ausdruck bringen kann, unter der es leben will; und zwar in geheimer Abstimmung, ohne Einschüchterung zum Ausdruck bringen kann.

In der gegenwärtigen Zeit – einer, wie ich fest überzeugt bin, sehr flüchtigen Zeit – herrschen in einer großen Anzahl Länder »Polizei-Regierungen«. Es ist ein bis zum schauerlichen Exzeß getriebener Fall des widerwärtigen Paragraphen 18b**. Die Familie sitzt am Herd, um die spärlichen Früchte ihrer harten Arbeit zu genießen und die verbrauchten Kräfte durch das bißchen Essen, das sie auftreiben konnten, zu ersetzen. Plötzlich wird an die Tür geklopft, und ein schwer bewaffneter Polizist erscheint. Selbstverständlich ähnelt er in keiner Weise den Beamten, die wir ehren und denen wir in den Straßen Londons gehorchen. Vielleicht wird der Vater oder der Sohn oder ein Freund, der sich in dem Häuschen befindet, hinausgerufen und ins Dunkel abgeführt, wobei keiner weiß, ob er je wiederkommen wird oder was sein Schicksal war. Alles, was sie wissen, ist, daß es besser ist, nicht zu fragen. Es gibt Millionen bescheidener Familien gegenwärtig in Europa – in Polen, in der Tschechoslowakei, in Österreich, in Ungarn, in Jugoslawien, in Rumänien, in Bulgarien – in denen diese Furcht das Familienleben beherrscht. Präsident Roosevelt hat die vier Freiheiten aufgestellt, die sich in der von uns gemeinsam beschlossenen Atlantik-Charta finden. »Freiheit von Furcht« – aber sie wurde so interpretiert, als ob es sich nur um die Freiheit von der Furcht vor dem Überfall eines fremden Landes

* Wortspiel: hard labour = Zwangsarbeit

** Defense Regulation 18b, die es dem Innenminister erlaubte, Personen ohne Inanspruchnahme der Gerichte internieren zu lassen. Anm. des Übersetzers.

handeln würde. Den fürchtet der kleine Mann am wenigsten. Seine Vaterlandsliebe läßt ihn einem Überfall standhalten oder zugrunde gehen; das aber ist nicht die Furcht der Durchschnittsfamilie im heutigen Europa. Was sie fürchtet, ist das Klopfen des Polizisten an der Türe. Es ist nicht Furcht für das Land, denn alle Männer können sich in Kameradschaft zur Verteidigung des Heimatbodens vereinen. Für das Leben und die Freiheit des Einzelwesens, für die grundlegenden Rechte des Menschen, die jetzt in so manchem Land bedroht oder von Willkür abhängig sind, zittern die Völker.

Sicherlich können wir darin übereinstimmen, oder die überwiegende Mehrheit von uns, wo immer wir in diesem neuen Parlament sitzen – natürlich und zu Recht gibt es Verschiedenheit und abweichende Vorstellungen –, aber sicherlich können wir in diesem neuen Parlament, das die Welt entweder im Stich lassen oder wieder einmal eine Rolle bei ihrer Rettung spielen wird, darin übereinstimmen, daß der Wille des Volkes, der in geheimer Abstimmung und in allgemeinen Wahlen hinsichtlich der Form der Regierung und der Gesetze, die herrschen sollen, frei zum Ausdruck kommt, die beste Lösung und der beste Schutz ist. Lassen Sie uns also auf diesem klaren und einfachen Weg ruhig weitergehen. Ich bekenne meinen Glauben an die Demokratie, welche Richtung und welchen Zweck sie bei einzelnen und bei Parteien auch erhalten mag. Sie können Irrtümer begehen, sie können aus diesen Irrtümern Nutzen ziehen. Die Demokratie wird heute in einer Weise wie nie zuvor auf die Probe gestellt, und wir auf diesen Inseln müssen sie aufrechterhalten, wie wir sie in den düsteren Tagen der Jahre 1940 und 1941 aufrechterhielten, mit der ganzen Kraft des Herzens, mit aller Wachsamkeit und mit aller unserer ausdauernden und unerschöpflichen Stärke. Als noch Krieg war und alle Alliierten um den Sieg kämpften, da mußte das Wort »Demokratie« wie viele Leute Überstunden machen; jetzt aber, da der Friede gekommen ist, müssen wir nach genaueren Definitionen suchen. In einigen Balkanländern wurden Wahlen ausgeschrieben, bei denen nur eine Liste aufgelegt werden darf, wobei es, wenn andere Parteien ihre

Meinung zum Ausdruck bringen, zuvor abgemacht werden muß, daß die herrschende Partei, der die politische Polizei und die ganze Propaganda zur Verfügung steht, die einzige ist, der eine Möglichkeit geboten wird. Sagte ich Möglichkeit? Es ist eine Gewißheit.

Jetzt ist es für die Briten Zeit, ihre Stimme zu erheben. Für uns ist es widerwärtig, wenn Regierungen ihre Herrschaft auf andere Weise zu erhalten suchen als durch freie und uneingeschränkte Wahlen der breiten Massen des Volkes. Regierungen erhalten ihre rechtmäßigen Befugnisse durch die Einwilligung der Regierten, sagt die Verfassung der Vereinigten Staaten. Das darf nicht spurlos in Schwindel und Lügen aufgehen, die sich auf Knechtschaft und Mord stützen. Wir wollen in unserer Außenpolitik stets für Freiheit und Unparteilichkeit eintreten, wie wir sie hier auf diesen Inseln verstehen. Dann werden Sie sehen, daß zwischen uns weitgehend Übereinstimmung herrscht, und wir werden hier in diesem Hause eine ehrenvolle Aufgabe haben, die alles enthält, was dem Menschenleben Würde und Glück verleiht. Mit diesen Worten wollte ich alles, was, wie ich glaube, der überwiegenden Mehrheit von uns wertvoll ist, zusammenfassen und offen aussprechen. Ich freute mich, als ich es in den goldenen Worten des Präsidenten der Vereinigten Staaten ausgedrückt fand:

»Unser Sieg in Europa ist mehr als ein Sieg der Waffen. Es war der Sieg einer Lebensart über eine andere. Es war der Sieg eines Ideals, das auf dem Recht des einfachen Menschen aufbaut, auf der Würde des Menschenwesens und auf der Vorstellung des Staates als Diener und nicht als Herrn des Volkes.«

Ich glaube, es herrscht gar keine so große Meinungsverschiedenheit zwischen uns. Die Betonung kann in besonderen Fällen auf dieses oder jenes gelegt werden, sicherlich aber ist es das, was das neue Parlament im ganzen meint. Das ist es, was wir in unserem Herzen und vor unserem Gewissen, in unserer Außenpolitik und in den Streitfragen der Welt wünschen. Genau wie im unheilvollen Funkeln des Jahres 1940, so wollen wir auch jetzt, da ruhigere Lichter leuchten, eins sein in diesen wiedererstehenden Grundsätzen und den guten und großmütigen Regungen des Menschenherzens. So werden wir aller materiellen Stärke, die wir besitzen, und dem ehrenvollen Platz, den wir errungen haben, die sittlichen Kräfte hinzufügen, die der Menschheit zum Ruhme gereichen und den Schwächsten dem Stärksten ebenbürtig machen.

Nun wende ich mich unseren inneren Angelegenheiten zu. Ich sprach bereits davon, wie außerordentlich das rasche und plötzliche Ende des Krieges mit Japan die Aufgabe der neuen Regierung erleichtert hat. Wie viele Tausende Millionen Pfund Sterling wurden erspart und nicht im Krieg vergeudet, wie viele Tausende und Hunderttausende Menschenleben wurden gerettet, welche riesige Anzahl Schiffe steht nun zur Verfügung, um die Soldaten in ihre vielen Heimatländer nach Hause zu bringen und die Lebensmittel und Rohstoffe, die für die Industrie unerläßlich sind, über die Welt zu führen! Welche prächtigen Gelegenheiten sind der neuen Regierung zugefallen! Möge sie ihres Geschickes würdig sein, das unser aller Geschick ist. Die lebendigen Quellen der britischen Tatkraft und Erfindungsgabe freizulegen und freizumachen, den ehrlichen Verdienst der Nation in den Taschen des Volkes nutzbar werden zu lassen, Wohlfahrt und Sicherung gegen Unfälle und Unglück im ganzen Volk zu verbreiten, zu planen, wo immer staatliche Planung sich als notwendig erweist, die natürliche britische Anlage und Neigung zu Verständnis und Bereitwilligkeit auf ein fruchtbares Gebiet zu leiten – alle diese Möglichkeiten stehen ihr nun offen und sollten uns allen offenstehen. Ich hoffe, wir können gemeinsam in allen Fragen vorgehen, und zwar nicht nur draußen, sondern auch in der Heimat, soweit wie es nur möglich ist.

Zur Zeit der »Geschäftsführenden Regierung«, als wir noch achtzehn Monate angestrengter Kämpfe gegen Japan in Rechnung stellen mußten, prüften wir die Demobilisierungspläne im Hinblick auf eine starke Beschleunigung des gesamten Vorganges der Entlassung von Männern und Frauen aus den bewaffneten Streitkräften und aus der zwangsweisen Verwendung in der Industrie. Jetzt ist das alles durch das Ende des Krieges auf der ganzen Welt überholt. Wobei ich zugleich sagen muß, daß der Abschnitt der Thronrede, der sich auf die Demobilisierung und die im Herbst 1944 gemachten Pläne bezog – mit denen ich grundsätzlich völlig übereinstimme –, einen einigermaßen erschreckenden Eindruck machte. Jetzt, da uns dieser unerwartete Glücksfall zuteil wurde, überrascht es mich, daß eine Regierung der Meinung sein kann, diese Ausdrucksweise sei der neuen Lage der Dinge angemessen oder ihr entsprechend. Ich bemerke, daß der Präsident der Vereinigten Staaten gesagt hat, alle amerikanischen Truppen, die amerikanische Schiffe heimführen können, würden nach Hause gebracht und entlassen werden. Ist die Regierung Seiner Majestät nun in der Lage, irgendeine Erklärung dieser Art über unsere sich im Ausland befindlichen bewaffneten Streitkräfte abzugeben? Oder welche Erklärung kann sie abgeben? Ich möchte sie nicht ungebührlich behelligen, aber vielleicht könnte irgendwann in der nächsten Woche eine Erklärung abgegeben werden. Zweifellos wird der Premierminister daran denken. Große Hoffnungen wurden während des Wahlfeldzuges geweckt, und aus diesen Hoffnungen erwuchs der große politische Erfolg. Die Zeit wird es erweisen, ob diese Hoffnungen wohl begründet waren, wie wir zutiefst mit Zuversicht erwarten. Aber unter den veränderten Umständen, in denen wir uns befinden, können jetzt viele Entscheidungen getroffen werden. Es ist die Pflicht der Regierung, das Minimum an Truppen festzusetzen, die im Zeitraum der nächsten sechs bis zwölf Monate im Auslande zurückbehalten werden müssen, und die übrigen mit der größten Beschleunigung, die unser ungeheuer in Anspruch genommener Schiffsraum zuläßt, nach Hause zu bringen.

Noch wichtiger aber ist der Vorgang der Entlassung bei der Demobilisierung der Bestände in der Heimat. Ich stimme völlig bei, daß das Empfinden der zur Klasse A gehörenden Männer stets ein dominierender Faktor sein muß; sonst aber sollten die äußersten Anstrengungen unternommen werden, Leute zu entlassen, die herumstehen und nichts tun. Ich hoffe, das Komitee für öffentliche Ausgaben wird alsbald wieder errichtet werden, um im Lande herumzureisen, die Bestände zu prüfen und häufig dem Hause Bericht zu erstatten. Jetzt, da der Krieg vorbei ist und militärisch kein Grund besteht, die Stärke unserer Landtruppen, unserer Flieger und Seeleute im Auslande und in der Heimat geheimzuhalten, sollten wir jede Woche oder zumindest jeden Monat die Zahlen der fortschreitend demobilisierten Truppen erhalten. Es ist eine gute Gelegenheit für die neue Regierung, sich Ansehen zu verschaffen. Am Ende des letzten Krieges, als mir die Armee und die Luftwaffe anvertraut waren, veröffentlichte ich periodisch sehr genaue Informationen. Ich pflichte den Worten des Außenministers, die er noch als Arbeitsminister in meiner Regierung gesprochen hat, vollkommen bei, wonach dem gewaltigen Prozeß des Zusammenfassens im Kriege ein methodischer und geregelter Prozeß des Liquidierens folgen müsse. Wir geben zu, daß die Regierung gegenwärtig außerordentliche Vollmachten gebrauchen muß, wenn dieser Prozeß mit äußerster Geschwindigkeit durchgeführt werden soll; solange sie diese Vollmachten zur Lösung der großen ihr aufgebürdeten administrativen und exekutiven Aufgaben gebraucht, werden wir sie nicht angreifen. Nur wenn und sofern diese Vollmachten dazu verwendet werden, auf einem Umweg eine Art kontrollierter Gesellschaftsordnung, wie sie sozialistischen Doktrinären gefällt, herbeizuführen, die wir aber als der britischen Freiheit entgegengesetzt erachten, dann werden wir gezwungen sein, Widerstand zu leisten. Solange diese außerordentlichen Vollmachten als Teil der Kriegs-Notmaßnahmen gebraucht werden, darf uns die Regierung Seiner Majestät als Helfer und nicht als Gegner, als Freunde und nicht als Feinde betrachten.

Dies enthebt die Regierung aber keineswegs der Verpflichtung, die Nation so rasch wie möglich freizugeben, die Soldaten dem Plane gemäß mit äußerster Geschwindigkeit heimzuführen, die Masse des Volkes instandzusetzen, das normale Leben und die Beschäftigung auf die beste, natürlichste und rascheste Art und Weise wieder aufzunehmen. Es sollte kein langer, sich über Monate hinziehender Zeitraum sein, in dem Männer und Frauen der Armee, der Luftwaffe und der Flotte der militärischen Disziplin unterworfen warten und auf Kosten der Öffentlichkeit. nutzlose, vorgeschriebene Arbeiten erfüllen und andere Zehntausende, die höher bezahlt sind, sich eine unergiebige Arbeit suchen. Was wir wünschen, ist Freiheit; was wir brauchen, ist Überfluß. Freiheit und Überfluß – das müssen unsere Ziele sein. Neuen Wohlstand zu schaffen, ist weitaus und in unvergleichlich größerem Ausmaß nützlicher als Klassen- und Parteikämpfe über die Liquidierung alten Wohlstandes.

Die Schaffung neuen Wohlstandes muß dem allgemeinen Wohlstand vorausgehen, sonst wird es bloß allgemeine Armut geben. Es tut mir leid, wenn diese Binsenwahrheiten die ehrenwerten gegnerischen Abgeordneten aufregen – sie, die ich so oft im vergangenen Parlament beobachtete und deren angenehme Eigenschaften ich so oft bewundert habe –, als ob sie eine Neuheit für sie wären.

Wir beabsichtigen nicht, den in der Thronrede enthaltenen gesetzgeberischen Plänen sofort entgegenzuwirken. Wir wissen nicht, was mit der Kontrolle der Geldanlage gemeint ist – offenbar ist es aber etwas, worüber man sich freuen kann. Es ist ganz klar, daß man im Krieg das eine tun kann und im Frieden vielleicht etwas anderes in Erwägung ziehen muß. Man muß auf die Übergangsperiode, in der wir uns jetzt befinden, Rücksicht nehmen. Die »Debatte über die Thronrede« sollte die Absichten der Regierung in dieser Sache ans Licht bringen und gründlich untersuchen. Das gleiche gilt für den Vorschlag, die Kohlengruben zu nationalisieren. Wenn es tatsächlich der beste Weg ist, eine größere Förderung zu niedrigerem Preis und rascher, als jetzt erwartet wird, zu sichern, dann werde ich für meine Person dem Plan wohlwollend gegenüberstehen. Die Regierung wird nach Erfolgen beurteilt werden, und nach den Erfolgen muß diese Politik beurteilt werden. Das Eigentumsrecht der Nation an der Bank von England wirft nach meiner Ansicht keine grundsätzlichen Fragen auf. Das ist meine Meinung – ein anderer mag seine Meinung sagen. Es gibt gewichtige Beispiele für die Institution der Zentralbanken in den Vereinigten Staaten und in unseren Dominions; was aber ins

Gewicht fällt, ist, wie das Eigentumsrecht der Allgemeinheit angewandt wird. Diesbezüglich müssen wir den in Einzelheiten gehenden Bericht des Schatzkanzlers abwarten, der, wie ich mit Freuden feststelle, sich verbürgt hat, er werde eine Inflation verhindern. Inzwischen ist es aber vielleicht für mich, als Führer der Opposition, ganz nützlich, der Meinung Ausdruck zu geben, das Ausland müsse über die in der Thronrede hinsichtlich dieses Gegenstandes gebrauchten Wendungen nicht erschrecken, und der britische Kredit werde entschlossen aufrechterhalten bleiben.

Dann ist da noch die »Trade Disputes Act«. Man sagt uns, sie würde aufgehoben werden. Ich persönlich habe das Gefühl, wir könnten gar nicht ermessen, was wir den Gewerkschaften für all das schulden, was sie während des langen Kampfes gegen den ausländischen Feind für das Land getan haben. Es wäre aber bestimmt unklug von ihnen, das politische Aufgebot wieder auf der alten Basis durchzuführen. Es wäre auch sehr sonderbar, wenn sie den Wunsch hätten, alle Erleichterungen zur Legalisierung und Organisierung eines Generalstreiks wiederzuerlangen. Es spricht nicht sehr für das Zutrauen, mit dem der Gewerkschaftsrat die prächtige neue Welt betrachtet oder mit dem er an die schrittweise Nationalisierung unserer Industrien denkt, wenn er es für notwendig erachtet, an dem, wie ein sehr ehrenwerter und tapferer Gentleman sagte, »Tag D des neuen Großbritannien« die Waffe des Generalstreiks wieder aufzugreifen und zu schärfen, und zwar gerade in dieser ungewöhnlichen Zeit. Offenbar wird die Nationalisierung von ihm nicht als Sicherung gegen Zustände angesehen, die einen Generalstreik als dringend geboten und im Interesse der Arbeiter gerechtfertigt erscheinen lassen. Nachdem wir die Kohlengruben verstaatlicht haben, werden wir uns, so nehme ich an, mit den Bahnen, dem elektrischen Strom und den Transportmitteln zu befassen haben. Zur selben Zeit aber empfinden die Gewerkschaften die Notwendigkeit, gegen den Staatssozialismus schwer gerüstet zu sein. Offensichtlich muß das neue Zeitalter den Lohnempfängern nicht so günstig sein, wie wir hätten glauben sollen.

Jedenfalls scheinen sich diese Vorstellungen im wesentlichen nicht zu decken, was die Aufmerksamkeit der sozialistischen geistigen Oberschicht rasch auf sich ziehen sollte. Vielleicht könnte man sagen, diese Vollmachten würden nur benötigt, wenn die Tories wieder ins Ministerium kämen. Sicherlich ist es noch sehr früh, um in Furcht versetzt zu werden. Ich möchte den Premierminister fragen, ob er uns wahrheitsgemäß und deutlich sagen will, was mit dem Wort »aufgehoben« gemeint ist.

Ich habe meine Bemerkungen dem Haus vorgetragen und will in keinem düsteren oder auch im geringsten polemischen Ton enden. Was die Lage, wie sie sich heute darstellt, betrifft, so ist es ganz offensichtlich, daß die beiden großen Parteien des Hauses nicht nur in den wesentlichen Punkten der Außenpolitik und in der sittlichen Stellungnahme zu den Weltereignissen übereinstimmen; wir haben auch noch ein riesiges gemeinsames Programm, das wir gemeinsam zur Zeit der Koalition vorbereitet haben und das Gesetzeskraft erlangen und zu einem festen Bestandteil des Lebens dieses Volkes werden muß. Da und dort mag es Verschiedenheit der Betonung oder der Ansichten geben, aber im großen ganzen hat sich noch nie ein Parlament versammelt, das über eine derartige Unmasse gesetzgeberischer Maßnahmen, wie sie uns heute nachmittag vorliegt, einer Meinung war. Ich setze große Hoffnungen in dieses Parlament, und ich werde das Äußerste tun, damit seine Arbeit fruchtbar ist. Möge es die Wunden des Krieges heilen, möge es die neuen Ideen und Kräfte, die wir inmitten des Sturmes gesammelt haben, nutzbringend anwenden. Ich unterschätze die Schwierigkeit und Verwickelung der Aufgaben, die uns bevorstehen, nicht; ich weiß zuviel davon, um mich leeren Hoffnungen hinzugeben; aber der Tag nach einem Siege, wie wir ihn errungen haben, ist ein leuchtender Augenblick in unserem kleinen Leben und in unserer großen Geschichte. Es ist nicht nur ein Augenblick der Freude, sondern mehr noch des Entschlusses. Wenn wir auf die Gefahren, an denen wir vorübergegangen sind, und auf die mächtigen Feinde, die wir geschlagen, und die düsteren, todbringenden Pläne, die wir vereitelt haben, zurückblicken, warum sollten wir uns dann vor unserer Zukunft fürchten? Durch das Schlimmste sind wir heil hindurchgekommen.

»Home is the sailor, home from sea,
And the hunter home from the hill.«

Bibliographie

Barnett, Correlli: The Collapse of British Power, London 1972

Blake, Robert, and W. Roger Louis (eds.): Churchill, Oxford 1993

Churchill, Winston S.: His Complete Speeches 1897–1963, ed. by Robert Rhodes James, New York and London 1974 (8 vols.)

Churchill, Winston S.: War Speeches 1939–1945, compiled by Charles Eade, London 1951 (3 vols.)

Churchill, Winston S.: Reden, gesammelt v. Charles Eade u. Randolph S. Churchill, Übers. aus dem Englischen, Zürich 1946–1950 (7 Bde.)

Churchill, Winston S.: The Second World War, London 1948–1954 (6 vols.)

Churchill, Winston S.: Der Zweite Weltkrieg, Übers. aus dem Englischen, Bern u. München 1948–1954 (6 Bde. in 12 Teilen)

Churchill, Winston S.: Blut, Schweiß und Tränen. Antrittsrede am 13. Mai 1940. Übers. aus dem Englischen, m. Essay v. Herfried Münkler, Hamburg 1995 (eva Reden 19)

Churchill, Winston S.: War Correspondent 1895–1900, ed. by Frederick Woods, London and New York 1992

Colville, John: Downing Street Tagebücher 1939–1945 (Übers. aus dem Englischen), Berlin 1988

Dilks, David (ed.): The Diaries of Sir Alexander Cadogan, London 1971

Freund, Michael: Deutsche Geschichte, Gütersloh 1960

Gibbon, Edward: The Decline and Fall of the Roman Empire, 28 selected chapters, ed. by Antony Lentin and Brian Norman, Hertfordshire 1998

Gilbert, Martin: Winston S. Churchill. London 1966–1988 (8 vols., 12 companion vols.), vol. 1–2 by Randolph S. Churchill

Haffner, Sebastian: Winston Churchill, Reinbek b. Hamburg 1967, unv. Neuaufl. München 2001

Harbutt, Fraser J.: The Iron Curtain, New York and Oxford 1986

James, Robert Rhodes: Churchill: A Study in Failure 1900–1939, London 1970

Kimball, Warren F.: The Juggler. Franklin Roosevelt as Wartime Statesman, Princeton, N.J. 1991

Kimball, Warren F. (ed.): Churchill and Roosevelt. The Complete Correspondence, Princeton N.J. 1984 (3 vols.)

Mendelssohn, Peter de: Churchill. Sein Weg und seine Welt, 1. Bd. Jugend 1874–1914, Freiburg i. Br. 1961

Mendelssohn, Peter de: Churchill als Parlamentarier, in: Politische Vierteljahresschrift, VI (1965), S.160–183

Lord Moran: Winston Churchill. The Struggle for Survival 1940–1965, London 1965

Nicolson, Harold: Diaries and Letters 1930–1964, ed. by Stanley Olson, London 1980
Rose, Norman: Churchill. An Unruly Life, London 1994
Stewart, Herbert Leslie: Sir Winston Churchill as Writer and Speaker, London 1974
Taylor, Alan John Percival: English History 1914–1945, Harmondsworth 1970 (1965)
Tayor, Alan John Percival (ed.): Churchill. Four Faces and the Man, Harmondsworth 1969
Truchanowski, Wadim G.: Winston Churchill. Eine politische Biographie, Übers. aus dem Russischen, 6. Aufl. Berlin/DDR 1978
Woods, Frederick: A Bibliography of the Works of Sir Winston Churchill, London 1963